JN086170

ペンシルベニア大学ウォートン校教授
ジョーナ・バーガー＝著
桜田直美＝訳

一瞬で人の心が変わる伝え方の技術

かんき出版

THE CATALYST
by JONAH BERGER

Published by arrangement with the original publisher, Simon & Schuster, Inc.
through Japan UNI Agency, Inc., Tokyo

推薦の言葉

人の考えを変えるのが大変なのは誰もが知っているが、今ついにその理由がわかった。やり方が間違っていたのだ。

私たちは人を押すことばかりに時間を使い、変化を妨げる障害を取り除くためにはほとんど時間を使っていなかった。

おもしろくて説得力のあるこの本で、ジョーナ・バーガーは、もっと賢くて効果的なアプローチを教えてくれる。興味深い実例、最新科学、的確なアドバイスが満載の本書は、人の心に変化を起こしたいすべての人の必読書だ。

さらにビジネス書には珍しく、本当にページをめくる手が止まらなくなるほどおもしろいというおまけもある。

ダニエル・ピンク（『モチベーション3・0』著者）

ジョーナ・バーガーは、科学的研究に基づく知見と、真に実用的なノウハウを合体させることのできる希有な人物だ。この偉大な教師から学んだ多くの人間の1人になれたことに、私は心から感謝している。

ジム・コリンズ（『ビジョナリー・カンパニー』著者）

私たちの誰もが、誰かを変えようとして失敗した経験があるだろう。読者をぐいぐい引き込むこの本で、ジョーナ・バーガーはそんなイライラから解放される方法を教えてくれた。変化を起こしたいなら、変化を妨げている障害を取り除けばいい。

本書を読めば、どんなものでも変えられるようになる。

チャールズ・デュヒッグ（『習慣の力』著者）

読み出したらやめられない。本書を読めば、人の考えや組織を変える強力なテクニックが手に入る。それにもしかしたら、世界だって変えられるかもしれない。

アリアナ・ハフィントン(ハフポスト設立者)

ジョーナ・バーガーは本書で、変化を起こす最善の道は変化を妨げる障害を取り除くことだと説く。すべての人は、この深い叡智から多くを学ぶことができるだろう。

ロバート・チャルディーニ(『影響力の武器』著者)

Prologue——人の心を動かすカタリストとは

グレッグ・ヴェッキはＦＢＩの捜査官だ。

専門は違法薬物の取引、マネーロンダリング、恐喝など。彼が追う人物の多くは筋金入りの犯罪者で、かなり暴力的だ。メデジン・カルテルにヘリコプターを売る人物もいれば、ロシアの潜水艦を中古で購入し、コロンビアからアメリカにコカインを密輸している人物もいる。

そのときグレッグは、あるロシアン・マフィアを追っていた。３年にわたって電話の盗聴を重ね、丹念に捜査を進めて証拠を固めていった。そしてついに逮捕状が出ると、グレッグはＳＷＡＴ（警察の特殊部隊）を呼び寄せた。完全装備の屈強な男たちが数十人で現場に乗り込み、犯人を取り押さえ、証拠を確保する計画だ。

ＳＷＡＴチームを前にしたグレッグは、計画実行にあたってさまざまな注意点を伝えた。容疑者はもしかしたら武装しているかもしれない。少なくとも危険であることはたしかだ。ＳＷＡＴチームは間違いが起こらないように慎重に話し合い、具体的な逮捕計画を練り上げた。1つでも失敗があると、現場はあっという間に暴力の嵐になってしまう。

ブリーフィングが終わってチームが部屋を出たが、1人だけ残っていた。グレッグは彼の存在に気づいていた。SWAT隊員にしては異質だったからだ。太めで、背が低く、頭は禿げている。とてもアメリカ警察が誇るエリート部隊の一員には見えなかった。

「犯人について教えてくれ」と、その男は言った。「もっと詳しい情報が欲しい」

「それはどういうことだ?」とグレッグは答えた。「情報ならもう伝えたじゃないか。さっきわたしたファイルにすべて……」

「違う、そうじゃない」。その男は続けた。「昔の犯罪やら、暴力にまみれた過去を知りたいわけじゃないんだ。きみは彼の電話を盗聴していたんだろう?」

「そうだが」と、グレッグは答えた。

「彼はどんな男だ?」

「それはどういう意味だ?」と、グレッグは尋ねた。

「彼は普段どんなことをしている? 趣味はあるのか? 家族のことも教えてくれ」と、その男は矢継ぎ早に尋ねた。「ペットはいるのか?」

容疑者にペットはいるのかだって? グレッグは心の中で反問した。完全武装のSWATチームを送り込んで逮捕しようとしている容疑者に、ペットがいようがいまいがどうでもいいではないか。この男は何をくだらないことを言っているんだ。チームに置いてけぼりにされるのも当然だ。

それでもグレッグは、訊かれたことには律儀に答えた。そして資料をまとめて帰ろうとしたところで、その男に呼び止められた。「最後にもう1つだけ。その容疑者は現場にいるんだな?」

「そうだ」と、グレッグは答えた。

「それなら、彼の携帯番号を教えてくれ」

そして彼は部屋を後にした。


現場に突入する時間がやってきた。SWATチームの準備はできている。建物の外で一列になって並び、今にもドアを蹴破ろうとしていた。黒ずくめの装備に全身を包み、盾と銃を構えている。彼らは今にも、「地面に伏せろ! 地面に伏せろ!」と叫びながら突入し、容疑者の身柄を確保するだろう。それがいつもの手順だ。

ところがSWATチームは一向に動きを見せない。数分がすぎ、そしてさらに数分がすぎた。グレッグは心配になってきた。容疑者のことは誰よりもよく知っている。彼が友人や組織の仲間と話すのを聞いたこともある。この男をなめてはいけない。必要なら人殺しも辞さない男だ。ロシアの刑務所に入っていたこともある。戦いを恐れるはずがない。

すると突然、建物のドアが開いた。

あの容疑者が外に出てきたのだ。しかも両手をあげている。

グレッグは面食らった。彼はこの仕事をしてもう長い。アメリカ陸軍と農務省の特別捜査官としてかなりの経験を積んできた。覆面捜査官として全国を飛び回り、メキシコとの国境では汚職捜査も担当した。つまり筋金入りのベテランということだ。

しかし容疑者が自発的に投降し、まったく抵抗せずに逮捕される?

そんな光景を見るのは初めてだった。そのときグレッグは気がついた。ブリーフィングの後で彼に質問をしてきたハゲでチビのあの男は、人質交渉人だったのだ。人質交渉人が容疑者を説得し、誰もが不可能だと思っていたことを可能にした。

現に容疑者は自分の意思で外に出て、おとなしく逮捕されている。グレッグは感心せずにはいられなかった。そして「あの男になりたい」と本気で思った。

この事件をきっかけに、グレッグは人質交渉人に転身した。キャリアはもう20年になる。これまでいくつもの国際人質事件を担当し、逮捕後のサダム・フセインとも話している。さらにかの有名なＦＢＩ行動科学課のトップも務めた。グレッグもまた、銀行強盗犯を説得し、連続殺人犯を尋問する中で、誰もが不可能だと思うような状況で人々の態度を変えてきたのだ。

危機における交渉術が最初に脚光を浴びたのは、1972年のミュンヘン・オリンピックだ。オリンピック開催中にテロリストがイスラエル選手団を人質に取り、11人を殺害するという事件が起こった。それまでは、力ずくで犯人と対峙するという方法が主流だった。「手をあげて出てこい！　さもなければ撃つぞ！」という態度だ。

しかしミュンヘンや、その他の事件での失敗をきっかけに、犯人を力で脅しても解決しないという認識が広まっていった。そこで軍や警察は心理学を学び、行動科学を用いた新しいテクニックを採用するようになった[1]。

数十年ほど前から、グレッグのような交渉人はこの新しいテクニックを活用している。彼らはこのテクニックを使って、国際テロリストに人質を解放するよう説得したり、自殺しようとしている人を思いとどまらせたりしている。

家族を殺したばかりの人もいれば、人質を取って銀行に立てこもっている人もいる。彼らは、説得してくる相手は警察の人間であるということも、ここで説得に応じたら自分は逮捕されるということもよくわかっているが、それでも10人中9人は自分から投降してくる。その理由は、ただ単にそうするようにお願いされたからだ。

心の「慣性の力」を理解する

人は誰でも、何かを変えたいと思っている。

セールスパーソンは**顧客の気持ち**を変えたいと思い、マーケターは人々の**購買行動**を変えたいと思っている。部下は**上司の評価**を変えたいと思い、リーダーは**組織**を変えたいと思っている。親は**子供の態度**を変えたいと思い、スタートアップ起業は**業界を変えたい**と思い、そしてNPOは**社会**を変えたいと思っている。

しかし、何かを変えるのはとても難しい。

説得したり、おだてたり、圧力をかけたり、ごり押ししたりと頑張っても、結局は何ひとつ変わらないことが多い。たとえ変わるにしても、そのペースはまるで氷河の流れのようだ。昼休み中のナマケモノのように遅々として進まない。

アイザック・ニュートンが発見した「**運動の三法則**」によると、動いている物体は動き続け、止まっている物体は止まったままでいる。サー・アイザックの言う「物体」とは、惑星や振り子といった物理的な物体だが、人間社会にも同じ法則があてはまる。

つまり、**人間や組織にも「慣性の法則」が働く**ということだ。たいていは、いつもと同じことをくり返そうとする。

たとえば選挙のときは、自分の価値観に近い候補者に投票するのではなく、過去に投票した党に所属する候補者に投票する。会社もまた、せっかく新年度が始まっても頭を切り替えて本当に必要なプロジェクトを探すのではなく、とりあえず前年度の予算配分を踏襲する。投資家はポートフォリオを見直して投資先を変えるのではなく、これまで通りの投資を続けるほうを選ぶ。

家族旅行がたいてい毎年同じ場所になるのも、新しいプロジェクトをなかなか始められず、古いプロジェクトをなかなかやめられないのも、すべて**慣性の法則**だ。

この慣性の壁を打破して何かを変えようとするとき、**たいていの人は「押す」**という戦略を採用する。クライアントが契約をしぶっている？　それなら数字や事実を山のように提示して納得させればいい。ボスが自分のアイデアに興味を持ってくれない？　それならもっと実例をあげて詳しく説明すればいい。

社内文化を変えたいのであっても、子供に野菜を食べさせたいのであっても、強く押せば相手は思い通りになると考えるのが一般的だ。情報、事実、根拠をこれでもかと提示し、理由を説明し、さらに少しばかり力を加えれば、人は変わるということになっている。

このような考え方の根底にあるのは、人間はビー玉と同じだという思い込みだ。どちらかの方向にはじけば、ずっとその方向に進んでいくと考えている。

しかし残念ながら、このやり方では逆効果になることが多い。人間はビー玉ではないので、思い通りの方向に転がってはくれないのだ。むしろ、**人間は押されたら押し返す**。

強引な営業をかけられたクライアントは、もう電話に出てくれなくなるだろう。ボスの「考えておくよ」という言葉の真意は、「きみの要望は受け入れられない」だ。そして追いつめられた犯人は、あきらめて投降するのではなく、銃を発砲するだろう。

それでは「押す」戦略がうまくいかないのなら、いったいどうすればいいのだろうか？

人の心を動かす方法

その質問に答えるヒントは、まったく関係のない化学の世界で見つかるかもしれない。

化学反応とは、複数の物質が混ざり合い、まったく別の物質が生まれることをいう。しかしただ物質を混ぜ合わせただけでは、簡単に別の物質は生まれない。たいていは永遠にも等しいような時間がかかる。

たとえば石油は、藻類とプランクトンが長い時間をかけて化学反応を起こした結果生まれたものだ。炭素がダイヤモンドに変わるまでにも長い時間がかかる。化学反応が起こるには、分子の結合が壊れて、新しい分子の結合が生まれる必要がある。これはかなり気の長い話であり、数千年、あるいは数百万年もの時間が必要だ。

そこで化学者たちは、**反応の速度を上げるためにある特別な物質を使う**。これらの物質は目立たない存在ながら、車の排ガスをきれいにしたり、コンタクトレンズの汚れを取ったりとなかなかの活躍ぶりだ。空気を肥料に変えたり、石油を自転車のヘルメットに変えたりすることもできる。これらの物質のおかげで、わずか数秒で分子の構造を変えることができる。

しかしここで特に興味深いのは、これらの物質が**変化を起こす**「**方法**」だ。化学反応を起こすには、たいていはある一定量のエネルギーが必要になる。たとえば窒素ガスを肥料に変えるには、1000℃以上に熱しなければならない。熱や圧力などの形で十分なエネルギーを加えれば、化学反応が可能になる。

実はこのときに特別な物質を使うと、反応の速度を一気に上げることができる。それらの物質の役割は、いってみれば**反応のための別ルートを提供する**ことだ。いつもと違う道を通れば、熱や圧力にそれほど頼らなくても化学反応を起こすことができる。

たしかに、にわかには信じられない現象だ。これではまるで魔法ではないか。加えるエネルギーを減らしたのに、なぜ反応の速度が上がるのだろう？　熱力学の法則から考えて、まったくありえないことだ。しかし、これが「特別な物質」の力だ。

これらの物質は、力ずくで押すのではなく、**変化を妨げる障壁を取り除く**働きをする。その特別な物質は、「**触媒**（カタリスト）」と呼ばれている。[※1]

触媒は化学の世界に革命を起こした。触媒の発見は複数のノーベル賞を生み、さらに何十億もの人々を飢えの苦しみから解放している。ここ数世紀でもっとも偉大な発見のいくつかも触媒から生まれた。

しかし、触媒の影響力は化学の世界にとどまらない。その基本的な考え方は、一般の社会でも十分に応用できる。なぜなら触媒とはつまるところ、**変化を容易にする手段**ということだからだ。

変化を起こすために必要なのは、力ずくで押すことではない。説明がうまいとか、説得力があるということも関係ない。こういった戦術でうまくいくこともたまにはあるだろうが、むしろ相手がかえってガードを固めてしまうことのほうが多いだろう。

変化で大切なのは、**自分が触媒になる**ことだ。**障害物を取り除き、ハードルを下げることで、人々の行動を促す**。

人質交渉人も、まさにこのテクニックを使っている。いきなりSWATチームが突入してきたら、どんな人でも追いつめられたように感じるだろう。ロシアン・マフィアでも、人質を取って銀行に立てこもった強盗犯でも同じことだ。あまりにも強く押しすぎると、追いつめられた相手は何をするかわからない。こちらが何を言っても、その通りにしてくれるわけがないだろう。

優秀な人質交渉人は違う戦略を選ぶ。まず相手の話を聞き、信頼関係を築く。容疑者の恐怖や動機に真摯に耳を傾け、家で彼らの帰りを待っている人たちのことを思い出させる。そのためには、極度に緊迫した状況でペットの話をすることだってあるだろう。

人質交渉人の狙いは、ドアを蹴破って突入することではなく、その場の緊張を和らげることだ。容疑者の不安、恐怖心、敵意を少しずつ取り除き、そして最終的には彼らが自分の状況を客観的に見つめ、最初は完全に拒絶していたことが、実は最善の選択だと気づくことを目指している。それはつまり、抵抗をやめて両手をあげて投降することだ。

優秀な人質交渉人は、相手を強く押さない。あるいはすでに緊迫している状況に、油を注ぐようなこともしない。彼らは状況を冷静に観察し、変化を妨げているものの正体を突き止め、それを巧みに取り除くのだ。

つまり、**加えるエネルギーを少なくすることで、変化を起こすのを容易にしている。**

ちょうど触媒（カタリスト）と同じように。

人の心を変える新しいメソッド

私がカタリストの研究を始めたのは、自分自身が行きづまっていたからだ。

当時の私は、あるフォーチュン500企業からアドバイスを求められていた。その会社は革新的な新製品を発表したのだが、従来のやり方がどれも通用せず途方に暮れていた。広告や宣伝など一般的な戦略はすべて試したが、まったく成果が上がらなかった。

そこで私は、この分野の文献を読みあさった。

私の本職は、ペンシルベニア大学ウォートン校の教授だ。20年以上にわたり、社会的影響、口コミ、人気が出るしくみなどを科学的に研究している。優秀な同僚たちとともにこれまで数百もの実験を行い、人々がものを買う理由から、意思決定や選択の動機まで、さまざまなことを調べてきた。

数万人の学生やエグゼクティブに教える喜びにも恵まれ、さらにアップル、グーグル、ナイキ、ＧＥ（ゼネラル・エレクトリック）で変化を起こす手助けもしてきた。フェイスブックの新しいハードウェアの発表や、ビル＆メリンダ・ゲイツ財団のメッセージ戦略にも関わっている。小さなスタートアップ、政治キャンペーン、ＮＧＯとも共に働き、効果的なコミュニケーション方法の助言を与えてきた。

しかし、関連する文献を読めば読むほど、従来のやり方の問題が浮き彫りになってくる。

誰かを思い通りに動かしたいときは、おだててその気にさせる、説得する、背中を押すといった方法が一般的だ。つまり、押して、押して、押しまくる。もしそれでうまくいかなかったら、また最初から同じことのくり返しだ。今度はアクセルをさらに強く踏み込む。

しかし、これでは思い通りの結果になってくれない。

そこで私は考えた。もしかしたら、もっといい方法があるのではないだろうか？

スタートアップの創業者に話を聞き、新製品や新サービスを売り出すときのやり方を教えてもらった。企業のＣＥＯやマネジャーにも話を聞き、偉大なリーダーはどのように組織を変革するのか探り出した。トップセールスパーソンからは、難攻不落の顧客を落とす方法を教えてもらった。そして公衆衛生の専門家からは、国民の意識と行動を変える方法や、医学的に重要な発見を国民に広める方法を学んだ。

そうやって話を聞くうちに、今までとは違う方法がだんだんと見えてきた。

人の心を変える新しいメソッドだ。

その新メソッドの簡易版をまとめ、クライアントに試してもらったところ、わずかながら手応えが感じられた。そこでさらに改良を加えたところ、手応えはさらに大きくなった。最初の成功に勇気づけられた私たちは、別のクライアントにも試してもらった。そこでの結果もかなり好評だった。

間もなく私たちは、コンサルティングの仕事でつねにこの新メソッドを活用するようになった。**新製品の売り出し、人々の態度を変える、組織の文化を変えるといったプロジェクトで、大きな効果を発揮する**ことがわかってきた。

ある日、ある見込み顧客から、この新メソッドのマニュアルはないのかと尋ねられた。文書やレポートの形でまとめてあるのであれば、ぜひ読みたいと言うのだ。

そこで私は、自分でつくったパワーポイントのスライドを集めたりしたのだが、それだけでは不十分だと気がついた。必要な情報をすべてまとめ、読みやすい形にしたものが必要だ。そうやってできあがったのが、この本だ。

変化を妨げる原因を見つける

この本は、**人の心に変化を起こすまったく新しい方法**を提唱している。

残念ながら変化を起こそうとするときに、障害物を取り除くという方向で考える人はめったにいない。誰かの考えを変えるにはどうするかと尋ねられたら、99パーセントの人は「押す」方法のどれかを答えるだろう。たとえば、「事実と証拠を提示する」「こちらの理由を説明する」「説得する」といった方法だ。

自分の思い通りの結果にすることで頭がいっぱいになっているので、とにかく相手を押しまくろうとする。そしてその過程で、**相手の気持ちを考えることを忘れてしまう**のだ。

相手はなぜ、こちらの思い通りに動いてくれないのだろう？

何が相手の変化を妨げているのだろうか？

変化の触媒、カタリストになりたいのであれば、「**この人はなぜまだ変わっていないのだろう？**」という、根本的な問いから始めなければならない。

彼らの変化を阻む障害物は何なのか？

慣性の法則に従い、ただ今までと同じことをくり返している人にストップをかける方法はあるのか。どうすれば彼らに行動を促し、彼らの考えを変えることができるのか。

答えはすべて、この本に書かれている。

車の運転をするときを思い出してみよう。運転席に座り、シートベルトを締め、キーをさしてエンジンを始動し、ゆっくりとアクセルを踏む。上り坂であれば、いつもより強くアクセルを踏む必要があるかもしれない。ともあれ一般的にはアクセルを強く踏むほど、走り出しの力は大きくなる。

だがどんなにアクセルを踏んでも、車がまったく動かなかったら？

そんなときは、いったいどうすればいいのだろう？

望んだ変化が起こらないとき、私たちは得てして「押す力が足りなかったからだ」と考える。従業員が新方針に従ってくれない？　それならもう一度メールを送って新方針を周知徹底しよう。顧客が製品を買ってくれない？　それなら広告にもっとお金をかけるか、あるいは営業の電話を増やせばいい。

しかし、そうやってアクセルを強く踏むことばかり考えていると、他の方法を見落としてしまうかもしれない。実際のところ、変化の妨げになっているものを見つけ、それを取り除くほうが、アクセルを踏むよりもずっと簡単で効率的だ。

変化に必要なのは、アクセルを強く踏むことではないかもしれない。時には、ただサイドブレーキを解除するだけで、車が動き出すこともある。

この本の内容を一言で表現するなら、「サイドブレーキを見つける方法」となるだろう。サイドブレーキとは、**変化を妨げている隠された原因**のことだ。**行動を阻止している障害**

を特定し、それを除去する方法を考える。

この本は、心の変化を妨げる主な障害を5つ特定し、1章につき1つずつ考えていくという構成になっている。

第1章　心理的リアクタンス

「心理的リアクタンス」とは心理学の用語で、「何かを選択する自由が外部から脅かされたときに生じる、自由を取り戻そうとする**反発作用**」という意味だ。**人間は押されたら本能的に押し返す**。ミサイル防衛システムと同じように、こちらに向かって飛んでくるミサイルを検知したら、自動的に反撃に出る。人間には、自分を説得しようとする力に反発するようなシステムが生まれながらに備わっている。

このシステムの作動を阻止するのがカタリストの役割だ。こちらが相手を説得するのではなく、**相手が自分で自分を説得するように持っていく**。

この章で学ぶのは、心理的リアクタンスの科学、警告が推薦に変化するしくみ、そして戦術的な共感の力だ。未成年の喫煙を大幅に減少させた行政のキャンペーンや、凶悪犯をおとなしく投降させた凄腕の人質交渉人のテクニックなどの具体例も紹介している。

第2章　保有効果

「保有効果」とは、すでに持っているものを手放したくないという態度のことだ。昔からいわれているように、人間には「壊れていないなら直す必要はない」と考える傾向がある。

人間は、すでにしていることをくり返すようにできている。すでにしていることがそこまでひどくないなら、あえて変えようとは思わない。現状に執着する「保有効果」の壁を破るには、**行動を起こさないことのリスクを相手に気づかせるというテクニック**を用いる。

この章では、あるものを売買するときに、売り手のほうが買い手よりもそのあるものを高く評価するという現象や、人を動かすときは、動くことの利点が動かないことのマイナス点よりも2・6倍大きくなければならないということ、指の捻挫は指の骨折よりも痛みが大きい理由などを学ぶ。さらに、ファイナンシャル・アドバイザーが顧客に賢い投資を促す方法や、新しいシステムに早く慣れさせるIT技術者のテクニックなども紹介する。

第3章　心理的距離

人間には説得されると本能的に反発するシステムが備わっている。説得までいかなくても、ただ単に情報を提供しただけで拒否反応を引き起こすこともある。

その理由は、「心理的距離」という障害が存在するからだ。

たとえ新しい情報でも、自分の理解できる範囲のことであれば、人は耳を貸そうという気になる。しかしあまりに自分の理解を超えていると、最初から拒否反応が出て聞く耳を持たない。どんなに言葉を尽くして説明してもまったく伝わらない。それどころか、悪くするとますます反発を招くことになる。

この章では、無党派層の支持を取りつける方法や、ＬＧＢＴの権利といったリベラルな政策を保守派に売り込む政治運動のテクニックなどを学ぶ。また、**小さなお願いが大きな変化につながるメカニズム、不可能としか思えない説得を成功させる秘訣**なども見ていこう。

第４章　不確実性

変化は往々にして「不確実性」につながる。新製品、新サービス、新しいアイデアは、古いものと同じくらいいいものなのだろうか？　その答えは誰にもわからない。そして人は、不確実性を前にすると、本能的に一時停止ボタンを押して行動を止めてしまう。

この障害を乗り越えるには、**挑戦しやすい環境を整えるというテクニック**が有効だ。たとえばいきなり買ってもらうのではなく、スーパーなどで無料のサンプルを配ったりする。車を買うときにディーラーで試乗できるのも、このテクニックの１つだ。まずは体験させて、新しいものへの心理的ハードルを下げてもらう。

この章では、簡単に返品できるシステムにするとかえって売上げが伸びるしくみや、マイナーリーグでチケットを売っていた人が送料無料の通販を始めて莫大な利益を上げた物語などを学ぶ。また失敗例として、農家が実際に役に立つ新技術を取り入れることができなかった話も見ていこう。動物シェルター、会計士、ベジタリアン、組織変革プロジェクトなどで、このテクニックは広く活用されている。

第5章　補強証拠

時にはたった1人の言葉だけでは納得できないことがある。その人がどんなに知識があっても、自信満々でも関係ない。ある種の事柄においては、より多くの証拠がなければ人の考えを変えられないということだ。

誰か1人が好きだと言っているからといって、それを自分が好きになる保証はどこにもない。この障害を乗り越えるには、**エビデンスをさらに補強するというテクニックが有効**だ。たとえばドラッグやアルコールの依存症患者のカウンセラーは、このテクニックを活用して、患者がきちんと治療を受けるように説得している。

さらにこの章では、もっとも影響力のある証拠は何か、少ないリソースを分散させるよりも、凝縮したほうがいいということも学ぶことができる。

以上にあげた、心理的リアクタンス、保有効果、心理的距離、不確実性、補強証拠の不足は、**「慣性の五騎士」**と呼ぶこともできるだろう。変化を妨げるもっとも大きな5つの障害だ。

この本では、これら5つの障害を1章につき1つずつ取り上げている。障害の正体を詳しく検証し、さらに障害を乗り越える方法を提示する。総合的な研究とケーススタディから、それぞれの障害の背後にあるものと、障害を軽減する方法を科学的に読み解いていく。

「心理的リアクタンス（Reactance）」「保有効果（Endowment）」「心理的距離（Distance）」「不確実性（Uncertainty）」「補強証拠（Corroborating Evidence）」の頭文字をつなげると、**「減らす」**という意味の**「REDUCE」**となる。

変化を起こす達人であるカタリストは、まさにこの「減らす」というテクニックを使っているのだ。相手をむりやり変えようとするのではなく、障害を減らすことで、変化を容易にする環境を整える。

各章の構成は、まず原則について解説し、それからその原則があてはまる短いケーススタディを紹介する。登場する事例は、上司の説得から、イギリスのEU離脱キャンペーン、顧客の行動を変えるマーケティング、それにグランド・ドラゴン（クー・クラックス・クランの幹部）のクー・クラックス・クラン脱退までと幅広い。

本書を読めば気づくと思うが、すべての事例で5つの障害が登場するわけではない。心理的リアクタンスが主な原因になっていることもあれば、不確実性が大きな役割を果たすこともある。いくつかの障害が組み合わさっている事例もあれば、1つの障害だけで説明できる事例もある。しかし、5つの障害すべてを理解していれば、いちばん大きな原因になっている障害を探り当て、対策を立てることができるだろう。

この本の狙いはシンプルだ。「**人の考えを変えるにはどうするか**」という昔からある問題に、新しい視点から解決策を提示することを目指している。

この本を読めば、**人や組織が変わるメカニズムを理解**し、そしてその**変化を起こすカタリストになる方法を学ぶことができる**だろう。

人を変えるときでも、組織や社会を変えるときでも、カギとなるのは「**障害を取り除く**」というテクニックだ。本書を読めば、カタリストたちがあらゆる場面でこのテクニックを活用していることがよくわかるだろう。

リーダーが組織の文化を変えようとするときも、活動家が社会運動を起こそうとするときも、セールスパーソンが商談を成立させようとするときも、部下が上司に新しいアイデアを認めてもらおうとするときも、すべて変化を妨げる障害を取り除くことがカギとなっている。

ドラッグやアルコールの依存症患者に「自分には問題がある」と気づかせるのも、深く根づいた政治的信条を変えさせるのも同じことだ。

この本では、**考えを変える方法**と、**行動を変える方法**の両方を見ていく。考えを変えれば行動も変わるケースもあれば、考えを変えなくても行動を変えることができるケースもある。または、相手はすでに行動を変える準備ができていて、私たちはただ障害を取り除いてやればいいというケースもあるだろう。

私はこの本を、変化を起こすカタリストになりたいすべての人のために書いた。

ここで紹介されている思考法と、さまざまなテクニックを活用すれば、すばらしい成果につなげることができるだろう。

1人の人間を変えたい人も、組織を変えたい人も、あるいは業界全体を変えたい人も、この本を読めば**変化の触媒**になる方法を知ることができるだろう。[2]

［※1］化学反応は分子が衝突することで起こる。エネルギーを加えるのは、この衝突の回数を増やすためだ。対して触媒は、衝突の回数ではなく、成功率を上げる働きをする。たとえるなら、ただブライドデートの数をこなすのではなく、本当に相性のいい相手を見つけてくれるアプリを活用するということだ。触媒は、分子が正しい角度で衝突して変化が起こるのを助ける働きをする。

THE CATALYST

一瞬で人の心が変わる伝え方の技術

CONTENTS

第2章 保有効果――行動を起こさないことのリスクを相手に気づかせる方法

第3章 心理的距離——小さなお願いから始めて相手の考えを変える方法

第4章 不確実性——心理的ハードルを下げて購買に誘導する方法

第5章 補強証拠――証拠を重ねて相手の心を動かす方法

本文デザイン・DTP／松好那名(matt's work)

第 1 章

心理的リアクタンス

相手に自分で自分を説得させる方法

THE CATALYST

チャック・ウルフは不可能な仕事に直面していた。フロリダ州知事から、新しいプログラムの責任者に任命されたのだ。それ自体は特に珍しいことではない。

チャックは州知事の下でもう10年近く働いている。その間、オペレーションマネジャー、対外交渉主任、財務監督エグゼクティブ・ディレクターなどを歴任してきた。ハリケーン・アンドリューで大きな被害を受けたマイアミ市の復興プログラムを作成し、同市の財政再建で大きな役割を果たしたこともある。

しかし今回まかされたのは、かつてないほど大きな挑戦だった。

チャックの仕事は、全世界で10億人を超える顧客を持ち、1兆個を超える商品を売っている巨大産業を相手に闘うチームをつくること。敵は商品の広告に年間ほぼ100億ドルを費やし、しかも業界トップの会社ともなると、コカ・コーラ、マイクロソフト、マクドナルドよりもさらに大きな利益を上げている。

しかも、1社ごとの比較ではない。3社まとめた利益よりも、さらに稼いでいるのだ。

ここでチャックに与えられた使命は、多くの組織がもう何十年も前から挑戦し、ことごとく失敗してきたこと——それは、10代の子供たちに喫煙をやめさせることだ。

1990年代の終わり、喫煙はアメリカでもっとも深刻な公衆衛生の大問題だった。

タバコは予防できる病気や死亡のもっとも大きな原因であり、全世界で数千万人が喫煙が原因で死亡していた。アメリカだけでも、死亡件数の5件に1件はタバコが原因であり、その経済的な損失は年間で1500億ドルにもなる。[1]

中でも特に深刻なのが未成年の喫煙だった。タバコ会社にとって、未成年のマーケットは成功に欠かせない存在だ。表面的には未成年の喫煙に反対する態度を見せていたが、このおいしい市場を手放すつもりはまったくないというのが本心だった。

「今日のティーンエイジャーは明日のお得意様だ。喫煙者の大部分は10代で喫煙を始めている」とは、フィリップモリス社のメモに書かれていた言葉だ。未成年にタバコを売らないというのは、商売をあきらめるに等しかった。

そこでタバコ各社は、さまざまな手段を駆使して若者にタバコの魅力を訴えた。

1960年にテレビアニメ『原始家族フリントストーン』が始まると、ウィンストン（タバコの銘柄）がスポンサーになり、アニメのキャラクターのフレッドとバーニーがタバコ休憩で一服しているコマーシャルが流された。

1970年代はじめにテレビとラジオでタバコの広告が禁止されると、今度は「ジョー・キャメル」といった親しみやすいマンガのキャラクターを生み出し、タバコの楽しさをアピールした。普通のタバコが若者に受けなくなると、フレイバーつきのタバコをカラフルなパッケージで売り出した。彼らの作戦はことごとくうまくいった。

状況を考えれば、10代の喫煙率は下がっていてしかるべきだった。アメリカでは連邦法の決まりにより、18歳にならなければタバコを買うことができない。つまり大半の子供は高校の最上級生になるまでタバコを手に入れられないということだ。いくつかの州では、年齢制限をさらに厳しくしていたところもある。

１９９０年代の終わりにさしかかるころ、事態はさらに深刻化していた。高校生の４分の３近くが喫煙の経験があったのだ。[2] 最上級生の４人に１人は毎日吸っていると報告されていた。10代の喫煙率は過去19年で最悪を記録し、しかもその数字はまだ上昇していた。

誰かがこの状況を止めなければならない。しかも今すぐに。

しかし、10代の子供に喫煙をやめさせるのは簡単な仕事ではない。さまざまな組織が何十年も前から挑戦し、ことごとく失敗していた。世界の国々であらゆる対策が実施された。タバコの広告を禁止する。タバコのパッケージに警告文を載せる。さらに何十億ドルも費やし、喫煙をやめるように未成年に訴える。

しかしすべての努力もむなしく、未成年の喫煙率は逆に上昇したのだ。[3]

あらゆる挑戦が失敗に終わったというのに、はたしてチャック・ウルフに勝ち目はあるのだろうか？

警告はむしろ「推薦の言葉」になる

その質問に答えるには、以前の挑戦がことごとく失敗した理由を探ることが助けになるかもしれない。具体的には、そもそも「タバコを吸ってはいけない」という警告は必要だったのかということだ。

2018年はじめ、プロクター・アンド・ギャンブル（P&G）社はPR上のちょっとした問題を抱えていた。

さかのぼることその50年前、P&Gは「サルヴォ」という商品を発売した。サルヴォは洗濯用の洗剤で、固形のタブレットになっている。タブレットというアイデアはうまくいかなかったのだが、それから数十年かけて改良を重ね、さらに使いやすい新製品を開発した。1回分の洗剤を小さなパッケージにしたのだ。

これなら洗濯のたびに洗剤の量を量る必要はなく、洗剤をこぼしてあたりを汚すこともない。プラスチックのパッケージは水に溶けるようになっているので、ただ洗濯機に放り込むだけでいい。

Ｐ＆Ｇは、「タイド」という洗剤ブランドのラインでこの製品を売り出した。名前は「タイド・ポッド」だ。Ｐ＆Ｇの狙いは、ひとえに洗濯をもっと手軽にすることだった。マーケティングに１億５０００万ドル以上をつぎ込み、最終的には65億ドルにのぼる洗濯洗剤マーケットの30パーセントを占めるのが狙いだった。

しかし、たった１つだけ問題があった。人々がポッドを食べるようになったのだ。

いわゆる「タイド・ポッド・チャレンジ」は、最初はジョークとして始まった。洗剤の入ったプラスチックのパッケージは、鮮やかなオレンジと青の渦巻き模様で、見るからにおいしそうだった。それに大きさもちょうど一口サイズだ。

アメリカの風刺新聞『ジ・オニオン』に「洗剤ポッドがあまりにもおいしそうだから食べることにした」という冗談記事が掲載されると、本当にタイド・ポッドを食べ、その動画をネットに投稿することが若者の間で大流行した。

そして実際に食べた人たちは、他の人にも挑戦を促す。10代の子供たちは、こぞってタイド・ポッドに噛みつく自分の動画を撮影し、ユーチューブに投稿した。中にはさらに一歩進んで、ポッドを料理してから食べる人まで現れた。[4]

メディアもすぐに飛びついた。ＦＯＸニュースから『ワシントン・ポスト』紙まで、あらゆるメディアがこの騒動を報道した。医師がコメントを出し、世の親たちは心配でたまらず、そして誰もがこのおかしな流行に首をかしげた。

そこでP&Gは、販売元の会社として当然の対応をした。洗剤を食べてはいけないと警告を出したのだ。２０１８年1月12日、タイドはこんなツイートをした。

「タイド・ポッドの正しい使い道は？　もちろん洗濯だ。それ以外の使い道は存在しない。タイド・ポッドを食べる？　絶対にダメ！」

さらにダメ押しが必要だと思ったのか、P&Gはアメリカンフットボールのスター選手ロブ・グロンコウスキー（愛称グロンク）を起用して短い動画を作成した。

「タイド・ポッドは食べても大丈夫ですか？」という文字に続けてグロンクが登場し、カメラに向かって人差し指を振りながら「ノー、ノー、ノー、ノー」と言う。

画面にも「NO」の文字がいくつも並ぶ。さらに「ジョークでもダメですか？」「タイド・ポッドを洗濯以外に使ってもいいですか？」という質問にも、グロンクは同じように「ノー」と答える。

そして動画は、「洗濯用パックは圧縮された洗剤です。衣類の洗濯以外には絶対に使用しないでください」という警告で幕を閉じる。さらにグロンクにも「食べちゃいけないよ」と言わせる念の入れようだ。

動画撮影から2時間ほどたったころ、グロンコウスキーは自身のツイッターでP＆Gとのタイアップを告知した。そこでも「タイド・ポッドは洗濯用の洗剤だ。それ以外の目的で使わないように！」と念を押している。

しかし残念ながら、これで事態は収拾がつかなくなってしまった。

健康や安全に関する問題では、昔から警告を与えるという方法が一般的だった。たとえば、「脂肪を摂りすぎてはいけない」「飲んだら運転してはいけない」「シートベルトを締めなさい」といったことだ。

健康や安全のためなら「しなさい」とすすめられ、健康や安全を脅かすことには「してはいけない」と警告される。これが過去50年にわたる公衆衛生政策の基本といっていいだろう。

こういった背景を考えれば、P＆Gがあの動画をつくった動機もよく理解できる。会社側に言わせれば、そもそも警告が必要なこと自体がおかしな話だ。洗剤が危険な化学物質であることは誰でも知っている。なぜそんなものをわざわざ食べようとするのだろうか。

製品の危険性ならすでに警告している。現にタイドのウェブサイトにも、「子供の手の届かないところに保管してください」と書いてあるではないか。さらに人気者のグロンクを起用して「食べてはいけない」と言ってもらえば、問題はすべて解決するはずだ。

しかし、そうはならなかった。グロンクの動画が公開されると、グーグルで「タイド・ポッド」の検索件数が一気に過去最高を記録した。そして4日後には2倍以上になり、1週間もたたないうちに７００パーセントにまで増加した。

残念ながら、検索をしたのはグロンクの動画を見て心配になった親たちではなかった。洗剤の誤飲で病院に担ぎ込まれる人も急激に増加したのだ。

２０１６年、10代の子供がパック型洗剤を飲んだり吸い込んだりして病院で治療を受けたケースはわずか39件だった。しかし、タイドとグロンクがタイアップした動画が投稿されると、それからわずか2週間足らずの間に2倍になった。さらに数カ月後になると、過去2年分を合わせた数の2倍にまで増加したのだ。

つまり、タイドの対策は完全な逆効果だったということだ。

このタイド・ポッド・チャレンジ騒動は特殊な例だと思うかもしれないが、むしろ一般的な現象の一例だと考えたほうがいいだろう[5]。

つまり、**禁止は得てして逆効果になる**ということだ。

たとえば、認定されない証拠は参考にしてはいけないと言われた陪審員は、むしろその証拠に引きずられて判断する。お酒を飲んではいけないと言われた大学生は、かえってお酒が飲みたくなる。そしてタバコは体に悪いと言われ続けると、かえって興味がわき、将来喫煙者になる確率が高くなるのだ。

こういった状況では、警告はむしろ推薦の言葉になる。10代の子供に「あの人とデートしてはいけません」と言えば、その人にますます夢中になるだろう。**人は何かを禁止されると、かえってそれがやりたくなる**ことがある。

人にとって大切なのは「自由と自主性」

1970年代の終わり、ハーバード大学とイェール大学の研究チームが、禁止が持つネガティブな効果についての研究を発表した。

研究チームは、アーデン・ハウスという地元の老人ホームと協力し、ある簡単な実験を行った[6]。入居者を住んでいる階ごとに分類し、ある階に住んでいる入居者には、かなり広範囲にわたる選択の自由を認める。

自由な階に住んでいる入居者は、部屋の家具や内装を自分で選べ、家具の配置を換えたければスタッフにやってもらうことができる。自由時間の使い方も、他の入居者に会うかどうかも自分で決められる。それに苦情や要望を伝えれば、きちんと対応するということも知らされている。

彼らの自由はそれだけではない。箱に入った鉢植えの植物を見て、自分で世話をしたい植物をその中から選ぶこともできる。もちろん世話をしないという選択肢もある。また週に2日は夜に映画を観ることができるのだが、実際に観るかどうか、もし観るならどちらの日に観るかは自由に決められる。

別の階の住人も同じような環境で暮らすのだが、選択の自由は与えられない。部屋の内装は、入居者の居心地を第一に考えてスタッフが決める。部屋には鉢植えの植物が置いてあるが、世話はスタッフの仕事だ。そして映画を観る曜日も決められていて、観ないという選択肢はない。

しばらくしてから、研究チームは入居者の追跡調査を行った。

その結果、両者の違いは予想以上に大きかった。自由を与えられた入居者は、より快活で、行動的で、認知能力も高かったのだ。しかしさらに驚くべきは、その長期にわたる効果だ。18カ月後、研究チームが2つのグループの死亡率を調査したところ、自由を与えられたグループの死者はもう1つのグループの半数以下だった。どうやら、**自分の人生を自**

分で決めることができるという感覚には長生き効果があるようだ。

人間には自由と自主性が必要だ。私たちは、自分の人生や行動をコントロールできるという感覚を求めている。単なる偶然や、他者の気まぐれに左右されるのではなく、**自分で選びたいと思っている。**

その結果、人は自主的に行動する権利を手放すのを極端に嫌うようになった。選択の自由によって幸福度が下がるとしても、それでも選択の自由があるほうを選ぶほどだ。

それを証明したある研究[7]を紹介しよう。

研究者は参加者を集め、「みなさんはジュリーという赤ちゃんの親だと仮定します」と告げる。ジュリーは未熟児として生まれ、そのうえ脳出血も患っている。新生児集中治療室に入り、人工呼吸器で命をつないでいる状態だ。治療を3週間続けたが、残念ながら症状はまったく改善しない。医師はジュリーの両親を呼び、状況を説明した。

医師によると、選択肢は2つある。治療をやめるか、治療を続けるかだ。治療をやめるとジュリーは死ぬ。そして治療を続けても、結局は死ぬかもしれない。それにたとえ死なずにすんでも、脳に障害が残ることになる。どちらも理想的な選択肢にはほど遠い。

実験の参加者は2つのグループに分けられる。1つは自分で決断するグループで、治療をやめるか、それとも続けるかを自分で決めなければならない。

もう1つのグループは、医師に決断をまかせるように言われる。医師によれば、治療をやめることがジュリーにとって最善の選択だ。

これはとてもつらい状況だ。自分で決断するにせよ、医師に決断をまかせるにせよ、すべての参加者が悩み、苦しみ、そして罪悪感を覚えた。

しかしこの研究によると、自分で決めるグループのほうが苦しみはより大きかったという。赤ちゃんの運命を自分で決めなければならないとなると、ただでさえ苦しい状況がより一層苦しくなる。

とはいえ、それでも彼らは選択権を手放すのを嫌う。どうするか尋ねられると、医師に決断をまかせるよりは、自分で決めるほうがいいと答えたのだ。たとえそれで自分の苦しみが大きくなったとしても、自分でコントロールしたいという気持ちを捨てることはできない。

変化を妨げる障害「心理的リアクタンス」

先ほど紹介した老人ホームでの選択権の研究を見れば、P&Gがタイド・ポッドのキャンペーンで失敗した理由がわかるだろう。**人間は選択肢や行動を制限されるのを嫌う。**自分の行動は自分で決めたいという強い欲求があるのだ。

この大切な自由が奪われそうになると、人は本能的に反発する。何かをしてはいけないと言われるのは、個人の自主性に対する侵害に他ならない。自分の行動は、あくまで自分の意志から生まれていなければならないのだ。

そのため、**人は自分の自由を奪う存在に反発する。**いったい何の権利があってこの私に命令するのか。運転中にメールを打つのも、立ち入り禁止の芝生で犬の散歩をするのも、私の自由ではないか。私には自分のやりたいことをやる権利がある！

自分の行動を自分で決める能力が奪われると、あるいは奪われそうになるだけでも、人間は大きな警戒心を持つ。そして、**自分のコントロールを取り戻す方法の1つが、禁止された行動をあえて行うこと**だ。運転中にメールを打ち、立ち入り禁止の芝生で犬を放し、そしてあろうことか、洗剤パックにあえて噛みついたりするのだ。**禁止されていることをするのは、主導権を取り戻す簡単な方法**でもある。[8]

運転中にメールを打つこと自体は、それほど楽しいことでも、どうしてもやりたいことでもなかったかもしれない。しかし禁止されることで、なぜかやりたくなる。禁じられた果実は、さらに甘さが増す。なぜかというと、それを食べるという行為には、自主性を取り戻すという意味もあるからだ。

何かを禁止すると、心理学の世界で「**心理的リアクタンス**」と呼ばれる現象を引き起こす。心理的リアクタンスとは、自由が奪われた、あるいは奪われそうになっていると感じるときに生まれる**不快な状態**だ。

さらに心理的リアクタンスは、何かを禁止されたときだけでなく、**何かをするように言われたときにも生まれる**ことがある。たとえば、「環境のためにハイブリッドカーに乗ったほうがいい」「老後のために貯金をしたほうがいい」といったアドバイスでさえ、「自由を脅かされた」という印象を与えてしまうのだ。人に言われて何かをやるのは、自分の行動を自分で決める能力を否定されたように感じてしまう。

逆に誰からも説得されていない状況では、自分がやりたいことをやっていると信じることができる。自分の行動は、自分の意志と選択から生まれたのだ。ハイブリッドカーを買うのは、ただひとえに自分が欲しいと思ったからだ。自分は環境保護の意識が高いので、当然ハイブリッドカーに興味を持っている。それにハイブリッドカーは見た目もいい。

このような人間の心理を考えると、人を説得するのは難しいということがよくわかるだろう。最初からハイブリッドカーに興味を持っていた人でも、誰かから説得されると、自分の「欲しい」という気持ち以外の要素が入り込んでくる。もしかしたら自分は、誰かの影響を受けてハイブリッドカーが欲しくなったのだろうか？

その可能性を考慮したとたんに、彼らの自由は脅かされることになる。人から言われてハイブリッドカーを買うのであれば、それは完全に自主的な行動とはいえないではないか。この行動で主導権を握っているのは自分ではない。むしろ他の誰かに操られている。

つまりこれも、タイド・ポッド・チャレンジと同じことだ。人はこのような状況になると、奪われた自由を取り戻すために、言われたこととは反対のことをする。[※2]

ハイブリッドカーを買えだって？　お断りだね。ガソリン食いで排ガスをまき散らす大型車を買ってやる。老後に備えて貯金しろ？　そんなことを言うなら私の流儀を教えてやろう。欲しいものは何でも買うんだよ！[9]

相手に「何かをしろ」と言うのは、たいてい逆効果に終わる。上から命令するのではなく、ただ優しく促すだけでも結果は同じだ。

心理的リアクタンスがさらにやっかいなのは、そもそも本人がやりたいと思っていても発動することだ。たとえばあなたの職場で、「みんなもっと発言しよう」という運動が始まったとしよう。社員の中には、すでにもっと発言したいと思っていた人もいるだろうから、この運動は素直に受け入れられるはずだ。社員はもっと発言したいと思っている。そして会社は、社員にもっと発言してもらいたいと思っている。これはウィン・ウィンの状況だ。

しかしこの運動が始まったことで、たとえ元から発言したかった人であっても、周りに「上に言われたから発言している」と思われるかもしれないという心配が生まれる。発言しようとしていた人は、自分の自由意志を否定されたようでおもしろくないだろう。そして上の言いなりになっていると思われたくないために、発言するのをやめてしまうかもしれない。

ミサイル防衛システムは、飛んでくるミサイルから国を守るために存在している。それと同様に、人間にも**「他人による説得」から自分を守るレーダー**が装備されているのだ。

人間には、人の影響を受けたくない、自分の自由意志で決めたいという本能がある。私たちはつねにこのレーダーで周囲の環境をスキャンし、自分に影響を与えようとする存在を警戒している。そしてレーダーが敵を探知すると、あらかじめ用意されている対抗策をくり出すのだ[10]。

対抗策とはつまり、**説得されないようにするための反応**である。もっともシンプルな対抗策は、送られてきたメッセージを避けること、あるいはただ単に無視することだ。コマーシャルの時間になったらテレビの前を離れる、セールスの電話がかかってきたらすぐに切る、インターネットのポップアップ広告をすぐに閉じるといった反応がこれにあたる。店に買い物に行ったときは、店員と目を合わせないようにする。ネットで買い物をするときは、バナー広告を見ないようにする。

実際に、コマーシャルの内容が押しつけがましくなるほど、チャンネルを変える確率が高くなる。送られてくるメッセージに触れる機会を減らすことで、メッセージの持つ影響力を小さくしているのだ。

もっと複雑な反応もある。それは、**メッセージにあえて反論する**ことだ。ただ無視するのではなく、メッセージが正しくないことを証明しようとする。

たとえばフォード製のピックアップトラック、F－150トラックの広告コピーについて考えてみよう。

「ナンバーワンの誇り。荷物の運搬力、トレイラーの牽引力、いずれをとってもクラス最高のフォードF－150。ライバル車はただリーダーの後塵を拝するのみ」

このコピーを額面通りに受け取るのではなく、主張の一つひとつに反論を試みる。F－150の性能は本当に「クラス最高」なのか？　もちろんフォードは「そうだ」と答えるだろう。なぜなら彼らは、人々にF－150を買ってもらいたいのだから。シボレーも同じことを主張するはずだ。

ここで注意しなければならないのは、「他のすべてのトラックより性能が高い」という表現を使っていないことだ。フォードはただ単に、「荷物の運搬力」と「トレイラーの牽引力」という側面で「クラス最高」と言っている。

クラス最高とは、同じクラスの車種の中でもっとも優れているということだ。この表現では、あらゆる面でクラス最高なのか、それとも特定の機能だけでクラス最高なのかがわからない。それにそもそも、「最高」とは具体的にどういう意味なのか？

こうなると、まるで白熱した高校のディベート大会だ。広告コピーを一言ももらさず検証し、あらゆる穴を攻撃する。そうやって最終的には、メッセージそのものを崩壊させる。

伝え方を変えて障害を取り除く方法

心理的リアクタンスと説得レーダーに対抗するには、「**変化を仲介する**」というテクニックが有効だ。自分で説得しようとするのではなく、**相手が自主的に説得されることを目指す**。

フロリダ州知事から未成年の喫煙対策を命じられたチャック・ウルフは、まず対策チームを立ち上げた。

従来のキャンペーン手法に効果がないことは、チーム全員がわかっていた。大人が何かを押しつけようとすれば、10代の子供は敏感に感じ取るだろう。チームはまた、正しい健康情報に効果がないこともわかっていた。子供たちだって、喫煙が健康にいいと思っているわけではない。健康に悪いことはわかっているが、それでも吸っていたのだ。

それでは、どうすればいいのだろうか?

話し合いではさまざまなアイデアが出たが、最終的にチームが採用したのは、拍子抜けするほどシンプルなアイデアだった。とはいえ、前代未聞であることだけは間違いない。

子供たちに指示を出すのをやめたのだ。

ずっと昔から、未成年の喫煙対策といえば「タバコを吸うな」と言うことだった。喫煙は体によくない。タバコが原因で死ぬことになる。タバコに近づいてはいけない。このメッセージを、何度も何度も何度もくり返してきた。

喫煙にかぎらず、公衆衛生に関するメッセージはたいてい似たようなやり方だ。

もちろん、バリエーションはいろいろあるだろう。健康面を強調したり（「タバコを吸うと死ぬ」）、美的感覚に訴えたり（「タバコを吸うと歯が黄色くなる」）、運動面の害を指摘したり（「タバコを吸うとスポーツの成績が下がる」）、あるいは友達関係から訴えるという方法もある（「タバコを吸ったら仲間はずれにされる」）。

しかしどんなスタイルを選ぶにせよ、言っていることはみな同じだ。あからさまに命令しているか、丁寧にお願いしているか、暗にほのめかしているかの違いはあるが、要するに「タバコを吸うな」ということを伝えている。

「あなたたちにとって何がいちばんいいかはわかっている。私の言うことを聞いていれば間違いない」というメッセージだ。そしてもちろん、このメッセージはうまくいかない。


そこでチャック・ウルフのチームは、「私たちは答えを知っている」という態度を捨て、子供たちにも話し合いに参加してもらうことにした。そして1998年3月、中高生がタバコについて自由に話し合う「ティーン・タバコ・サミット」を結成する。

この集まりの目的は、チャックら大人が子供たちにタバコの害を教えることではない。主導権はあくまで子供たちにある。大人の役割は、ただ事実を伝えることだ。タバコ業界による巧妙なマーケティング戦略、タバコ会社と政治の癒着、喫煙を魅力的に見せるためにスポーツやテレビ、映画を利用していること。

「これがタバコ業界のしていることだ。これに対して、きみたちはどうしたいと思うだろう？」――これが、大人からのメッセージだ。

サミットからはたくさんの活動やアイデアが生まれた。たとえば、子供たちが独自にタバコの害を啓蒙する「タバコに反対する生徒の会」（Student Working Against Tabacco：通称SWAT）や、学校でタバコ業界について学ぶためのワークブックなどだ。ワークブックには、「タバコ1カートンの利益が2ドルだとすると、14カートン売るとタバコ会社の利益はいくらになるか？」といった問題が掲載されている。

それに加えて、メディアへの新しいアプローチも始まっていた。メディアへのアプローチの1つが「真実」というCMシリーズだ。シリーズ第1作では、どこにでもいるような2人のティーンが、どこにでもあるような家のリビングに座り、雑誌の出版社の重役に電話をかけてこんな質問をする。

「10代の子供が読者なのに、なぜタバコの広告を載せているのですか？」

重役は「雑誌はタバコに反対する広告もサポートしている」と答える。

しかし、公共サービスとしてそのような広告を実際に掲載しているのかとティーンの1人に尋ねられると、重役はこう答える。「ビジネスだから儲けなければならないんだよ」

そこでもう1人のティーンが、「大切なのは人間ですか？　それともお金ですか？」と尋ねる。重役は不機嫌な声で「出版は商売だ」と言うと、すぐに電話を切った。

ＣＭはそこで終わる。このＣＭシリーズは、子供たちに何も要求していない。映像の最後に「タバコを吸ってはいけません」というメッセージもなければ、何がかっこよくて、何がかっこ悪いかというメッセージもない。

ただ、タバコ業界が子供にタバコを売ろうとしていることや、メディアもお金のためにそれに乗っかっていることを伝えているだけだ。お説教も説得もしない。ただ真実を提示して、後は子供たちの判断にまかせている。

そして、子供たちは判断した。

「真実」キャンペーンはすぐに広まり、フロリダ州ではわずか数カ月のうちに3万人のティーンがタバコをやめた[11]。さらに2年後には、10代の喫煙率は半分になっていた。大規模な禁煙キャンペーンで、ここまでの効果が出たのは初めてだ。文字通り、史上最高だ。

このプログラムは、すぐに全世界のお手本になった。10代の喫煙の撲滅を目指して設立された全国規模の基金も、このフロリダ・モデルを採用し、「真実」キャンペーンを全国で展開した。そして、基金のトップの1人に採用されたのがチャック・ウルフだった。

全国にキャンペーンが広がると、10代の喫煙率は75パーセント減少した。そもそもタバコに手を出す子供が減り、すでに吸っていた子供も吸うのをやめた。プログラム開始からわずか4年で、45万人以上のティーンを喫煙から遠ざけることに成功し、数百億ドルの医療費削減につなげている。

そして2002年、「真実」キャンペーンの有効性が証明される出来事があった。タバコ会社がキャンペーン中止を求めて訴訟を起こしたのだ。

このキャンペーンが成功したのは、子供たちに「タバコを吸うな」と言わなかったからだ。ウルフのチームは子供たちの知性を信頼し、判断をまかせることにした。しかしそれよりも重要なのは、ウルフが人間心理を理解していたことだ。子供たちにまかせたほうが、最終的には正しい判断をする確率が高くなる。

ウルフは子供たちに自由に道を選ばせ、最終的に自分が望む地点に導くことに成功した。ウルフのプログラムでは、子供たちはただの傍観者ではなく、主体的な参加者になる。子供たちは、自分が主導権を握っていると感じることができた。「説得」への警戒心を和らげることで、行動を促したのだ[12]。

変化を起こすカタリストは、心理的リアクタンスを取り除くために「変化を仲介する」という選択をする。何かをしろと上から指示を出すのではなく、完全に放任するのでもなく、その間でバランスを取るのだ。あからさまにならないように気をつけながら、相手をこちらが望む方向に導いていく。

そのためのカギは4つだ。

1　メニューを提供する
2　命令ではなく質問をする
3　ギャップを明確にする
4　理解から始める

メニューを提供する

変化を仲介する1つの方法は、相手に進む道を選ばせることだ。目的地はあなたが望む場所なのだが、そこまでの行き方は相手に決めてもらう。

子供がいる人なら、この方法を日常的に使っているだろう。小さな子供に特定の食材を食べさせようとする努力はたいてい失敗に終わる。ブロッコリーや鶏肉がそもそも好きでないのなら、むりやり食べさせようとしてもさらに抵抗されるだけだ。

そこで賢い親は、子供に選択肢を与えるという方法を選ぶ。

「どっちを先に食べたいかな？　ブロッコリーにする？　それともチキンにする？」

　選択肢を与えられた子供は、この状況で主導権を握っているのは自分だと感じることができる。「ママもパパもむりやり食べさせようとしていない。食べたいものを自分で選べるんだ」

　しかしママとパパは、選択肢を決めることで、最終的な決断に影響を与えている。小さなリザは、めでたくママとパパが食べてほしいと思うものを食べた。ただ食べる順番を自分で選んだだけだ。

　子供を病院に連れていって注射をしてもらわなければならないときは、「右腕にしてもらう？　それとも左腕がいい？」と尋ねる。子供に寝る準備をさせたいときは、「先にお風呂に入ってから歯を磨く？　それとも先に歯磨きをしてからお風呂にする？」と尋ねる。

　この「**誘導型の選択**」と呼ばれるテクニックを使えば、子供にある程度の選択の自由を与えながら、親は望みの結果を手に入れることができる。[13]

　これは親だけでなく、採用面接を担当する上司も使えるテクニックだ。求職者は、条件の交渉をするのは当然だと思っている。だからどんなにいい条件を提示されても、必ずそれ以上の条件を望む。

そこで賢い上司なら、求職者に交換条件を提示する。休暇を1週間増やしたいのなら、年俸を5000ドル安くする。年俸を1万ドル増やすなら、持ち株をその分だけ減らす。

これで求職者は、自分にとって重要なものを自分で選ぶことができる。その結果、条件を決める過程に積極的に参加した気分になれるのだ[14]。おそらく「交渉したい」という欲求も満たされることになるだろう。

ここで大切なのは、求職者がどちらを選んでも、上司にとっては望み通りの結果になるということだ。上司も求職者も交渉に満足できる。

これが「**メニューを提供する**」というテクニックだ。何でも自由に選ばせるのではなく、こちらが決めた選択肢の中から自由に選んでもらう。

イタリア料理店でディナーのコースを注文するとしよう。たいていの店では、パスタはスパゲティ・ミートボールにするか、それともラムラグーにするかというように、いくつかの選択肢を用意している。ボロネーゼか、それともマカデミアナッツのバジルペーストかという選択肢もあるだろう。

ここでお客は、何でも好きなものを注文できるわけではない。イタリア料理店で寿司やエッグロール、ラムスブラキを食べることはできない。

しかしメニューに載っている料理であれば、食べたいものを自由に選ぶことができる。たしかに自由意志による選択だが、制限つき、あるいは誘導された選択だ。レストランがメニューを決め、お客はその制約の中で食べたいものを選ぶ。

これは、広告代理店がクライアント相手のプレゼンでもよく使う手法だ。

もしアイデアを1つしか出さなかったら、クライアントは許された時間のすべてを使ってそのアイデアのあら探しをするだろう。どんな小さな穴も見逃さず、うまくいかない理由を何通りも考える。

そこでものの分かった代理店は、プレゼンで複数のアイデアを提示する。10や15では多すぎるので、2つか3つぐらいがちょうどいい。そして、クライアントにいちばん好きなアイデアを選ばせる。相手がどのアイデアを選ぶにせよ、これで契約が成立する確率が上昇するのだ。

人に何かをさせようとすると、相手は必死になって抵抗する。それが悪いアイデアである理由を並べ立て、他のことをしたほうがずっといいと力説する。とにかく、相手の提案にそのまま従いたくない。

しかし、ここで**複数の選択肢を提示すると、状況は一変する。**

提案されたことの問題をあげつらうのをやめ、どの選択肢がいいか考えるようになるのだ。あら探しよりも、自分にとってベストの選択肢を探すことに夢中になる。さらに自分で選ぶことで「意思決定の過程に参加した」という気分になれるので、最終的にどれかを選んで契約が成立する可能性が高くなる。

ある友人は、妻に意見を求められてアドバイスするのだが、何を言っても否定されると嘆いていた。「ディナーはどこへ行く?」「週末の予定はどうする?」という妻の問いに、「メキシコ料理がいいな」「日曜に近所でやっているフェスティバルはどう?」などと答えると、妻はいつも反対する。「メキシコ料理は先週も行ったじゃない」、あるいは「日曜はずっと外にいると暑いと思う」などと答えるのだ。

友人はこれをやられるといつもイライラする。「絶対に反対するのに、なぜわざわざ僕の意見を尋ねるんだ」と彼は言う。「まるで反論するためにわざとやっているみたいだ」

そこで彼は、戦術を少し変えることにした。提案を2つに増やしたのだ。たとえば「メキシコ料理がいい」と答えるのではなく、「メキシコ料理か寿司がいいな」と答える。または近所のフェスティバルだけでなく、好きなテレビ番組の録画を一気見するという選択肢も加える。つまりメニューを提供するということだ。

すると、妻からの反論はぴたりと止まった。提案のどちらかには必ずケチをつけるが、少なくとも1つの提案には賛成するようになったのだ。

夫からの提案が1つだけなら、賛成するのは夫の言いなりになるのと同じだ。しかし提案が複数あれば、妻は自分の意志で選択することができる。これは紛れもなく彼女の選択だ。[15]

命令ではなく質問をする

2つめの方法は、自分の意見を述べるのではなく、質問をすることだ。

ビジネススクール入学に必要なGMATや、大学院進学に必要なGREといったテストの対策を指導するシェルパ・プレップという会社がある。ナフィーズ・アミンはそのCEOだ。会社はワシントンDCに拠点を置き、10年以上にわたって数百人の学生を全国有数の大学院に送り込んできた。

しかし、最初から成功できたわけではない。ナフィーズはいつも同じ問題が持ち上がることに気づいていた。学生たちの勉強量が少ないのだ。

ナフィーズは会社経営のかたわら、自分でも教壇に立っていた。ほとんどの学生はもう何年も数学をやっていない状態だ。それにテストでは、計算機の使用が認められていない。そこで授業の初日は計算の基礎をおさらいすることが多い。

それに加えて、ナフィーズは学生の学習計画の指導もしていた。彼らはきちんと学習計画を立てるだけでなく、友人にこの学校に通っていることを話して、責任を持って勉強に取り組むことが求められる。

しかし、ナフィーズは学生と実際に話して気づいたことがある。彼らが考える必要な勉強時間と、GMATに合格するために必要な勉強時間との間に大きな開きがあるということだ。多くの学生は、これがどれくらい大変な試験かわかっていなかった。

学生はみな、当たり前のように全米トップ10に入る大学を志願して、少し勉強すれば普通に合格すると思っている。トップクラスの大学を志願するのは優秀な学生ばかりだが、それでも合格率は5パーセントという狭き門だ。彼らはその厳しさがわかっていなかった。

彼らの多くはそれまで優秀な学生で通してきた。大学進学共通試験のSATは楽勝で、定期テストでもいつもいい点だったのだろう。しかし今回は次元が違う。高校の成績は単なる過去の栄光だ。

GMATを受験するのは、大学を卒業し、さらに大学院まで行こうという人たちだ。大学入試のときとは違い、高いレベルで争わなければならない。これまでのやり方は通用しないということだ。

「学校以外の勉強時間は、どれくらいを考えているのだろうか?」

ナフィーズがそう尋ねると、返ってきた答えはびっくりするほど短い時間だった。たいていの学生は1週間に5時間ぐらいと答える。どんなに長くても10時間だ。カリキュラムが終わるころには合計で50時間ほどになっているだろう。しかし実際に必要な勉強時間は、200時間から300時間だ。これでは遠くおよばない。

しかし、ナフィーズが現実を説明しても、学生たちはただぽかんとした顔をしているだけだ。彼の言葉を信じないか、あるいはこれはムリだと恐れをなして学校をやめていく。初日からそんな厳しい話は聞きたくないという心理だろう。「なんでこの人は、そんなに勉強しろ勉強しろと言うんだろう?」

もちろんナフィーズも、学生のやる気をそぎたいわけではないが、現実は知らせなければならない。学校以外の勉強時間がもっと必要だということを、どうにかしてわかってもらいたかった。学生たちが思っているよりも厳しい試験だということを理解してもらいたかった。これは考えているよりもはるかに長時間の勉強が必要な試験であり、一夜漬けは通用しない。

そこでナフィーズは戦略を変えた。「○○時間勉強しなさい」と言うのではなく、学生たちの希望を尋ねることにしたのだ。彼は教壇に立つと、まずこう尋ねた。

「きみたちはなぜここにいるのか？　きみたちの目標は？　なぜGMATを受験しようと思ったのか？」

「一流ビジネススクールに入りたいからです」と、ある学生が答える。

「なるほど。それでは、GMATで何点を取れば一流ビジネススクールに入れるだろう？」

「720点」とある学生が答えた。「750点」と別の学生が言った。

「その点数を取るにはどうする？」とナフィーズは尋ねた。

そこから学生たちの間で活発な議論が始まった。話し合いの過程でわかったのは、GMATの受験者は毎年25万人ほどいるということ、そしてトップ20のMBAプログラムに入学できるのは約1万人ということだ。これはかなりの狭き門だ。ここまでくると、学生たちも思ったよりも大変そうだということが実感として理解できる。

そこでナフィーズは本題に入り、必要な勉強時間を学生に考えさせる。

「それでは、トップMBAに入学するために必要な点数を取るには、いったい週に何時間勉強すればいいだろう？」

そこで学生たちは、自分たちが答えを知らなかったことに気づく。

「先生はプロだからわかりますよね？」と、ある学生が発言した。「私のレベルだと、何時間ぐらい勉強すればトップ校に入れますか？」

今こそあの数字を伝えるときだ。

この段階になれば、学生たちも「３００時間」という数字を受け入れる準備ができている。これは10週間のコースなので、割り算をすれば1週間に必要な勉強時間もすぐにわかる。つまり1週間に5時間ではとても足りないということだ。これで学生たちもやっと本気になり、より現実に即した学習プランを立てることができる。

質問の効果は絶大だった。学生たちの勉強時間が増え、授業の理解度が上がり、テストの成績も上がった。こうなったのは、ナフィーズが上から「もっと勉強しろ」と言ったからではない。学生たちが自分で気づけるように、ナフィーズがうまく導いたからだ。

質問の効果は、具体的には2つある。1つはメニューの提供と同じで、**相手の役割を変えるという効果**だ。こちらが断言すると、相手はそれに反論することばかり考える。しかし質問なら、答えを自分で見つけようとする。自分はどう感じるか、自分の意見はどうかということを自由に考えられる。これはたいていの人にとってとても楽しい作業だ。

そしてもう1つは、**相手が思い通りに動いてくれる可能性が高くなる**ということ。こちらの効果のほうがより重要だろう。人は他人の指示には従いたくないが、自分で考えたことなら喜んで従う。質問への答えは、単なる答えではない。他ならぬ自分が出した答えだ。自分が出した答えなのだから、自分の考え、価値観、好みを反映している。人に言われたことより、実行する可能性ははるかに高くなるだろう。

リスクの警告や公衆衛生のキャンペーンも、たしかに情報を提供しているのだが、たいてい一方的に断言する形になっている。たとえば、「ジャンクフードは肥満の原因になります」や、「飲酒運転は殺人行為です」といったものだ。

ここでの目的は人々を正しい方向に導くことなのに、これでは「押しつけがましい」「説教くさい」という印象を与えがちだ。たいていの人は心理的リアクタンスの状態になり、本能的に反論しようとする。

「ジャンクフードで太るなんてうそだ。マクドナルドばかり食べても太らない人がたくさんいるじゃないか」「殺人なんて大げさだ。先週、友達が飲酒運転したけれど誰も死んでいない」

特に対象に強い思い入れがあるような場合は、無理強いするとかえって逆効果になることが多い。

しかし同じ内容を、たとえば「ジャンクフードは体にいいと思いますか？」というように、質問の形にしたらどうだろう。

ここで本心の答えが「思わない」であれば、相手は困った立場になる。質問に答えるには、自分の考えをはっきり言語化しなければならないからだ。ジャンクフードは体に悪いと認めざるをえなくなる。そして一度認めてしまうと、もう前ほど気軽にジャンクフードを食べることができなくなるのだ。

質問には、相手が自分の答えに責任を持つようになるという効果がある。答えが何であれ、その答えの通りに行動しようと努力するからだ。

ナフィーズは学生たちに、「きみたちは何を達成したいのか」と尋ねた。彼がこの質問を選んだのは偶然ではない。学生たちの答えには、ナフィーズ自身の目標を達成する力があるとわかったうえで、あえてこの質問を選んでいる。[16]

ある医療機器メーカーの幹部には悩みがあった。営業部の指導力に問題があり、新人が育っていなかったのだ。彼女は何度もメールを送り、何度もミーティングを開いたが、それでも問題は一向に解決しなかった。

ついに彼女は、営業部の管理職の1人を呼んで尋ねた。「あなた自身はとても優秀なセールスパーソンよね。どうやってその能力を身につけたの?」

「昔の上司のティムから教わりました」と、その営業部の管理職は答えた。彼女はしばらく考え、そして言った。「それなら、あなたの部下たちも、あなたに教えてもらわないといいセールスパーソンにはなれないわよね？」

現在、その管理職は社内トップのメンターになっている。

自分が勤める会社の文化を変えたい、あるいは抜本的な組織改革を断行したいというときは、どうすればいいのだろうか。すでに決まったプランを上から押しつけるだけではうまくいかない。

変化の触媒となるカタリストであれば、むしろまったく逆のことをするだろう。彼らはまず質問をする。変化の影響を受ける人たちと直接会って意見を聞き、彼らにもプランの作成に参加してもらう。

このやり方には2つの利点がある。1つは、**問題についての情報を集められる**こと。ただのアンケート結果や抽象的な考え方ではなく、現場の人たちが発する生の声だ。本当の問題がわかれば、効果的な解決策を見つけることができる。

そしてもう1つは、いざプランを実行するときに、**全員が本気で取り組むようになる**ということだ。こちらの利点のほうがより重要だろう。プランづくりの段階から参加していれば、単に上から押しつけられたのではなく、すべての人が「自分ごと」として考えられるようになる。その変化が必要だという結論を出したのは自分だという自覚があるので、目標を達成しようというモチベーションも高まるのだ。

命令するのではなく、質問をしろということだ。[※3]

ギャップを明確にする

メニューを提供する、命令ではなく質問をするというテクニックには、**相手をコントロールするという印象を取り除く効果がある。**しかし、相手が自分で納得するように持っていく方法は他にもある。それは「ギャップを明確にする」というテクニックだ。ある人物の思考と行動の間に矛盾があることや、自分が他人にすすめることと、自分が実際にやっていることが違うと指摘する、という方法をとる。

「火を貸してもらえませんか?」

これはタバコを吸う人なら、少なくとも一度は言われたことのあるセリフだろう。喫煙者同士の連帯の言葉でもある。エレベーターのドアを開けておいてくれるように頼むのと同じようなものだ。たいていの喫煙者は、こう言われれば喜んで応じる。

しかしタイでは事情がまったく異なる。街中で喫煙者にこのセリフを言うと、意外な答えが返ってくるのだ。「絶対に貸さないよ」と言う人もいれば、「タバコは毒だよ」と言う人もいる。「タバコを吸うと、のどに穴が空いてガンになるよ。手術が怖くないのか？」と言われることもある。他にも、タバコを吸うと早死にする、肺がんになる、その他あらゆる病気になると警告されるのだ。

彼らは医療関係者でも何でもない。街中で出会った喫煙者であり、そう言っている最中もタバコを吸っている。それでも他人がタバコを吸おうとすると、タバコの害を熱心に説教してくる。

なぜなら、相手が子供だったからだ。彼らに「火を貸して」と言ったのは、サルのイラストが描かれたTシャツを着た男の子や、髪を2つに縛った女の子だった。みな身長は120センチほどで、10歳にもなっていない。子供たちは自分のポケットからタバコを1本取り出すと、近くの喫煙者に「火を貸してください」と丁寧にお願いする。

そして大人に断られると、子供たちは回れ右してその場を離れる。しかしその前に、喫煙者に1枚の紙をわたす。4つに折った小さな紙だ。子供たちが授業中にこっそり回す秘密のメモに似ている。紙を開くと、こんなメッセージが現れる。

「あなたは子供の心配はしてくれるけれど、自分の心配はしないのですか？」

その言葉の下には、禁煙の相談ができる無料通話の電話番号が書かれている。[※4]

タイ健康促進財団は、25年以上前からこの禁煙ホットラインの活動をしていた。しかし、数百万ドルを投資して熱心にキャンペーンを行っても、電話はほとんどかかってこない。何を言っても喫煙者の心には響かなかった。彼らも喫煙が健康に悪いことは知っていたが、特に行動を起こそうとはしていなかった。

そこで2012年、財団は「障害を取り除く」ことにした。喫煙者がもっとも耳を傾けるのは、財団やセレブの言葉ではない。喫煙者自身が本気で「やめたい」と思うことが重要だ。そこで財団は、「スモーキング・キッド・キャンペーン」を立ち上げた。

子供から紙を受け取った喫煙者は、ほぼ全員がその場で手に持っているタバコを捨てた。紙のほうを捨てる人はまったくいなかった。

このキャンペーンの予算はわずか5000ドルで、メディアを使った宣伝も行わなかったが、効果は絶大だった。ホットラインへの電話は60パーセント以上増加した。喫煙者と子供のやりとりを撮影した動画はネットで拡散され、わずか1週間あまりの間に500万回も再生された。

それから数カ月たっても、ホットラインへの電話は以前のほぼ3割増を維持していた。

このスモーキング・キッド・キャンペーンは、史上もっとも効果的な禁煙キャンペーンと多くの人から認められている。

タイ健康促進財団のキャンペーンがうまくいったのは、**「ギャップを明確にする」**というテクニックを活用したからだ。他人（子供）に言うことと、自分でしていることの矛盾を、喫煙者本人に気づかせるという効果がある。

人間は首尾一貫していることを求める習性がある。自分の態度、価値観、行動が首尾一貫していないと、どうにも気持ちが悪い。環境問題に関心がある人は、なるべく二酸化炭素を排出しない生活を心がける。正直さは大切だと信じている人は、自分もウソをつかないように努力する。

そのため自分の態度と価値観に矛盾が生じると、人は落ち着かない気分になる。この気持ちの悪さは、心理学の世界で**「認知的不協和」**と呼ばれている。認知的不協和を感じた人は、なんとか正常な状態に戻そうとする。

タイの喫煙者は、まさにこの認知的不協和を感じていた。彼らはすでにタバコを吸っているが、子供にはタバコは体に悪いと説教をする。これは明らかな矛盾だ。この認知的不協和を取り除くには、子供の喫煙を認めるか、あるいは自分の行動が間違っていることを認め、真剣に禁煙に取り組むしかない。そして彼らは後者を選んだ。

この同じテクニックは、人々に水を節約してもらうためにも使われたことがある。[17] カリフォルニア州は定期的に水不足に陥る。ある年の水不足のときに、大学当局が学生寮で使われる水を節約できないかと考えた。具体的には、シャワーの時間を短くしてもらうのだ。ただ「シャワーを短くしよう」というメッセージを伝える従来の方法でもある程度の効果はあったが、まだ十分ではない。

そこで対策にあたった研究者は、学生たちの思想と行動の間にあるギャップを明確にするという方法を採用した。カリフォルニア大学サンタクルーズ校の女子用ロッカールームの入口に研究者のアシスタントが立ち、シャワーを浴びにきた学生たちに、節水を訴えるポスターにサインしてもらえるかと尋ねる。そのポスターには「シャワーは短く。私にできるなら、あなたにもできるよ!」と書かれている。

これは社会的に正しいメッセージなので、学生たちは喜んでサインした。

サインが終わると、今度は自分自身の水の使い方について短い質問を受ける。「石鹸で体を洗っている間やシャンプーの間はシャワーを止めますか?」というような質問だ。この質問によって、学生たちは自分の行動に問題があったと気づくことになる。水の節約は大切だと考えながら、実際は水を無駄づかいしていたのだ。

それが終わると、学生はやっとシャワーを浴びることができる。そのとき学生たちは気づいていないが、実はアシスタントがお湯を出す時間を計っていた(学生たちに気づかれないように、アシスタントも別のブースでシャワーを浴びていた。時間は防水機能のついたストップウォッチで計る）。

シャワー前に自分の思想と行動の間にあるギャップに気づかされたことで、学生たちが水を使う時間は劇的に少なくなった。具体的には1分以上の減少で、全体の25パーセントだ。それに加えて、体や髪の毛を洗う間はシャワーを止めることが多くなった。

言っていることとやっていることが違うと自覚できると、行動を正しい方向に変えることにつながる。

このテクニックは、**矛盾がそれほど明確でない場合にも使うことができる。**

気候変動を否定する人たちでも、自分の子供たちが汚れた空気の中で暮らすことは望まない。あるいは従来の非効率なやり方に固執するベテラン社員も、新入社員に同じやり方をすすめることはしない。これらもまた、他人にすすめることと自分がやっていることの間に矛盾がある例だ。

まったく成果が上がらないプロジェクトや、赤字を出してばかりいる部署があるとしよう。普通に考えればどちらも続ける価値はないのだが、一部の人が強硬に存続を主張している。「もう一度チャンスをあげよう。もう少し時間をかければ回復する」と彼らは言う。

ここでも慣性の法則が働き、本当は切るべきものを切ることができなくなっている。

しかし、あからさまに「切れ」と言っても効果はない。ここでは**視点をずらすというテクニック**が役に立つ。

彼らにこう尋ねてみよう。「もし今の自分が、今の状況を知ったうえで最初から始めるとしたら、また同じプロジェクトを選ぶだろうか？　今新しいCEOが就任したら、新CEOはこの部署を存続させようとするだろうか？　もしそうでないなら、なぜ私たちは続けるのだろう？」

矛盾を指摘し、さらに前面に押し出すことで、人々は自らの矛盾に気づくだけでなく、さらにそれを解決しようと努力する。

理解から始める

この章で最後に紹介するのはかなり古典的なテクニックだ。驚く人もいるかもしれないが、グレッグ・ヴェッキのような人質交渉人が昔から使っているテクニックでもある。

この数十年の間、人質交渉人たちは階段式のシンプルなモデルを使ってきた。国際テロリストに人質を解放するように説得する場合でも、自殺しようとしている人を思いとどまらせる場合でも、基本的には下の図のような段階を踏んで相手の合意を取りつける。

階段の1段目は、相手に影響を与えることでもなければ、説得することでもない。

しかし経験のない交渉人は、ここでストレートに要求を伝えてしまう。「人質を解放しないと撃つぞ!」というように、望みの結果をすぐに手に入れようとするのだ。

もちろんこの戦略はうまくいかない。あまりに芸がなく、攻撃的すぎる。むしろ抵抗を激化させる結果になるだろう。なぜなら、最初から相手に影響を与えようとするのは、自分のことしか考えていないからだ。相手の望みや言い分は完全に無視して、自分の要求だけを伝えている。

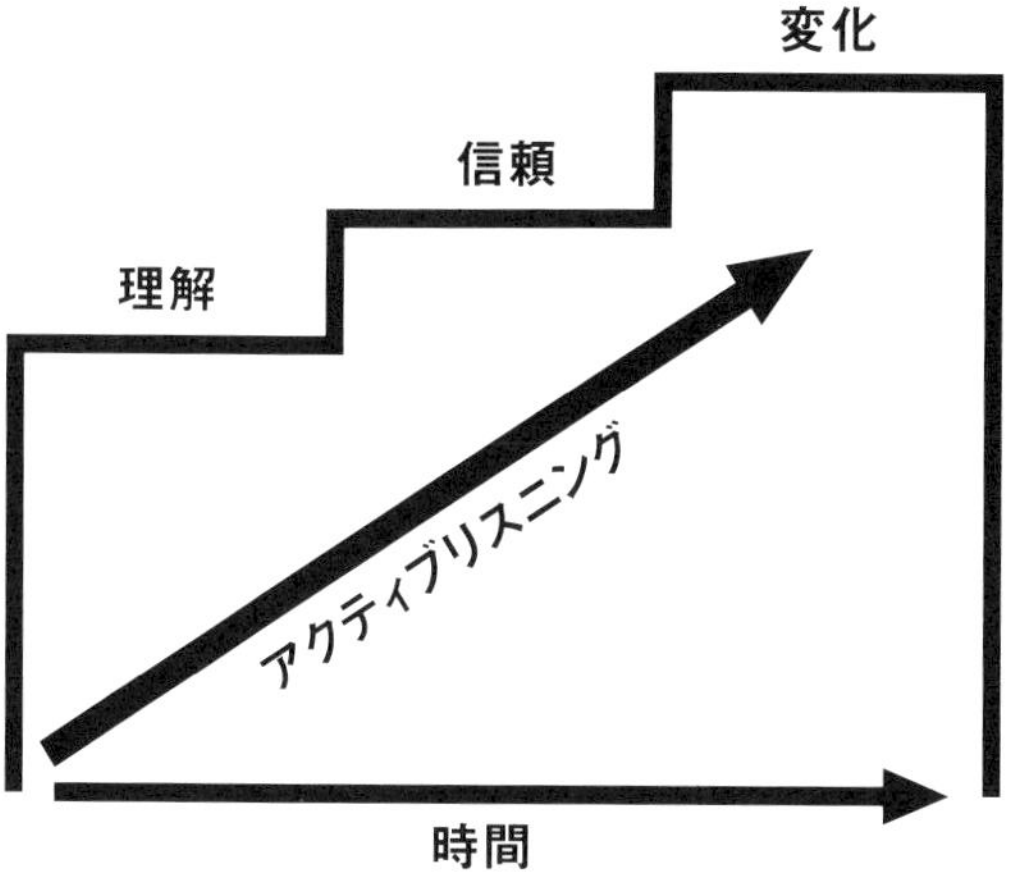

人を変えるには、まずこちらの言い分に耳を傾けてもらわなければならない。そして話を聞いてもらうには、信頼してもらう必要がある。この**信頼関係がなければ、何をどう言ったところで相手は絶対に説得されない。**

ここで視点を変えて、口コミが持つ力について考えてみよう。口コミは広告よりもはるかに大きな力を持つ。新しいレストランができた場合、広告で「おいしい」と言われても、言葉通りに信じる人は多くない。広告の言葉は信用できないと思われているからだ。ところが、実際にそのレストランで食べた友人から「手打ちのタリアテッレが絶品だったよ」という話を聞けば、自分も食べてみようと思うだろう。なぜなら、友人との間には信頼関係がすでに確立しているからだ。長年の友人なのだから、自分にウソを言うことはないと信じている。

そのためベテランの交渉人は、最初の段階で自分の要求を出したりはしない。まず相手を知るところから始める。相手の状況、感情、動機を理解し、そして**理解していることを相手にわかってもらう。**

危機的な状況にある人は、誰も自分を助けてくれないような気持ちになっている。彼らは何かが理由で怒り、傷ついていて、誰かに話を聞いてもらいたい。しかし誰も聞いてくれないので、人質を取って立てこもるというところまで追いつめられているのだ。

そのためグレッグ・ヴェッキは、いつも同じ言葉で交渉を始める。「どうも、私はFBIのグレッグです。そちらは大丈夫ですか？」。相手が5歳の子供でも、50歳の銀行強盗でも、自殺しようとしている母親でも、殺人犯でも、最初の言葉はいつも同じだ。

「こちらはヴェッキ特別捜査官だ」というような形式張った言葉でもなければ、もちろん「手を上げて出てこい。さもなければ引きずり出す」というような攻撃的な言葉でもない。どちらも信頼関係の構築にはまったく役に立たないからだ。

グレッグはまず橋を築く。相手に何かを語らせる。相手の言うことを批判しない。相手の話を遮ることもない。そうやって信頼関係を構築していく。相手に「自分の意見が重視されている」と思わせる。正しい質問をすることで、相手の話を真剣に聞いていること、相手を気にかけていることを理解してもらう。

相手に共感と理解を示し、そして質問によって貴重な情報を集める。いわゆる「**戦術的共感**」によって、根本的な問題を探っていく。容疑者はなぜ怒っているのか？　容疑者の本当の望みは何か？　優秀な人質交渉人は、相手の立場で考え、会話の主役を相手にすることで、信頼関係を築くと同時に、相手に影響力を与える下地も整える。

これが経験の浅い交渉人にとってもっとも難しい部分だ。相手の立場で考えるよりも、一刻も早く問題を解決しようとしてしまう。しかし緊迫した状況で相手に望み通りに動いてもらうには、信頼関係を確立することが不可欠だ。

自分の話を真剣に聞いてくれる人、自分を本気で心配してくれる人がいると感じることができると、相手に対する信頼感が生まれてくる。

グレッグはこのテクニックを、「**相手を助ける存在になる**」と呼んでいる。相手が望みをかなえる手助けをするということだ。「そろそろお腹が空いてきたんじゃないか？　今から食べ物を送ろう」「帰りの車が必要なのか？　用意するから希望の車種を教えてくれ」などと声をかけることで、グレッグは相手のパートナーのような存在になる。

交渉が始まった瞬間から、「私はあなたを助けるためにここにいる。私たちはチームだ」というメッセージを伝えるのだ。

この態度は、グレッグが使う言葉にも表れている。「きみと私でこの問題を解決しよう」「きみの協力がどうしても必要なんだ。きみも事態を悪化させたくはないだろう？」というように、チームであることを強調している。グレッグはチームの仲間であり、相手を助けるためにここにいるのだ。たいていの人は、自分を助けようとしてくれている人を相手に、ずっと腹を立てていることはできないだろう。

こうやって信頼関係ができたと確信できたところで、グレッグは初めて変化を起こす方向に舵を切る。ここでの目標は、相手にグレッグの望み通りの行動をしてもらうことだ。

しかし、たとえこの段階まで到達しても、主役はあくまで相手だ。相手の主導で事態の解決を目指す。銀行強盗が人質を2人取って立てこもっている？「逮捕するから手を上げて出てきなさい」と言っても、おそらくうまくいかないだろう。もちろんグレッグもそれを望んでいるのだが、銀行強盗からすれば刑務所には入りたくない。

ここでのコツは、銀行強盗に「**この解決策は自分で考えた**」と思わせることだ。こちらが相手を説得するのではなく、相手が自分で自分を説得する。グレッグは銀行強盗の言葉をそのまま使いながら、理想の結果になるように巧みに誘導する。強盗犯自身の判断で、両手をあげて投降するのがいちばんだという結論に到達することを目指す。

しかしだからといって、犯人の言いなりになるという意味ではない。犯人にとってベストの選択肢は、銀行のお金をすべて持って逃げ、その後も絶対に捕まらないことだ。一方でグレッグは、それを実現させるわけにはいかない。

グレッグの交渉術の真骨頂は、相手に命令しているような印象をまったく与えず、むしろ相手にとって最善の結果になるように努力していると信じさせることだ。そうすれば、強盗犯は知らず知らずのうちにグレッグの望み通りに行動するようになる。そして最終的に両手をあげて投降するのが、自分にとって最善の選択肢だという結論に到達するのだ。

今から数年前、グレッグは自殺しようとしている男性を説得することになった（彼の名前を仮にジョンとしよう）。ジョンはすっかり意気消沈していた。失業し、次の仕事も見つからない。このままでは妻と子供を養うことができなくなる。そのときジョンは、自分が死ぬのが家族にとっていちばんだと思い込んでいた。高額の生命保険に入っているので、自分が死ねば家族は保険金で暮らしていける。

このような状況に直面すると、たいていの人は理屈で説得しようとする。自殺では保険金が下りないという正しい情報を伝えれば、ジョンも思いとどまるはずだ。

しかし、その説得ではジョンの視点を無視している。彼の気持ちをまったく理解していない。ただ自分の視点から正しいと思う理屈で説明していたら、ジョンはおそらく自殺を実行してしまうだろう。

そこでグレッグは、まずジョンの視点で話を始める。自己紹介し、相手のようすを尋ね、質問によってジョンを悩ませる問題の根本を探ろうとする。

「あの会社ではもう20年も働いていたんだ」とジョンは言う。「それなのにクビになってしまった。収入はゼロだ。資産はすべて銀行に差し押さえられてしまった。もう家族を養うにはこうするしかないんだ。私が死ねばかなりの保険金が入る。私はいなくてもいい存在だ」

「家族のことを話してくれ」とグレッグは言う。ジョンを助けるために、ジョンのことをもっと知りたいからだ。

「妻と子供が2人いる。2人ともとてもいい子だ」とジョンは言う。

この言葉から、ジョンが子供をとても大切に思っていることがわかる。そこでグレッグは、子供の話をさらに掘り下げる。「そうか。子供たちについてもっと教えてくれないか」

「ああ、そうだな――。2人とも男の子だ」とジョンは言う。

「2人とも男の子か」とグレッグ。ジョンの言葉をそのまま繰り返す。ミラーリングのテクニックだ。

「そうだ」

「子供たちを愛しているんだね」。これは「**感情に名前をつける**」というテクニック。「心から愛しているのがよくわかる」

「もちろん愛しているよ」とジョンは言う。

「あなたはきっと家族思いのいい父親なのだろう。家族のために正しいことをしようと頑張っている」とグレッグは言う。

「そりゃあ、父親としては当然だよ」とジョンは答える。

グレッグはジョンに子供の話をさせる。息子たちはどんな子供なのか？　ジョンとはどんな関係なのか？　ジョンは息子たちに、女性を尊重する立派な男性になってもらいたいと思っている。よく一緒に釣りに行き、生きるための知恵をいろいろ教えている。2人とも父親と一緒にすごす時間が大好きだ。

一通り話が終わると、グレッグは次のステップに進む。

「話を聞いたところ、もしあなたがここで死んだら、息子さんたちは大切な親友を失ってしまうのではないだろうか」

ジョンは無言だ。

グレッグも何も言わない。ただ、ジョンが自分で結論を出すのを待っている。

グレッグはここで、**ジョンの中にジレンマを生じさせた**。グレッグから何かをしろとは一言も言っていない。ただジョンの話を聞き、ジョン自身が言ったことを別の視点から指摘しただけだ。それに加えて、この段階ですでにジョンとの間に信頼関係が築かれている。ジョンを助け、批判することなく話を聞いてきた。だからこそ、グレッグの言葉はジョンの心に響くのだ。

ジョンはもう自ら命を絶つことはない。なぜなら、自殺はすでに有効な選択肢ではなくなっているからだ。

自殺しようとしている人を思いとどまらせるのはとても難しい仕事だ。できればそんな状況に遭遇したくはないだろう。だがグレッグのやり方は、サプライヤーとの交渉から配偶者とのケンカにいたるまで、日常のさまざまな場面で応用できる。

大切なのは、説得するのではなく理解することだ。サプライヤーの提示する値段が高すぎると思うなら、相手の視点からなぜその値段なのか考えてみる。もしかしたら材料費が上がったのかもしれない。

台所で汚れた食器が山積みになっていると、配偶者はなぜそこまで腹を立てるのか。汚れた食器そのものが原因なのかもしれないし、もしかしたらその裏にもっと大きな問題が隠れているのかもしれない。

自分は理解されている、大切にされていると感じることができると、信頼関係が生まれる。サプライヤーも、本当に大切なのは長期にわたるパートナーシップであり、手っ取り早く儲けることではないと気づくかもしれない。配偶者は、汚れた食器は汚れた食器であり、それ以上の意味はないこともあると気づくかもしれない。そして両者が歩み寄る中で、いずれ解決策も見つかるだろう。[※5]

これは庭の草むしりと同じだ。手っ取り早くすませたいなら、草をつかんで地上に出ている部分だけ引きちぎればいい。

これで一見するときれいな庭になるかもしれないが、長期的に見ればまずい解決策だ。根っこが残っているので、雑草はすぐに伸びてくる。効率的に終わらせたつもりが、かえって手間を増やすことになるのだ。

人の考えを変えるときも、根っこから引き抜くことが大切だ。相手がそのように行動する根本の動機や原因を探り出す。根っこさえ見つかれば、後は自然と解決するだろう。（人質交渉人が使う他の戦術も知りたい人は、付録の「アクティブリスニング」を参照）

心理的リアクタンスを乗り越える

誰かにむりやり何かをさせられそうだと感じると、たいていの人は抵抗する。態度を変えるどころか、むしろますます頑固になる。

つまり人の考えを変えるには、**説得してはいけない**ということだ。**相手が自分で自分を説得しなければならない。**賢い親のように、いくつかの選択肢を提示して、こちらが望む結果になるように巧みに相手を誘導する。

ナフィーズ・アミンのテクニックを思い出してみよう。

彼は上から命令するのではなく、学生に質問をして、自分で答えを見つけてもらった。人は自分で出した結論なら、責任を持って実行しようとする。それに、こちらが望む結果が、彼らにとっても最善の結果であるということも理解してもらえる。

タイ健康促進財団は、ギャップを明確にする、あるいは他人にすすめることと自分ですることの違いに気づかせるというテクニックを使った。そしてグレッグ・ヴェッキは、まず相手の状況を理解することから始め、根本的な問題を探り出し、相手との間に信頼関係を築く。

他人の影響で自分を変えるのが好きな人はいない。自分自身をふり返ってみればよくわかるはずだ。

あなたが最後に、他人に言われたという理由で自分の考えを変えたのは、いったいいつのことだろう？

ケーススタディ1　「過激な思想」を変える方法

第1章では、心理的リアクタンスを取り除くことで変化を起こすカタリストになる方法を学んだ。このテクニックは、未成年に喫煙をやめさせることから、優秀なセールスパーソンによきメンターになってもらうこと、配偶者の同意を取りつけること、銀行強盗を説得して投降させることにいたるまで、さまざまな状況で応用できる。

しかしこのテクニックは、本当にすべての人の考えを変えることができるのだろうか？

6月のある晴れた日曜の朝、マイケルとジュリーのワイザー夫妻の家に1本の電話がかかってきた。夫妻は食卓についていた。この家には数日前に引っ越してきたばかりで、ダイニングの隅には、まだ半開きになっている段ボール箱が積まれたままになっている。

マイケルのほうが電話に近かった。立ち上がって電話のあるところまで歩き、受話器を取ると、「もしもし」と言った。

受話器の向こうからは男性の大きな声が聞こえた。声の響きには憎しみがこもっている。

「ランドルフ通り5810番地に引っ越してきたことを後悔させてやる。このユダヤ人め」

そこで電話は切れた。[18]

ワイザー家は、チャンスを求めてネブラスカ州リンカーンにやってきた。市内でもっとも古いユダヤ教のシナゴーグが、新しいラビ（ユダヤ教の指導者）を探していた。そして全米各地でラビを務めてきたマイケルも、ちょうど何か新しい挑戦を探していた。

リンカーンは住民のほとんどがキリスト教福音派だ。人口およそ20万のうち、ユダヤ教徒はわずか数百人しかいない。礼拝でシナゴーグに集まる人は、たいてい10人をわずかに超えるほどだ。マイケルはその人数を増やそうと努力した。

マイケルがラビに就任した2年半後、シナゴーグの会員は100家族にまで増えていた。マイケルの指導が信仰に新しいエネルギーを吹き込んだのだ。

そして何の前触れもなく、あの不吉な電話がかかってきた。

電話の人物は、なぜワイザー家の住所を知っているのだろう？　ユダヤ人だということもいったいどこで知ったのか。マイケルとジュリーは子供たちのことが特に心配だった。放課後は両親が帰ってくるまで子供たちだけで家にいるからだ。

その2日後、事態はさらに悪化した。

ジュリーは長い1日を終えて帰宅すると、ポストから郵便物を取り出して玄関に向かった。いつもの手紙や請求書に交じって、茶色の分厚い封筒があった。宛名は「ラビ・マイケル・ワイザー」だ。

家に入って封筒を開けると、中から大量の紙が出てきた。どれも人種差別的な言葉が並べられたチラシやパンフレットだ。大きなかぎ鼻が特徴のユダヤ人や、顔がゴリラになっている黒人など、偏見に満ちたイラスト。ホロコーストを賛美するナチスのビラ。非白人が劣等人種であることは「科学的に証明されている」という「専門家」の言葉。中でも恐ろしかったのは小さなカードだ。「KKKがお前を見張っている」と書かれていた。

ワイザー家が人種差別を経験したのはこれが初めてではなかった。メンフィスに住んでいたときに、アフリカ系の少女と付き合っていた息子の1人が、ある人物から「裏切り者」と呼ばれたことがある。娘が学校で「キリスト殺し！」と罵声を浴びせられたこともあった。しかし、今回ほど恐ろしい思いをしたことはなかった。

警察に届けると、はっきりした答えが返ってきた。

「送り主が地元KKKのトップだとすると――おそらくそうだと思いますが――、彼は危険人物です。爆発物をつくっているという情報を警察でも把握しています」

男の名前はラリー・トラップだ。地元の白人至上主義団体のリーダーであり、ホワイト・ナイト・オブ・KKK（KKKの一団体）でグランド・ドラゴン（幹部）を務めるトラップは、ネブラスカ州全体の白人至上主義運動を束ねる存在だ。「ネブラスカ州を国内有数のクラン領土にする」という大それた野望を持っていた。トラップは暴力愛好家で、マシンガンと自動火器を大量に所有していた。地元のベトナム難民支援センターに脅迫状を送りつけ、実際に部下を使って夜中に襲撃して放火したこともある。

ワイザー家は途方に暮れた。玄関に頑丈なカギをつけ、出かけるときは必ず戸締まりを確認した。家の前を車がゆっくりと通りすぎるたびに緊張し、子供たちが襲われないように通学路を毎日変えることにした。マイケルもジュリーも脅しに屈したくはなかったが、他にどうしようもなかった。

ジュリーはラリー・トラップについての情報を集め始めた。彼女は地元のクリニックで働いていたのだが、どうやらトラップはこのあたりの医療関係者の間では有名な存在らしかった。子供のころから糖尿病を患っていて、きちんとした治療が受けられなかったために、今ではほとんど目が見えないという。またこの病気によって足への血流が阻害され、最初につまさき、最終的には両足とも切断することになった。

車椅子生活になったトラップは、医者という医者を激しく非難した。医者の言うことをまったく聞かず、口汚く罵ってばかりいる。ある訪問看護の会社は、彼の家にスタッフを派遣するのを拒否している。以前に訪問した看護師が銃で脅されたことがあったからだ。

ジュリーはトラップの住所を突き止めた。そしてある日、家に向かって車を走らせているときに、知らず知らずのうちに回り道をしていた。トラップの住所がある通りを走りながら、ついに殺風景な平屋のアパートを見つけた。

なぜ彼はあんなひどいことをするのだろうか？　頭がおかしいのか？　孤独なのだろうか？　なぜ彼の心は、あんなにも憎しみでいっぱいになっているのだろう？

ジュリーはトラップの家の前を何度も通るようになった。どうしても彼のことが理解できずに悩んでいたときに、『旧約聖書』を開くと、まさにトラップを描写した一節が目に飛び込んできた。「よこしまな人、悪しき人は偽りの言葉をもって行きめぐり、目でめくばせし、足で踏み鳴らし、指で示し、よこしまな心をもって悪を計り、絶えず争いをおこす。それゆえ、災は、にわかに彼に臨み、たちまちにして打ち敗られ、助かることはない」（箴言（しんげん）第6章12〜15節）。

『聖書』の言葉に触発されたジュリーは、トラップにも手紙でこの言葉を送ろうかと考えた。しかし、マイケルは気が進まなかった。もし本当に送るとしても、匿名のほうがいいだろうと彼は言った。ジュリーの友人たちも同じ考えだった。「相手は何を考えているかわからない人なんだから。頭がおかしいのよ！　どんな反応をするかわからないじゃない」

その数週間後、トラップのスキンヘッド軍団が地元のコミュニティテレビに登場した。「ホワイト・アーリアン」と名乗る彼らは、ナチスやＫＫＫといった差別主義団体が胸を張って行進し、憎しみと白人至上主義の言葉をまき散らしている映像を制作したようだ。これは地元の人が制作した映像を流す放送局で、映像の中身によって放送を拒否することはできないという。

マイケルはこの番組を見て怒りを覚えた。ラリー・トラップはこうやって多くの人に恐怖を与えているのに、捕まりもせず野放しになっている。マイケルはもう黙っていられなくなり、トラップに電話することに決めた。

電話帳でトラップの番号を見つけると、電話をかけた。誰も出なかったが、留守番電話のメッセージが流れた。悪意に満ちた不快な言葉が長々と続いている。マイケルは何も言わずに電話を切った。

間もなく、マイケルは定期的にトラップに電話するようになった。いつも留守番電話で何も言わずに切っていたが、ついにメッセージを残すことにした。マイケルは怒っていた。トラップを思いっきり怒鳴りつけたい気持ちもあった。力のかぎり脅してやりたかった。

しかし、マイケルは信仰心の厚い人物でもある。そこで、ただ短い言葉を残した。

「なぜ私を憎むのですか？　私のことを知りもしないのに、なぜ嫌いになるのですか？」

また別のときには、こんなメッセージを残した。

「ラリー、ナチ党が政権を取ってから最初に成立した法律を知っているかい？　きみのように体の不自由な人を殺す法律だ。きみはヒトラー政権でまっさきに殺される側にいるんだよ。それなのに、なぜそんなにナチスが好きなんだ？」

直接的なメッセージもあれば、遠回しのメッセージもあった。しかしそのすべてが力強かった。「ラリー、世界は愛に満ちている。それなのにきみには愛がまったくない。きみも愛が欲しいだろう？」

マイケルはこれらのメッセージを「愛の言葉」と呼んでいた。


一方のラリー・トラップは、マイケルからメッセージが送られてくる間に人生が様変わりしていた。まず夜間の連続放火事件の容疑者になった。かつての隣人からも脅迫と侮辱で訴えられた。トラップが尊敬するＫＫＫのメンバーが強盗にあって殺された。犯人は他のメンバー２人だった。トラップ自身の健康状態もさらに悪化した。

そして追い打ちをかけるように、留守番電話にはおかしなメッセージが何度も残されている。トラップはしだいに追いつめられていった。メッセージの声はいつも優しく、穏やかで、幸せと喜びに満ちている。トラップは怒っていた。メッセージの主はいったい何様のつもりなんだ。こいつを黙らせなければならない。

次に電話が鳴り、いつもの声が話し始めると、トラップはついに受話器を取った。

「お前はいったい何が望みだ？　嫌がらせのつもりか？　すぐにやめろ！」

「これは嫌がらせではないよ、ラリー。ただきみと話をしたいだけなんだ」

「いや、嫌がらせだ。何が望みだ？　さっさと言え」

マイケルは少し黙ってから口を開いた。「私はただ、きみには助けが必要なんじゃないかと思っただけだ。私に何かできることはあるだろうか。きみが車椅子生活なのは知っている。もしよければスーパーの買い物を手伝おうか？」

ラリーは不意打ちを食らったように言葉に詰まった。

しばらく無言が続いた。

ついにラリーは、ゆっくりと咳払いすると話し始めた。口調がそれまでとはまるで変わっていた。憎しみが少なくなり、声に柔らかさが感じられる。

「親切な申し出をありがとう。でも大丈夫だ。お気づかいには感謝している。それでも、この番号にはもう電話しないでもらいたい。仕事用の電話だからね」

土曜の夜、ワイザー家がどの映画を観ようかと話しているときに電話が鳴った。家族が出ると、相手は「ラビを出してくれ」と言っている。マイケルは受話器を取ると、声の主が誰だかすぐにわかった。

「外に出たいんだ」とラリーは言った。「でも、どうしたらいいのかわからない」

「手を貸そうか?」とマイケルは言った。

「自分でもよくわからない。混乱して、気分が悪くなってきた。とにかく苦しいんだ」

マイケルは自宅に来るように誘ったが、ラリーは断った。それならお腹は空いていないかと尋ねると、ラリーはついに折れた。マイケルは食べ物を持ってラリーのアパートを訪ねることになった。

ラリーは玄関のドアを開けた。マイケルが握手すると、ラリーはまるで電気ショックを受けたかのように顔をしかめ、目から涙があふれ出した。下を向くと、ナチスの鉤十字をかたどった指輪が目に入った。もうこの指輪をはめていることはできない。ラリーは指輪を外すと、マイケルに手渡した。「これは私の人生に存在したすべての憎しみの象徴だ。あなたに処分してもらいたい」

ラリーの泣き声はさらに大きくなった。「悪かった」と彼は言った。「私がしたことを許してくれ。本当に申し訳ないと思っている」。マイケルとジュリーは、ラリーの肩に手を回すと、何も心配いらないと言った。

1991年11月16日、ラリー・トラップはKKKを正式に脱退した。そして、これまで自分が傷つけたすべての人に謝罪した。彼が脅迫したすべての人にだ。地元のメディアには、「ネブラスカ州に暮らすさまざまな人種と個人に対して、自分が使った攻撃的な言葉、人種差別的な表現を謝罪します」と書いた手紙を送った。

自宅に山積みになっていた人種差別的な物品をすべて処分し、生活を一から立て直した。

そしてマイケルとジュリーとの関係は、強い絆で結ばれた友情に発展した。

その年の大晦日、ラリーは重い腎臓病で余命は1年もないと宣告された。ワイザー家は、ラリーに自宅で一緒に住まないかと声をかけた。ラリーは申し出を受け入れ、寝室に改造されたワイザー家のリビングで暮らすようになった。ジュリーは仕事を辞めてラリーの看護に専念することにした。

最終的に、ラリーはユダヤ教に改宗した。儀式はマイケルがラビを務めるシナゴーグで行われた。かつてラリーが爆破しようとした、まさにあのシナゴーグでだ。それから3カ月あまりたち、ラリーはワイザー家で息を引き取った。

ラリー・トラップは、子供時代を通してずっと暴力的な父親から逃げていた。そして大人になってからは、意識的にせよ、無意識的にせよ、人種差別を公言する父親に気に入られようとする人生を送るようになった。

奇妙な話ではあるが、父親の差別主義という、自分をもっとも傷つけたものを真似ることで、ラリーは前に進む勇気を手に入れていたのだろう。その生き方は、他の誰かが違う道を教えてくれるまで続いた。

ラリーを変えようとしたのはマイケルが最初ではない。たとえば警察官は、何度もラリーを警察署に連行している。しかし警察にできるのは罰を与えることだけだ。ラリーの態度を変えようとはするが、問題の根本的な原因までは考えない。

彼は何を抱えていて、このように行動するのだろうか？

今から数十年前にシナゴーグの理事会で面接を受けたとき、マイケル・ワイザーは信仰でもっとも大切な価値について語った。それは、愛、寛容、そして他人を傷つけないことだ。「『自分を愛するように隣人を愛しなさい』という言葉は、自分と同類の隣人だけを愛しなさいという意味ではありません。自分と違う隣人を愛しなさいという意味なのです」

そして今、ラリー・トラップが生まれ変わった理由を尋ねられると、マイケルは以前と同じような答えをくり返した。

どんなに正しい考えを押しつけても、ラリーにＫＫＫを捨てさせることはできないだろう。しかしマイケルは友好の手をさしのべ、「あなたのことを気にかけている人がいる」と伝えた。憎しみよりもずっと力強い価値の存在を教えた。

「馬を水辺に連れていっても、むりやり水を飲ませることはできない」とマイケルは言う。「でも、のどが渇いていれば、馬は自分から水を飲むだろう。ラリーもそうだったんだ」

ラリーが変わったのは、マイケルに「変われ」と言われたからではない。自分自身で変わろうと決断したからだ。とはいえ、マイケルもただ傍観していたわけではない。ラリーの心理的リアクタンスを取り除き、ラリーが自分から正しい道を選べるように導いたのだ。

「たとえるなら、私の存在は砂浜に残る足跡みたいなものだ。ずっとラリーの傍らに寄り添って歩いていた」とマイケル。「彼を押したり引いたりはしない。ただある方向に向かって歩いていくだけだ。そして彼は、自分の判断で私の導きについてきてくれた。私が変化の触媒になれたのだとしたら、きっと私はよいことをしたのでしょう」

ラリー自身はこう言っている。「私は全米でも有数の過激な白人至上主義者だった。その私が変われたのだから、誰でも変わることができる」

マイケルは、心理的リアクタンスを下げることによってラリーの態度を変えた。「正しい」ことを押しつけるのではなく、まずコミュニケーションの糸口をつくり、ラリーが自分で自分を説得できるような環境を整えたのだ。

しかし、変化を妨げる障害は心理的リアクタンスだけではない。他人からの説得を感知するレーダーが反応しなくても、人は得てして以前と同じことを続けようとするからだ。第4章の「不確実性」でも詳しく見ていくが、人間には「**ネオフォビア**」（知らないものや新しいものに恐怖心を抱く心理）という傾向もある。

変化には不確実性がつきものなので、未知のものを「価値がない」と切り捨てたり、怖がって避けたりするのだ。新しいものがいいか悪いかは、現時点では誰にもわからない。

さらに、人間には未知のものを過小評価するだけでなく、**すでに持っているものを過大評価するという傾向もある**。すでに使っている製品やサービス、すでに持っている思想や態度、あるいはすでに参加しているプログラムや運動は、本人にとって価値が大きくなる。

その心理を理解するカギを握っているのが、次の第2章で見ていく「保有効果」だ。

［※2］人はつねに言われたことと反対のことをするわけではないが、いずれにせよ「誰にも影響を受けずに自分で決めた」と感じたいという気持ちに変わりはない。「Xという車種のハイブリッドカーを買え」という広告を見て、XではなくYという車種のハイブリッドカーを買うことで自主性を主張することもできるが、それでも「そもそもハイブリッドカーを買ったこと自体が広告の影響かもしれない」というもやもやした気持ちは残る。そこで何も買わないか、あるいはピックアップトラックのようなまったく違う車を買えば、広告の影響は受けていないと断言することができる。広告は「ハイブリッドを買え」と言っているのだから、ハイブリッドを買わないという選択は完全に自分の意志、というわけだ。広告にピックアップトラックはまったく登場しないのだから、ピックアップトラックを買うという行動で主導権を握っているのはこの私だ。言われたこと以外のことをやると、それが何であれ、ある程度の自由を感じることができる。しかし、自由の感覚がいちばん大きくなるのは、やはり言われたことと正反対のことをやるときだ。

［※3］いや、表現を変えよう。「人の心を変えるには、上から命令する方法が効果的だろうか？　それとも質問をするほうが効果的だろうか？」

［※4］このキャンペーンの動画はjonahberger.com/videosで見ることができる。

［※5］相手を理解しようとする態度は、説得に対する警戒心を下げる効果もある。相手にも発言のチャンスがあるからだ。ほとんどの交渉、口論、議論で、人は自分が言うことばかり考えている。相手が間違っていること、自分が正しいことを証明するのが最優先だ。つまり、相手の話をよく聞かず、どう反論してや

ろうかということばかり考えている。会話をモニターし、相手の主張に穴を見つけてやろうとやっきになっている。そうではなく、まず相手の話をよく聞き、真剣に理解しようとすれば、自分の話も同じように聞いてもらえる可能性が高くなるだろう。

第 2 章

保有効果

行動を起こさないことのリスクを相手に気づかせる方法

THE CATALYST

今から数年前、スマートフォンの調子が悪くなった。すでに6年も使っていたお気に入りの1台だ。必要な機能はすべてそろっていて、大きさもポケットにちょうど収まる。あれはバランスのとれたいい機種だった。

しかし、ついに本体の空き容量が足りなくなってきた。写真や動画がどんどんたまり、さらに新しいアプリも増えていたからだ。

最初のうちは、特に大きな問題にはならなかった。聴いていない曲や、使っていないアプリを削除すればいい。

だが、使っていないファイルを見つけるのがだんだん大変になってきた。新しい写真を撮ろうとするたびに、空き容量を増やすために古い写真を削除しなければならない。どの写真を削除しようか？　ジャンおばさんの誕生会の写真？　それとも子犬が初めて雪の中で遊んだ日？

友人たちからは、機種変更すればいいと言われた。そこで私は彼らのアドバイスに従うことにした。新しい機種は動作も速く、カメラも高性能で、メモリも大容量だ。しかし、サイズは縦も横も今の機種より20パーセント長くなる。片手で持ちながら、同じ手で文字を打つのは大変だ。それにポケットにも入らない。

私にとって、スマホでもっとも重視する要素は大きさなのだろうか？　いや、そんなことはない。何の予備知識もない状態でその質問をされたら、「大きさ」という要素のことなど頭にも浮かばないだろう。しかしこうやって実物を見てしまうと、やはり新しい機種にするのをためらってしまう。

私は「違う」スマホが欲しいわけではない。今と同じ機種で、ただ少し性能を上げてほしいだけだ。アップルもいずれは小さいサイズの機種を発売するだろう。それならあと数カ月ぐらい待ってもいいのではないか？

しかしそうやって待つ間、手持ちのスマホはゆっくりとだが着実に使えなくなっていった。最初の死の兆候は、「設定」アプリの不吉な赤い丸だ。ＯＳの新しいバージョンが出たようだが、私の空き容量ではインストールすることができない。

次によく使う航空会社のアプリの最新版が出たのだが、最新のＯＳにしか対応していない。つまりモバイル搭乗券が使えなくなってしまうということだ。これで毎週、飛行機に乗るたびに手間が1つ増えてしまった。まるでエンジンが1つずつ故障していくプロペラ機のように、私のスマホも1つずつ機能が使えなくなっていった。

だがここまでの事態になっても、私はまだ動かなかった。どんなに面倒な目にあっても、古いスマホへの忠誠を守り続けたのだ。

とはいえ、搭乗券を印刷するのを忘れたために危うく飛行機に乗り遅れそうになると、ついに私も観念した。敗北を受け入れ、新しいスマホを注文したのだ。

たいていの人は、これでこの話は終わりだと思うだろう。新しいスマホが届き、箱を開け、私は最新機種を楽しく使い始める。

だが、そうはならなかった。

なぜなら私は、新しい機種が届いても使わなかったからだ。古いスマホにあまりにも愛着があったので、新しいスマホは3カ月以上も箱も開けずに放置していたのだ。私が古いテクノロジーに執着する間も、時間は着実にすぎていく。そして愛用のスマホはどんどん時代遅れになっていった。

あなたはこれを読んで、笑える話だと思うかもしれない。バカみたいだと思う人もいるだろう。だがこの種の行動は、あなたが思っている以上に一般的だ。

たいていの場合、新しいもののほうが性能や品質も向上している。スマートフォンなら、処理が速くなり、内蔵ストレージの容量も大きくなっているだろう。サービスならより内容が充実し、消費者の満足度も高くなる。マネジメント戦略は時代に合わせて進化し、より効果的になる。新しいものに変えるのが合理的な選択だ。

しかし、**なぜか人は変えたがらない。**

新しいもののほうが技術が向上していても、人は古いものにしがみつく。今までのプロセスをくり返し、まったく同じ行動を続ける。この傾向を「ノスタルジア」の一言で片づけるのは簡単だが、もっと目に見えない微妙な力も働いているのだ。

現在を過大評価する「現状維持バイアス」

停電になったと想像してみよう。スマホのフラッシュライトを電気代わりにできるが、バッテリー切れが心配だ。電力が復活してからも、レコーダーなどの時計をまた合わせなければならない。それに停電が長引いたら、冷蔵庫の中身はあらかた腐ってしまうだろう。だいたいにおいて、あまり楽しい経験ではない。

停電が好きな人などいない。しかし、パシフィック・ガス・アンド・エレクトリック・カンパニー（ＰＧ＆Ｅ）は、もっと正確な情報を求めていた。いったい人々は、停電をどこまで嫌っているのだろうか？

ＰＧ＆Ｅは、電力の安定供給とコストのバランスを考えていた。停電の予防にもっとコストをかけることもできるが、そうすると電気料金を今よりも高くせざるをえない。反対に料金を下げると、安定供給が犠牲になるかもしれない。

顧客は本当のところ、安定供給と料金の安さのどちらを求めているのだろうか？

その答えを知るために、１３００人以上の顧客を対象にした調査が行われた。６つの料金プランを提示し、その中から自分ならどれを選ぶか答えてもらう[1]。料金は高いが停電は少なく、たとえ停電してもすぐに終わるプランや、料金は安いが停電になりやすく、しかも停電が長く続くプランなどを比較する。

結果はほぼ予想通りだった。もっとも停電が多いプランでは、4時間の停電が少なくとも1カ月に1回は起こるのだが、このプランを選んだ人はほとんどいない。ここまで停電が起こると、暗闇で長時間すごすことになったり、冷蔵庫の中身が腐ったりしてしまう。たいていの顧客は、現時点で1年に3回前後の停電を経験している。そのためこのプランに移行するなら、最低でも20ドルは安くなることを求めると答えた。

しかし、もっとも停電が多いプランを選んだ人も中にはいる。最悪のサービスではあるが、安いほうがいいという。

彼らはなぜ、質の低いサービスをあえて選ぶのだろうか？　年齢層が高いのか？　それとも値段に敏感なのだろうか？　そのためにたとえサービスの質が悪くても、安いほうがいいと考えるのだろうか？

その推論は間違っていた。彼らとその他の顧客の間にある唯一の違いは、**現在の状態**だ。もっとも停電の多いプランを選んだグループは、すでに頻繁に停電を経験していた。具体的には、4時間の停電が年に15回もある。そのため、停電の回数が現在と同じくらいのプランを選んだのだ。たいていの人にとっては最低のプランでも、彼らにとっては単なる現状維持だ[2]。

このような**「現状維持バイアス」はいたるところにある**。いつもと同じものを食べ、いつもと同じブランドを買い、いつもと同じ慈善活動に寄付をする。

心臓バイパス手術、あるいは詰まった血管を修復するために血管形成術を受けたばかりの人を想像してみよう。手術が終わると、彼らは医師から生活指導を受ける。食生活を変え、生活習慣を変えなければならない。指導は一度だけでなく、複数の医師から何度も同じことを言われるのが一般的だ。しかしそれで実際に変えるのは、わずか10パーセントほどしかいない[3]。

変化を難しいと感じるのは、**人間にはすでに持っているものややしていることを過大評価する傾向があるから**だ。

次のマグカップの写真を見てみよう。

色はオフホワイトで、持ちやすそうな丈夫な取っ手がついている。温かい飲み物を飲むのにちょうどよさそうだ。あなたなら、このマグカップを手に入れるのにいくらまでなら出せるだろう？　自分に出せる最高額を考えてもらいたい。

この質問の答えは、平均してだいたい3ドル弱だ。たしかによさそうなマグカップだが、特に価値があるとは思えない。

もう1つのグループには、少し違う質問を用意した。見せるマグカップは同じだが、彼らには「売り手」の立場で値段をつけてもらったのだ。最低いくらなら売ってもいいと思うだろうか？

売値と買値は、理論上は同じになる。結局のところ、まったく同じマグカップなのだから、買うにしても売るにしても価値は変わらないはずだ。

しかし、結果はそうはならなかった。売り手がつけた

値段は平均で7ドル強。買い手の値段の2倍以上にもなる。なぜそうなるのだろう？

私たちはみな根っからの資本主義者で、安く買って高く売りたいからだと思うかもしれないが、実はそうではない。どうやら人間は、一度何かを自分のものにすると、それに愛着を覚えるようだ。その結果、それの価値を高く見積もるようになる。

これがいわゆる「**保有効果**」だ。保有効果はいたるところで見られる。[4]

デューク大学の学生は、ファイナル・フォー（全米大学バスケットボール選手権の四強）のチケットに200ドル前後を出すが、すでにチケットを持っている学生は2000ドル以上で売りたがる。メモラビリア（スター選手のサインボールなど、コレクションの対象になる記念品）を扱うディーラーがベースボールカードに値段をつけるときは、たとえ同じカードであっても、自分が持っていれば高く評価し、持っていなければそれよりも低い評価になる。

他にも時間から知的財産まであらゆるもので、これから手に入れるときよりも、手放すときのほうが、対象のものを高く評価するのだ。**ものの価値を高めているのは「所有」という感覚**だ。何かが「自分のもの」である場合、そのものの価値はさらに高くなる。

実際のところ、何かをする時間や、何かを所有する時間が長くなるほど、そのものの価値は高くなる。[5]たとえば持ち家の場合は、住んでいる期間が長くなるほど、市場価値と自分が考える価値の差が大きくなる。愛着が強くなるほど、手放すのが難しくなる。[6]

変化を妨げる「損失回避」を防ぐ方法

すべての変化には、いい面と悪い面の両方がある。新しいスマホは、バッテリーの持ちがよくなるが、サイズが大きくなる。新しい電気料金プランは、停電の回数は減るが料金が高くなる。新しいソフトウェアを導入すればコスト削減になるが、古いシステムと統合しなければならず、それを覚えるまでに時間がかかる。

そしてどうやら、**人間は変化のプラスとマイナスを同じ基準で評価しない傾向があるようだ。**

コイン投げの賭けで100ドルもらえるチャンスがあるとしよう。表が出たらあなたの勝ちで、100ドルはあなたのものだ。しかし裏が出たら、あなたが100ドル払わなければならない。あなたはその賭けにのるだろうか？

たいていの人は、ここで賭けにのらないほうを選ぶ。たしかに100ドルもらえるかもしれないが、同じ確率で100ドル失うことも考えられる。そうなると、100ドルの勝ちはそこまで魅力的ではない。おそらく何もしないのがいちばんだろう。

古典的な経済学も、ほぼこれと同じ考え方をする。このコイン投げの賭けの場合、「**期待値**（起こる可能性がある結果の合計に、それが起こる確率をかけた数字）」はゼロだ。100ドル手に入れる確率は50パーセントなので、手に入る額は50ドル。そして100ドルを失う確率も50パーセントなので、失う額は50ドル。プラス50とマイナス50で合計はゼロになる。

つまり合理的に考えれば、賭けにのってものらなくても結果は同じということだ。コインを投げたりする手間を考えれば、賭けにのるほうがややマイナスという考え方もできるだろう。そのため、ほとんどの人が賭けにのらないことを選ぶ。

しかしここで、条件をほんの少しだけ魅力的にしてみよう。勝ったらもらえる額を102ドルにする。負けて失う額は100ドルのままだ。

経済合理的に考えれば、あなたはこの賭けにのるべきだ。手に入る額は51ドル（102ドル×50％）に増え、失う額は50ドルのままなのだから、期待値はゼロから1ドルになる。1ドルはたいした額ではないが、この賭けを100回行った場合は平均して100ドル勝てるということだ。つまり期待値で考えれば、この賭けにはのるべきである。

しかし、実際はどうだろう。あなたなら102ドル手に入れるために、100ドル失うリスクを取れるだろうか？

おそらくそれはできないだろう。実際、この賭けの参加者を2人以上集めるには、勝ったときの金額を大幅に上げる必要があるに違いない。

人間は利益よりも損失のほうを大きく評価する傾向がある。賭けにのるか、スマホを新しい機種に変更するか、あるいはどんな形であれ、変化を起こすかどうか決めるときに想定されるマイナスは、想定されるプラスよりもはるかに大きな意味を持つ。

つまり100ドルが手に入るプラスよりも、100ドルを失うマイナスのほうを重視するということだ。手に入る額が110ドルになっても、まだ100ドル失うマイナスのほうが勝っている。

実際のところ、プラスがどれくらい大きくなれば、人はリスクを取る気になるのだろうか？　さまざまな研究によると、**想定される損失の2・6倍の利益があれば、人は行動を起こす**という。負ければ100ドル失うリスクがあるのなら、勝てば260ドル手に入らないと、人は賭けにのらないということだ。[7]

私たちは変化について考えるとき、まず**現状と比較する**。そして、想定されるプラスが、想定されるマイナスをわずかに上回る程度なら、あえて変化を起こそうとはしない。

人を変化に向けて動かすには、利益が損失を最低でも2倍は上回らなければならない。新しいソフトウェアを導入するなら、今のソフトウェアより少し優れているぐらいでは不十分だ。はるかに優れていなければならない。新しいやり方を採用するなら、今より少し効果的なのではなく、はるかに効果的でなければならない。

好きなもの、自分にとって価値のあるものを手放すには、その「**見返り**（効果の向上、コスト削減、その他の前向きな変化）」が、手放すものの少なくとも2倍の価値を持つ必要がある。[※6]

そして変化を起こそうとする人は、新しいものの利点を大々的に宣伝するが、変化にともなう損失やコストを無視することが多い。

たとえば、新しいノートパソコンを買うとしよう。もっともわかりやすいコストは金銭的なコストだが、それ以外にも目に見えないコストがいくつかある。

製品の口コミを読み、機能を比較し、自分にとっていちばんいい機種を選ぶには、それなりの時間と労力をかけなければならない。買う機種が決まってからも、注文する手間、届いてから設定する手間、新しい機能を覚える手間などもある。間違った選択をしてしまった場合の後悔というコストも考えられるだろう。

変化にともなうもろもろは、すべて「**スイッチング・コスト**（切り替え費用）」と表現できる。製品やサービスを切り替えるときに生じる金銭的コスト、心理的コスト、時間や労力といった手続き上のコストのことだ。他にも、サプライヤー、かかりつけ医、支払システム、通勤ルートなど、**ほぼすべての事象でスイッチング・コストは発生する。**

行きつけのスーパーを変えたときは、どの商品がどこにあるか探さなければならないというスイッチング・コストがある。テニスのパートナーを変えるときは、誰が何を担当するか決めなければならないというスイッチング・コストがある。オフィスを変えるときは、ものの置き場所や、それぞれが座る場所を新しく決めるというスイッチング・コストがある。戦略を変えるときは、過去の習慣を変えるというスイッチング・コストがある。

このようなコストを考えると、変えるよりも今のままでいいと思ってしまうのだ。たとえ現状が完璧ではないとしても。

私とスマホの関係もまさしくこれだった。もちろん新機種のほうが機能は上だろう。動作は速く、できることも増えている。

しかし新機種の利点は、機種変更にともなうコストの2倍になるだろうか？

正直なところ、そこまでとは思えない。

新しい機種に変更するのは、すでに持っているものを捨てることを意味する。ポケットにちょうど収まるサイズのスマホを手放さなければならない。それらの損失を考えると、どうしても機種変更に対して前向きになれなかった。
この「保有効果」を和らげるには、どうすればいいのだろうか。
そのための**カギは2つある。**

1　何もしないことのコストを意識させる
2　退路を断つために船を焼く

何もしないことのコストを意識させる

私が教えるペンシルベニア大学ウォートン校では、マーケティング入門のクラスで、マウンテン・マンというビール会社の有名なケーススタディを扱っている。[8]
マウンテン・マンは家族経営の会社で、創業80年以上だ。品質の高さが認められ、中西部全域で根強い人気を誇っている。もっとも忠実な顧客層は、労働者階級の男性——肉体労働で汗を流した1日の終わりに、バーに寄ってビールを飲むような人たちだ。
しかし2000年代のはじめ、会社は顧客の好みの変化に対応できなくなってきた。業界全体ではライトビールの売上げが伸び、ラガービールを飲む人はどんどん減っていた。

そしてついに、マウンテン・マンは創業以来初めて売上げが減少に転じた。減少幅はそれほど大きくない。年に2パーセントほどだ。

経営陣はライトビールへの参入も考えたが、それでは古くからの顧客を疎外してしまうかもしれないという懸念があった。ライトビールが好きな都会のヤッピーたちがマウンテン・マンを飲むようになったら、炭鉱労働者や軍人といったコア顧客が他のブランドに流れてしまうかもしれない。

ここでの問題は、マウンテン・マンがライトビールを発売すると、いちばん大切なブランドの価値観が失われるかどうかということだ。MBAの学生たちは、新製品のライトビールの売上げ予測をするとともに、既存のラガービールの予想される売上げ減を計算し、そして新製品の発売がどの程度の損害を生むかという結論を出す。

ここで**学生が考えるのは新製品のリスクばかり**だ。ライトビールを発売すると、ラガーの売上げは5パーセント減少するか？　それとも20パーセントの減少か？　新製品の登場で、ブランド・エクイティ（ブランドの資産価値）はどれくらい傷つくだろう？　コア顧客はブランドから離れてしまうだろうか？

MBAの学生たちは、変化にともなうリスクを考えるばかりで、同じくらい重要なことを考えるのを忘れている。それは、「**何もしないことのリスク**」だ。

創業以来、80年間ずっと続けてきたことを維持するほうが、何か新しいことを始めるよりもはるかに安全に感じられるが、実際はそうともかぎらない。現実に売上げは落ちている。つまり、何もしなければ悪いことは起こらないというわけでもない。このままではゆっくりではあるが確実に、会社は忘却の彼方に追いやられていくだろう。

指の骨を折る、あるいは膝のお皿を砕くといった重傷と、指の捻挫や膝の脱臼といった軽傷を比べた場合、あなたならどちらの痛みのほうが大きいと思うだろうか？

人は年をとるにつれ、体のあちこちに痛みが出てくる。バスケットボールやフットボールで指を捻挫した結果、指がきちんと曲がらなくなったりする。テニスや日常生活で膝を脱臼した人は、脱臼がくせになってしまうかもしれない。肩や腰の痛みにはいつも悩まされている。

こういった怪我は、たしかに重傷ではない。たまに痛みがひどくなることはあるが、たいていは「ちょっとした不調」の範囲内だ。大きな問題になることはない。

もちろん不調があるのはありがたいことではないが、足の骨折や心臓発作、膝のお皿を砕くなど、もっと大きな怪我や病気に比べればはるかにましだ。

どの人に尋ねても、答えは決まっているだろう。膝が脱臼するとたしかに不便だが、膝のお皿が粉々になるほうがはるかに悲惨だ。手術はもちろん、何カ月にもわたる過酷なリハビリも必要になる。しばらくギプスを着けなければならず、自由に動くこともできない。膝の脱臼を、家の中にハエが2匹飛んでいる状態とするなら、膝のお皿を砕くことは家中がゴキブリで埋め尽くされる状態だろう。

しかしこの状況をさらに詳しく検証してみると、興味深いことが見えてくる。皮肉にも深刻な怪我のほうが、ちょっとした不調よりも回復が早い可能性があるのだ。その理由は、怪我に対する人間の反応のしかたにある。

怪我が重傷であれば、治すために積極的に行動する。病院へ行き、手術を受け、処方された薬を飲む。理学療法士にも相談し、治療やリハビリのプランを立てる。すべては1日も早く回復するためだ。

しかし小さな怪我の場合は、そこまで真剣に治そうとしないことが多い。もちろん痛み止めを飲んだり、捻挫した指を家に帰ってから氷で冷やしたりはするだろうが、病院へ行って治療プランを立てようとまでは思わない。

それにたとえ治療プランを立てたとしても、プラン通りに行動することはまれである。毎朝痛み止めを2錠飲み、10分間の理学療法を行うと決めたとしても、朝の忙しいときにそれを続けられる人がいったいどれほどいるだろう？　間もなくすると治療プランを書いた紙はどこかへ行ってしまい、痛み止めの薬も戸棚の奥にしまわれたままになる。

　この反応の違いを説明する理由はたくさんある。医者や理学療法士に診てもらい、治療プランを立てるのは、時間もお金もかかる。毎朝、理学療法を受け、忘れずに薬を飲むのも大変だ。つまり、治療にはコストがかかるので（時にはかなりの高額になることもある）、心臓発作なら治療を受けるが、頭痛ぐらいでは放置してしまうということだ。

　そして真剣に治療しないために、小さな怪我ほどなかなか治らないという結果になってしまう。

　膝脱臼の痛みが膝骨折の痛みより長引くのは、大きな怪我の痛みには耐えられないが、小さな怪我の痛みは耐えられてしまうからだ。痛みに耐えられないときは、真剣に痛みを取り除こうとする。しかし痛みがそれほどでもない場合は、特に積極的な行動を取ることはない。そのため、いつまでも痛みが続くという結果になる。[9・10]

　製品やサービスが完全な失敗であるなら、新しいものを探そうとするだろう。しかし、期待通りというわけではないが、我慢できないレベルでもないという場合は、わざわざ変化を起こそうとは思わない。

　現状が悲惨であれば、人に切り替えを促すのは簡単だ。現状維持という選択肢はないので、本人も積極的に変わろうとする。部屋中をゴキブリが這いまわっているような状態なら、害虫駆除業者を呼ぶだろう。ここでの問題は、呼ぶか呼ばないかではなく、どの業者を呼ぶかだ。

しかし状況がそこまでひどくない場合、つまり最高ではないが最低でもない場合、人はなかなか動こうとしない。現状でも悪くないのであれば、わざわざ面倒な思いをして新しくする必要はないではないか？　部屋の中をハエが2匹飛んでいるだけなら、害虫駆除業者を呼ぶほどのことでもないだろう。放っておけばどこかに行ってしまうかもしれない。

悲惨なものは、他のものと置き換えられる。中途半端なものは、いつまでも残っている。最低のパフォーマンスは行動を引き起こすが、平均的なパフォーマンスは自己満足につながる。

保有効果を乗り越えるには、**何もしないことのコストを意識させる**必要がある。何もしないでいるのは、安全でもなければ、コストがかからないわけでもない。**現状維持にはマイナス面もある**。

私の従兄弟は、メールの署名を毎回手で入力していた。仕事のメールでも、私用メールでも、最後に「チャールズより」という同じ言葉を手で入力する。

最初にその話を聞いたとき、私はひどく驚いた。「チャールズより」という署名をつくって自動入力にしたほうが、よっぽど簡単ではないか？

「でも、時間がかかるといってもほんの数秒だから」と彼は答えた。「それに、そもそも署名の自動入力のやり方がわからないからね。調べるのが面倒だよ」

チャールズにとっては、現状維持で十分満足だったのだろう。たしかに最善の選択肢ではないかもしれないが、わざわざ変えようと思うほどひどくもない。メールを書くのにほんの数秒多くかかるだけだ。大騒ぎするようなことだろうか？

これは単なる頭痛だ。心臓発作ではない。

チャールズにとってこの変化は、コストがリターンを上回っていた。自動入力の設定には何分もかかる。そして節約できるのは数秒だけだ。なぜわざわざ変える必要がある？

何度も説得を試みて失敗した私は、アプローチを変えることにした。

「1週間にどれくらいメールを書く？」と、私はチャールズに尋ねた。

「どうだろう。400通ぐらいかな」

「なるほど。それで、署名を手で入力するのにかかる時間はどれくらい？」

「どんなにかかっても2秒だろうね」

そこで私は尋ねた。「それじゃあ、署名を入力するのにかかる時間を合計すると、1週間でどれくらいになるだろう？」

彼は黙った。そしてインターネットを開くと、「メールの署名を自動入力する方法」で検索した。

現状が最高ではないが最低でもないとき、凡庸ではあるが悲惨ではないときは、たいていわざわざ変えるまでもないと思ってしまう。今の状態でもそこまで悪くはないからだ。だがそこで、**何もしないことのコストを明らかにすれば、現状維持も実はコストがかかっているということに気づいてもらえる。**

たしかに、メールの署名を手で入力することは、それほど手間がかかるわけではない。せいぜいで2秒か3秒の作業だろう。そのため、わざわざ時間と労力をかけて変えるほどではないと思ってしまう。

しかし1週間に400通のメールを書くのなら、合計で10分から20分になる。1年ならなんと10時間以上だ。すると突然、メールの署名は単なる頭痛ではなく、もっと深刻な病気に思えてくる。これなら何もしないよりも、何か行動を起こすほうがずっといい。

グロリア・バレットは、南カリフォルニアで働くファイナンシャル・アドバイザーだ。顧客の資産管理、生命保険、老後資金などの相談にのっている。若い顧客の中には、資産の中で株式の割合を増やし、積極的な運用をする人もいる。その一方で、年配の顧客は債券など堅実な運用が好みだ。

だが、キースという顧客の運用方法だけはどうしても理解できなかった。キースは40代の半ばで、引退までまだ20年はあるのだが、運用があまりにも保守的すぎるのだ。資産の半分以上を普通預金で保有し、どうしても投資に回そうとしない。

グロリアはキースに資料を見せ、長期で見れば株のほうが大きなリターンが期待できると説明した。資料を山のように用意して、株に投資すれば、どんなに安全策の投資であっても普通預金よりはリターンが大きいと説得した。

しかし、それでもキースは考えを変えなかった。

キースにとって、株は危ないものだった。株にもいくらかは投資していたが、それ以上投資したらすべてを失うのではないかと心配していた。それに普通預金でも利息はつく。たしかにたいした利率ではないが、増えていることはたしかだ。たとえ大儲けはできないにしても、預けたままでも問題ないと思えるレベルだ。

いつものように電話でキースを説得し、ほとほと困り果てたグロリアは、今度は作戦を変えることにした。株式投資の利点ばかり説明するのではなく、違う角度から攻めることが必要だ。彼女が選んだ戦略は、普通預金に預けておくことによる損失を、具体的な数字にして提示することだ。

グロリアはまず、1月1日を起点として計算を始めた。そしてキースと面談したり、電話で話したりするたびに、普通預金口座に入れっぱなしにしているために失った金額をキースに伝える。最初のうちはわずか数ドルだったが、それが数百ドルになり、やがて数千ドルになっていった。

「でも、それはおかしい」とキースは言った。「なぜお金を失っていることになるんですか？　口座の金額はむしろ増えているのに」

「たしかにそうですね」とグロリアは答えた。「でもそれは、インフレを考慮していませんん。それに同じ額を株に投資していた場合と比較すると、たとえ保守的な投資であっても、かなりの額を失っていることになります」

キースもすぐには変わらなかった。なんだかんだと言い訳を連ねて逃げていた。しかし「損失額」が数千ドルを超えると、彼もついに折れた。預金口座からかなりの額を株式投資に移したのだ。そして次に話したときは、口座に残っていたほぼ全額を株式に投資した。普通預金口座の残高はまだあるが、彼の年代の人にとっては妥当な額だ。そして株式投資によって、リターンは大幅に増えている。

変化にコストはつきものだ。新しい製品を買うのはお金がかかり、新しいサービスを導入すると、使い方を覚えるまでに時間がかかる。新規の企画は形にするまでにかなりの努力が必要で、新しいアイデアは慣れるまで時間がかかる。

そのうえ、これらのコストはたいてい前払いだ。新しい本を読みたいなら、まずお金を出して買わなければならない。新しいプログラムやプラットフォームを使いたいのなら、まず時間と労力をかけて使い方を覚えなければならない。

それに対して、変化のリターンは実現するまでに時間がかかる。本を読む楽しみというリターンは、本が届いて実際に読み始めるまで手に入らない。新しくプログラムを導入したリターンが見えてくるのは、だいたい導入から数週間か数カ月後だ。

そして当然の結果として、このコストとリターンの時間的ギャップが行動の妨げとなる。人間はせっかちだ。いい結果は早く欲しいし、悪い結果は後で受け取りたい。そのため変化によって「コストが先、リターンは後」という事態になるなら、何もしないことを選ぶ。

これは甘いお菓子を断つのと似ているかもしれない。甘いお菓子をやめれば、たしかに体重は減るし、健康になる。長期的には大きなリターンだ。しかし短期的には、目の前のおいしそうなチョコレートケーキを我慢するという大きなコストがある。

人間はたいてい、目の前の誘惑には勝てないものだ。

その結果、私たちは現状維持を選ぶことになる。別にこのままでもいいのなら、わざわざ何かを変えてコストを払うことなどないではないか。

ビジネス書作家のジム・コリンズは、かつてこんなことを言っていた。

「『グッド』は『グレート』の敵だ。(略)グレートな学校がないのは、グッドな学校をすでに持っているからだ。グレートな政府がないのは、グッドな政府がすでに存在するからだ。グレートな人生を手に入れる人がほとんどいないのは、グッドな人生で満足するのがあまりにも簡単だからだ[11]」

同じことは変化にもあてはまる。物事が「グッド」の状態なら、現状維持を選ぶのは簡単だ。変化にはコストがかかり、労力も必要だ。今のままで特に問題がないのなら、あえて変えようという気にはならないだろう。

しかし、何もしないことのコストはゼロに見えるかもしれないが、実際はそうではない。現状のままでも、たしかに悪くはないかもしれない。だが、もっといい何かと比べればやはり見劣りする。それに、違いはそれほど大きくない、あるいはどうでもいいとさえ思えるかもしれないが、小さな違いが時間をかけて積み重なれば、やがてかなり大きな違いになる。

ここでカタリストは、「**行動しないことのコストを明らかにする**」という方法を選ぶ。現状と、変化を起こした結果の間にある違いを明確にして、変化の利点を納得してもらう。

変化の利点を強調するのではなく、むしろ正反対のことをする。**何もしないことによって、いったいどれほどのものを失っているかを明確にする**のだ。

損失回避のところでも見たように、人間は利益よりも損失のほうを大きく評価する。10ドル失うダメージは、10ドル手に入れる喜びよりもずっと大きい。効果が下がることのダメージは、効果が上がることの喜びよりもずっと大きい。

失った時間やお金を知ることは、手に入るお金や時間を知ることよりも、ずっと大きな行動を起こすモチベーションになる。現状維持の損失を知れば、もう現状のままではいられなくなるのだ。

現状を正しく認識させれば、たとえ頭痛でも真剣に治そうという気になる。

退路を断つために船を焼く

何もしないことのコストを明らかにすると、「現状維持はゼロコストではない」と気づかせることができる。しかし、保有効果が本当に強い場合は、これだけでは不十分なこともある。そんなときはもう一歩進んだ対策が必要だ。具体的には、「船を焼く」というテクニックを使う。

幼少時代のエルナン・コルテスを知る人は、彼が将来有名な探検家になるとはまったく予想できなかっただろう。スペインのメデリンに暮らす貧しい下級貴族の家に生まれたコルテスは、小柄で体が弱く、よく病気になっていた。

14歳のときに両親のすすめで法律を学び始めたのだが、ちょうどそのころ、クリストファー・コロンブスが新世界を発見したというニュースがスペインに届いた。コルテスは、地方の小さな町での暮らしに飽き足らず、アメリカを目指して旅に出る計画を立てた。

1504年、コルテスはイスパニョーラ島（現在のハイチとドミニカ）に到達すると、数年かけて現地での足場を固めていった。市民として登録し、公証人になり、近隣のキューバを征服する遠征に参加した。その働きぶりがイスパニョーラ知事に認められ、コルテスはキューバで高い役職を得るまでになった。

その後、メキシコ征服をもくろむ知事は、コルテスに白羽の矢を立てた。当時、メキシコ本土には大量の金銀が埋蔵されていると信じられていた。知事は遠征隊の隊長にコルテスを選び、内陸部の制圧と植民地化を命じたのだ。

約600人の人員、13頭の馬、そして少数の大砲とともに、12隻からなるコルテスの艦隊はユカタン半島に到着した。彼は「この土地はスペイン王家のものである」と宣言すると、先住民を相手にいくつかの戦いに勝ち、現在のベラクルスにあたる地域を占領した。場所はメキシコ湾岸で、湾を挟んだ対岸はキューバだ。

コルテスはこの地に街を建設すると、さらに奥地まで探検することにした。320キロほど内陸にあるテノチティトランは魔法の街として知られ、無限の宝が眠っているという。

しかしそのころ、コルテスと知事は対立関係にあった。知事は遠征隊を支配する力を失うことを恐れ、コルテスの指揮権を剥奪するという命令を下す。しかしコルテスは命令を無視して遠征を続けた。このままキューバに帰ったら、投獄か死刑は免れない。彼に残された選択肢は、新たな土地を征服し、自分の拠点とすることだけだった。

すべての部下が内陸部への侵攻を支持していたわけではない。知事への忠誠心が残っていた一部の部下は、コルテスの計画を知ると、船を奪ってキューバに帰ろうと画策した。

コルテスは素早く動いて反乱を鎮圧したが、ジレンマにも直面していた。テノチティトラン征服というミッションを成功させるためには、部下の協力が欠かせない。

だが船を自由に使える状態では、また造反する者が出てくるだろう。反乱者が十分に集まれば、船の1隻を盗んでキューバに帰ることができる。知事からの風当たりがさらに強くなるに違いない。

そこでコルテスは、意外な手を打った。船を焼いたのだ。物資と兵器を降ろすと、空になった船を燃やすよう命令を出した。1隻だけ残し、あとの11隻はすべて灰になってしまった。[12]

コルテスは反乱を抑えるにはどうするかと考え、**船を焼くという結論を出した**のだ。

これでキューバに戻るという選択肢はなくなった。全員が前に進むしかない。

コルテスの行動はたしかに常軌を逸しているかもしれない。ただ「反乱は許さない」と声明を出すだけでなく、実際に船を焼いて帰路を断ってしまったのだ。しかしどうやら、この方法を採用したのはコルテスだけではなかったようだ。

紀元後711年、イスラム帝国ウマイヤ朝の軍人タリーク・イブン・ズィヤードも、部下たちに弱気の虫を起こさせないことを目的に、自分たちが乗ってきた船を焼くことを命じた。また、「釜を壊して船を沈める」という中国の古いことわざは、ある武将が退路を断って兵士を鼓舞したという故事に由来している。さらに、よく使われる「橋を焼く」という表現も、軍隊がひたすら前に進むために通ってきた橋を焼くという行為から生まれた。

とはいえ、日常生活でこんな過激な方法は使えないと思うも多いだろう。それに自己中心的でもある。しかし実際に船は焼かなくても、現状を打破したいときに、この考え方や姿勢を応用することならできるのではないだろうか。古いやり方を完全に捨てるのではなく、他の方法で古いやり方のコストを明確にするのだ。

サム・マイケルズは、ある中規模のエンターテインメント会社にITサービスを提供している。会社のウェブサイトや、その他のデジタル資産を管理しながら、ソフトウェアもハードウェアもつねに最新の状態に保たれるように留意するのが、彼の仕事だ。

ソフトやハードを最新の状態に保つのは簡単なことだ。すべての人がウィンドウズの最新版をインストールし、今使っている機種が古くなったら新しい機種に買い換えるだけでいい。新しいソフトはより便利になり、新しい機種はより動作が速く安定している。誰もが喜んでアップデートするはずだ。

しかし現実は、最新版がどんなに優れていても、アップデートしたがらない人は必ずいる。最新のハードやソフトよりも、今使っているものを選ぶのだ。今の機種でも問題なく動くのだから、わざわざ新しいOSの使い方なんて覚えたくない。それに機種を変えたら、大切なファイルがなくなってしまうかもしれないではないか。

ここでもスイッチング・コストが立ちはだかるというわけだ。

現状維持派はかなり頑固だ。サムが「最新版にしてください」とお知らせを送っても、最新版のよさをどんなに説明しても、さらにはわざわざ彼らのオフィスに出かけて面と向かってお願いしても、彼らは頑として譲らない。

ついにサムも、説得することにほとほと疲れ、他の方法を試してみることにした。**現状維持という選択肢を選べないようにした**のだ。

ある月曜の朝、サムは最新版に更新していないすべての人にメールを出した。内容は、新しい機種に変更してほしいこと、助けが必要な人には手を貸すこと、そしてＩＴサポートシステムの変更についてだった。

「セキュリティ上の理由により、ウィンドウズ７を搭載したマシンは２カ月後にネットワークにつなげなくなります。ほとんどの従業員はすでに最新機種に切り替えており、古い機種の問題をつねに把握することが難しくなっているために、一定の基準を満たさない古い機種のサポートを終了することに決定いたしました。該当機種を使用している従業員は、故障などの不具合が出ても自分で解決していただくことになります」

もちろんサムも、そのような状況になることは望んでいない。最新版にアップデートしたいという人には喜んで協力する。しかし、どうしても古い機種を使い続けたいというのなら、これからはすべて自己責任でお願いしたい。

サムはメールを送信すると、ランチに出かけた。１時間後に席に戻ると、すでに半数から返信が来ていた。マシンを新しくするので、セットアップの日時を決めたいという。そしてその週の終わりには、残りの半数も機種のアップグレードに同意した。

サムのメール作戦がうまくいったのは、船を焼くのと同じ効果があったからだ。たしかにコルテスほど過激なことはしていない。むりやり古いウィンドウズを削除したり、古い機種を窓から投げ捨てたりはしなかった。

しかし、やっていることの原則は同じだ。行動を起こさないことのコストを明らかにして、そのコストが近々さらに増大することをはっきり伝える。古い船に乗り続けることもできるが、もしそれを望むなら、自分で操縦しなければならない。

このやり方はもっと広い範囲でも応用できる。

たとえば自動車メーカーは、しばらくは古い車種の交換部品も製造するが、ある一定の期間がすぎると、もうそれほど数をつくらなくなる。数が減ると値段が上がるので、消費者にとっては新しい車種に買い換えるきっかけになるだろう。

メーカー側は、消費者に買い換えを強制しているわけではない。それまでは古い車種の部品を安く提供していたが、それをやめて値段を上げる。すると古い車種に乗っている人は負担する費用が増えるので、新車に切り替えるきっかけになる。

行動しないことは簡単だ。同じ思想を信じているのは楽であり、同じ方針や方法を維持していれば余分な時間もかからない。同じ製品やサービスを使い続けていれば、かかるお金もそのままだ。

その結果、「行動を起こす」と「何もしない」のどちらかを選ぶことになると、たいてい「何もしない」が選ばれる。慣性の力は偉大だ。止まっている物体はそのまま止まり続ける。そのため、そもそも「何もしない」という選択肢を、最初から排除しなければならないこともある。あるいは、少なくとも「何もしない」を選んだら、もう従来の援助は受けられないようにする。

「未知の新しいもの」と「現状維持」が一対一で闘えば、おそらく現状維持が勝つだろう。しかし現状維持のコストが高くなると、とたんに接戦になる。両者が平等の条件で闘っている状態だ。

ここでの問題は、新しいものが古いものより優れているかどうかということではない。「行動しない」という選択肢を選べなくする、つまり船を焼くと、もう前に進むしか道はなくなる。すると人々は、新しいものか、それとも古いものかと考えるのではなく、どの新しいものを選ぼうかと考えるようになるのだ。

古いものを手放して保有効果を和らげる

マグカップの研究に話を戻そう。すでに見たように、人間は保有しているものに愛着を示す。それが製品でも、あるいは思想や考え方、契約しているサプライヤー、支持している活動でも同じことだ。

変化の触媒になるには、人々を新しいものに慣れさせるだけでは不十分だ。**古いものを手放す手助けもしなければならない。**それが、「**保有効果を和らげる**」ということだ。

ファイナンシャル・アドバイザーのグロリア・バレットは、行動しないことのコストを明らかにして、現状維持は思っているほどコストがかからないわけではないということを顧客に理解させた。IT技術者のサム・マイケルズのように、私たちは船を焼き「現状維持」という選択肢を排除しなければならない。または少なくとも、現状維持のコストを本人に負担させなければならない。

保有効果を和らげるテクニックについてもっと知りたいというのなら、うってつけの事例が現代史にある。それはイギリスのＥＵ離脱をめぐる国民投票だ。

ケーススタディ2 「国民の意見」を変える方法

2015年5月21日、ドミニク・カミングスはある組織をつくることに同意した。その組織は後に、「ヴォウト・リーヴ（EU離脱に投票しよう）」と呼ばれることになる。翌日の5月22日から、カミングスは前代未聞の大仕事に取り組むことになった。イギリス国民を説得し、ほぼ50年におよぶEUとの関係を断ち切ることに賛成させるのだ。

通常の政策立案とは異なり、国民投票は国民の意見によって決まる。EU残留か離脱かという問題でも、最低賃金を上げるかどうかという問題でも、とにかく国民投票で大切なのは、少数の政治家の思惑ではなく、イギリスの有権者全員の考えだ。

たいていの国民投票では現状維持派が勝つ。たとえば全米でもっとも住民投票の多いオレゴン州とカリフォルニア州でも、案が通ったのはわずか3分の1だ。全世界で見ても、数字がわずかに大きくなるだけだ。

国民投票が成功するには、何百万もの人々が変化を選ばなければならない。最低賃金を現状よりも高くするのも、64年にわたる経済統合、農業補助金、自由貿易を放棄するのも、古いやり方を捨てて新しいやり方に切り替えることを意味する。

イギリスにとって、ＥＵ離脱にともなうリスクは特に大きかった。食料、燃料、薬品のほとんどを輸入に頼っているので、貿易が減れば物不足に陥るかもしれない。エコノミストは輸出への影響も懸念し、ＥＵ離脱はイギリスのポンド下落につながると警告した。

そのため、国民投票で離脱派が勝つと予想した人はほとんどいなかった。どの世論調査を見ても残留派が優勢だ。ブックメーカーも同じ意見だったようで、賭けのオッズから計算すると、ＥＵ残留の確率は80パーセントだった。

カミングスにとって、これはメッセージの伝え方の問題だった。基本的に、現状維持のほうが説明するのが簡単だ。ＥＵがイギリスにとって悪である理由や、複雑な補助金や助成金やその他の支援のしくみを説明し、それがイギリスにとって結果的に損であることを説明するほうがはるかに難しい。

一方で残留派は、ただ「現状維持」を訴えればいいだけだ。今やっていることをそのまま続けましょう。わざわざひっかき回す必要はありません。

離脱派にわずかでも勝機があるのなら、ただ手をこまねいてばかりもいられない。誰もが理解できるメッセージをつくり、それを伝えなければならない。

そこでカミングスは、ヴォウト・リーヴ専用の大きな赤いバスを購入した。離脱派の政治家がそのバスに乗り、全国を回って有権者に訴える。バスの車体には、白い大きな文字で次のように書かれていた。

「イギリスからEUに払うお金は1週間に3億5000万ポンド。そのお金をNHS（国民保険サービス）に使おう[13]」

やがて「ブレグジット・バス」と呼ばれるようになったこのバスは、ただ人々の注目を集めただけではない。行動しないことのコストを明らかにしたのだ。

イギリス人は、EUに残ったほうが安心で、お金もかからないと思っているかもしれない。しかし、バスのメッセージはその逆のことを伝えている。EUに加盟しているということは、莫大な額の会費を毎週納めなければならないということだ。そのお金を、たとえば国の医療サービスを充実させることに使ったほうがいいのではないだろうか？

バスのメッセージは他にもあった。大きな白い文字の下に、わずかに小さな文字で、後に離脱派のスローガンになる言葉が書かれていたのだ。

カミングスは当初、「Take control（主権を手に入れる）」という表現を考えていた。単語が2つというのはシンプルで覚えやすい。しかし、何かが足りなかった。そこで彼は、もう少し表現を工夫できないか考えてみた。

カミングスは「**損失回避**」と「**現状維持バイアス**」という人間心理に精通していた。

人間というものは、何か新しいことをするよりは、今の状態を維持するほうを選ぶ。「Take control」という表現が悪いわけではないが、ともするとEU離脱が行動であり、EU残留が行動しないことだという印象を与えかねない。これでは敵を利する結果になってしまうだろう。

これを逆にすることはできないだろうか……。離脱こそが現状維持だという印象を与えるには、どうすればいいだろう……。

そこでカミングスはひらめいた。スローガンを少しだけ変えればいい。「Take」と「control」の間に単語を1つ加えるだけだ。そしてこの1つの単語が、視点を完全に変えることになる。カミングスが加えた単語は「back」だ。「Take control」を「Take back control」に変える。これは「主権を取り戻す」という意味になる。

カミングスは自身のブログにこう書いている。

「『back』という単語には、人間が進化の過程で身につけた本能に働きかける力がある。人間は何かを失うのが嫌いだ。中でもコントロールを失うことをひどく恐れている」

「back」という単語は、損失回避の心理を刺激する。かつて持っていたものを失ったような印象を与える。そしてEU離脱こそが、その失われたものを取り戻す手段なのだ。

イギリス選挙研究所の調査によると、「主権を取り戻す」という表現を好む有権者のほうが4倍多かったという。そして6月23日の投開票日を迎えると、世界に衝撃が走った。イギリス人はEU離脱を選んだのだ。

「主権を取り戻す」というスローガンで、カミングスはEU離脱か残留かをめぐる議論の性質を根本から変えることに成功した。保有効果を巧みに利用し、「かつてのイギリスはEUに加盟していなかった。離脱はリスクではない。ただ本来のあるべき姿に戻るだけだ」[※7]という物語をつくりあげたのだ。

この戦略はいつでも使えるわけではない。人々に売り込みたいものが新しい薬品や新しい製造工程であれば、「失われたものを取り戻す」という物語を組み立てるのは難しいだろう。

しかし、変化を嫌う人間の本能を逆手に取るというこの戦略は、多くのケースで活用することができる。たとえば、2016年のアメリカ大統領選挙を考えてみよう。

ドナルド・トランプは現職の大統領ではなかったが、現状維持を好む人々の心理を巧みに利用した。トランプのおなじみのスローガンを思い出してみよう。

「Make America great」（アメリカを偉大にする）ではなく、「Make America great again」（アメリカを再び偉大にする）だ。最後に「again」をつけたことで、「本来のあるべき姿に戻す」という物語をつくることに成功したのだ。ロナルド・レーガンも、1980年の大統領選挙運動で同じようなメッセージを使っている。

この戦略が使われるのは政治の世界だけではない。学校のカリキュラムを変えるときは「基本に立ち返る」という表現が使われる。組織で新しい方針を採用するときは「原点に返る」という表現が使われる。アイデアや方針、計画の新しさを訴えるのではなく、かつての姿に戻るという側面を強調するのだ。

新製品や新サービスであっても、この戦略を使うことができる。ただデジタル時代に合わせてアップデートしただけであり、本質はあなたが大好きで昔からおなじみのものと変わらないという物語をつくればいい。

これは変化ではない。むしろ昔のものを蘇らせたのだ。

心理的リアクタンスと保有効果は、変化の障害になる大きな要素だ。

しかし、情報を与えても人々の考えを変えられない理由をきちんと理解するには、「**心理的距離**」という要素も忘れることはできない。

【※6】ここで大切なことを2つ指摘しておきたい。1つは、新しいものが古いものの2倍よくなる必要はないということ。プラス面（利点や利益）が、マイナス面（コストや損失）の2倍であればいい。たとえば、新しいサービスは古いサービスに比べて速度が2倍になる必要はない。ただ速度の向上やその他の利点が、新サービスのマイナス面（導入コストや、使い方を覚えるまでの労力や時間）の最低でも2倍になればいいだけだ。そしてもう1つは、ここでいうプラスとマイナスは、すべて「知覚されたもの」であるということ。新サービスは速度が2倍になっているかもしれないが、顧客が速さをそこまで重視していなければ特に利点にはならない。同様に、大きなスマホのほうが好きな顧客であれば、サイズが大きくなることは損失とはならない。損失回避が働く基準は、実際の属性ではなく、変化の中身だ。新しい車は古い車と比べてあらゆる面で向上していると本人が思っているなら、属性の一部に変化があったとしても、その人にとってこの変化は損失ではない。誰かの価値観やニーズを正しく理解すれば、ある変化がその人にとって利益になるか、それとも損失になるかを見きわめることができる。

【※7】これはシステムそのものの主権を取り戻すという意味でもある。カミングスの主張を聞き、イギリス人は考えた。「そうだ。経済をめちゃくちゃにしたのはあいつらだ。2008年の危機はあいつらのせいだ。しかもあいつらの仲間はゴールドマン・サックスやらヘッジファンドやらで、みんな巨額のボーナスをもらっている。ロンドンの金融街の連中から主権を取り戻してやる」

第 3 章

心理的距離

小さなお願いから始めて相手の考えを変える方法

THE
CATA
LYST

ヴァージニアは、いつも相手の反応を心配しながらドアをノックしていた。[1] ヴァージニアは若く、Tシャツを着て、眼鏡をかけている。他人に警戒心を与えるようなところはまったくないので、少なくともたいていの人はドアを開けようとするはずだ。

今日のヴァージニアは、政治意識調査グループの一員として家々を回っていた。マイアミの有権者たちに、トランスジェンダーの権利についてどう思うか尋ねる調査だ。ちょうどマイアミ・デイド郡政委員が、トランスジェンダーの人々に対する差別を禁止する条例を可決したばかりの時期で、賛成派も反対派もこの問題には大きな関心を持っていた。

「あなたの考えはこの図でいうとどの数字になりますか？」と、ヴァージニアはグスタヴォに尋ねた。彼女が手にした紙には、数字の目盛りがついた線が描かれている。トランスジェンダーの権利に反対する気持ちが強いほど数字は小さくなり、賛成する気持ちが強いほど数字は大きくなる。

玄関口に立ったグスタヴォは、ノースリーブの下着の裾をカーキパンツの中に入れている。どこにでもいるような年配のヒスパニックの男性だ。下着の上にグアヤベラを羽織れば、ブエナ・ビスタ・ソシアル・クラブのメンバーといっても通用するだろう。

一方、ヴァージニアは従来のジェンダー観にとらわれない人物で、自身の性自認は男性でも女性でもない。

グスタヴォは縦に引かれた線の下半分にある数字を指さした。

つまり法令には反対だということだ。

「そう感じるのはトイレの問題ですか？」とヴァージニアは尋ねた。

グスタヴォは、法令の運用のされ方が心配だと答えた。よからぬことを企む男性が、「自分は女性だ」と主張して女性用トイレに侵入するのではないか。

「どうしてそう思うのですか？」とヴァージニアはさらに尋ねた。

「南アメリカ出身だからだよ」とグスタヴォは答えた。「あっちではオカマは嫌われる」


ヴァージニアはまるで頬を平手打ちされたようなショックを受けた。

たいていの調査員は、この状況でもただ有権者にお礼を言い、静かに去っていくだろう。考えを変えようとするのは無駄な努力だとされているからだ。

そもそも、グスタヴォのような人の考えを変えるのは不可能だ。同性愛は悪だと本気で信じていて、自分の考えに問題があるとはまったく思っていない。

しかし、実はその思い込みが間違っているとしたら？　もしかしたら、グスタヴォのような人の考えを変える方法があるかもしれない。たとえ相手が筋金入りの保守派でも、説得のしかたによっては、トランスジェンダーの権利のようなリベラルな政策を支持するようになるかもしれない。

情報だけでは偏見をなくすことはできない

今日のアメリカの政治情勢は、「分断」の一言ではとても表現できない。民主党支持者も共和党支持者も、半数以上が相手に対して「強い反感」を抱いている。この数字は1990年代半ばの3倍以上だ。近所の家の庭に立てられた政治的メッセージの看板がたたき壊され、自分と違う意見には耳も貸さず、家族が集まる感謝祭のディナーでは政治の話題が禁止になる。

この状態を描写するのによく使われるのが「**フィルターバブル**」という言葉だ。誰もが気に入らない情報をフィルターにかけたバブル（泡）の中で暮らしている。同じ考えの人だけで集まり、同じ考えのメディアだけから情報を収集する。これは昔からあった現象だが、近年のテクノロジーの進化でさらに拍車がかかってきた。

近所の人と世間話をしたり、地元の地方紙をじっくり読んだりするのではなく、最近の人の情報源はもっぱらインターネットだ。そしてネットの生態系は、同じ考えの人だけで集まりやすい環境がますます整えられている。

たとえばフェイスブックは、もっとも親しい友達の投稿が、自分のフィードに優先的に表示されるようになっている。おそらく親しい友達は、自分と同じ考え方の人が多いだろう。ツイッターもまた、自分のフィードに表示されるのは、自分がフォローしている人（おそらく同じ考えの人）の投稿だけだ。

インターネットとSNSが手を取り合い、いわゆる「**知的孤立主義**」と呼ばれる状況をつくりだしてきた。同じ思想や哲学を持つ人だけで集まり、他の考え方に触れる機会はめったにない。

それに人間には、自分の意見を裏づけるような見出しの記事だけをクリックするという傾向もある。その結果、私たち人間はアルゴリズムに導かれ、自分と同じ思想にしか触れることのない「**エコーチェンバー**」の中で生きるようになった。

賢い人たちによると、この問題を解決するには、自分と意見を異にする人たちに手をさしのべればいいらしい。心地よい意見しかない狭い世界を飛び出し、違う意見の人とも積極的に話をする。向こう岸へと続く橋をつくるということだ。

この説は直感的に納得できる。偏見や思い込みを捨て、自分と違う意見の人とも話をすれば、自分にとっても相手にとっても利益になるはずだ。右だ左だとレッテルを貼って罵り合うのではなく、おたがいに相手を本物の人間として見る。相手がなぜそう考えるのかを理解すれば、自分の考えもより深まるだろう。

たしかに正論だが、それで実際にうまくいくのだろうか？

社会学者のクリス・ベイルは楽観的だった。[2] 彼の考えでは、自分とは反対の意見にただ触れるだけで、他者に対する理解が深まり、より中立的な考えになる。そんなに大きく考えが変わるわけではないが、ある程度は確実に変わるだろう。

保守とリベラルが仲よく手を取り合って歌をうたうことはないかもしれないが、多少の歩み寄りは見せるに違いない。

ベイルはこの説を証明するために、巧妙な実験を思いついた。1500人以上のツイッターユーザーを勧誘し、自分と正反対の意見を主張するアカウントをフォローしてもらったのだ。

彼らは1カ月にわたり、自分と違う意見の政治家、組織、オピニオンリーダーのツイートを読み続ける。リベラルのユーザーは、FOXニュースやドナルド・トランプをフォローする。保守のユーザーはヒラリー・クリントンやプランド・ペアレントフッド（人工妊娠中絶賛成派）のアカウントをフォローする。

いわばデジタルの世界で自分と違う意見の人に手をさしのべる試みだ。手間はほとんどかからないが、社会政策に大きな影響力を持つ可能性がある。

そして1カ月がすぎると、ベイルの研究チームは参加者の意識調査を行った。彼らはさまざまな政治問題や社会問題に対して、どのような意見を持っているのだろうか？政府による規制は社会の利益になるか。同性愛は社会に受け入れられるべきか。平和は軍事力で実現するのが最善の方法なのか。

これはかなり大がかりな実験だった。準備に何年も費やし、調査と分析には何千時間もかかる。数え切れないほどの有識者やコラムニスト、ご意見番が言っているように、自分とは違う意見に触れることで、本当に他者への理解が深まるのだろうか？

ベイルらはそうなることを願っていた。しかし、残念ながら結果は違った。反対意見に触れることには、人を中道に近づける効果はないようだ。

むしろ、現実は正反対だった。自分とはかけ離れた意見に触れると、たしかに考え方は変わる。しかし変わる方向が予想とは違った。たとえば保守派なら、リベラルに近づくのではなく、さらに輪をかけて保守的になる。社会問題に対して考えがより過激になるのだ。

リベラルの場合も結果は同じだった。保守派のアカウントをフォローしたリベラルは、保守を理解するどころか、リベラルな姿勢をより鮮明にする。

フォローしていたアカウントが、フォロワーの考えを変えようと説得していたというのなら、この結果もある程度までは納得できるだろう。第1章でも見たように、人は説得に対して心理的リアクタンスの状態になる傾向があるからだ。

しかしこの実験では、参加者は説得されたわけではない。ただ情報を含んだツイートを読んでいただけだ。

それでは、なぜ情報が偏見をなくす助けにならなかったのだろうか？

間違った思い込みを正すには

誰かの考えを変えようとするとき、私たちは証拠さえあれば説得できると考えがちだ。事実、数字やその他の情報を提供すれば、相手も納得して同意してくれるに違いない。

考え方としてはごく単純だ。正しいデータを与えられれば、人は自分の意見をアップデートすべきである。提示された証拠について考え、そして納得して意見を変える。

しかし残念ながら、物事はそう単純には運ばない。

間違った情報を例に考えてみよう。ワクチンは、はしか、おたふく風邪、風疹などから私たちを守ってくれるありがたい存在だ。そのためほとんどの人はワクチンを接種するのだが、一部には、ワクチンは自閉症の原因になるという間違った情報を信じ、自分の子供にワクチンを接種させない親もいる。

2014年、小児科専門誌『ペディアトリクス』に、この問題を調査した記事が掲載された[3]。アメリカ疾病管理予防センター（CDC）が発表した科学的な証拠を提示すれば、ワクチンと自閉症の関係を信じている人の考えを変えられるかという実験を行ったのだ。

CDCの報告は、「数多くの厳正な研究の結果、MMRワクチン（はしか、風疹、おたふく風邪の3種混合ワクチン）と自閉症との間に何らかの関係は一切認められなかった」とし、さまざまな研究の結果を紹介している。

実験の参加者は、CDCの報告を読んでから自分の意見を述べる。将来子供ができたら、MMRワクチンを接種させるだろうか？　正しい情報に触れることは、正しい決断の助けになるのだろうか？　その答えは、「ある程度までは助けになる」だ。

元々ワクチンの利点を信じていた人にとっては、この追加の情報は役に立った。誤解が解消され、子供にワクチンを接種させたいという気持ちがさらに強くなる。

しかし、元からワクチンをあまり信用していない人にとっては、CDCの報告はむしろ逆効果になった。科学的に正しい情報を与えられても、ワクチンを受け入れるどころか、反対に子供には接種させたくないという気持ちが強くなったのだ。

他の多くの研究でも同じような結果になっている。[4] 医療でも、政治でも、その他の分野でも、**人の考えを変えるはずの「証拠」はたいてい思ったような働きをしてくれない。**

事実を信じさせることに成功することもたしかにあるのだが、たいていはかえって間違った考えに固執させてしまう結果になる。ただ証拠を提示するだけなので、説得しようという圧力はかけていない（つまり相手側の心理的リアクタンスもほとんどない）はずなのだが、それでも人は正しい情報を信じようとしないのだ。

人は正しい情報に触れると、間違った考えを改めるのではなく、かえって間違った考えに固執することがある。それでは、正しい情報はどんなときに効果的で、どんなときに逆効果になるのだろうか？

「許容のゾーン」と「拒絶の領域」を理解する

今から半世紀以上も前になるが、イェール大学、ヴァンダービルト大学、オクラホマ大学の行動科学者が、この問いに対する答えを見つけようとしたことがある。[5]

時は１９５０年代の終わりで、彼らはなるべく人々の意見がはっきり分かれるような問題を題材にしたいと考えた。賛成派もいれば反対派もいて、両者の意見が比較しやすいような問題はあるだろうか？

そして、彼らが選んだのはお酒だった。アメリカの禁酒法はもうほとんどの州で撤廃されていたが、オクラホマ州ではまだお酒の販売が禁止されていた。

そこで彼らは、オクラホマ州を実験の場所に選んだ。オクラホマ州はそのころ、アルコール販売禁止の法律をめぐる住民投票を行ったばかりだった。

結果は、禁酒法賛成派がわずかの差で上回った。

オクラホマ州にも禁酒法に反対する人はいるが、賛成する人のほうがわずかに多いということだ。研究チームにとって、これは調査にもってこいの状況だ。

研究チームは、住民に訴えるいくつかの文章を用意した。

１つはアルコール販売禁止に反対する文章だ。お酒が好きな人はたくさんいるので、アルコールの販売と使用は禁止されるべきではないと訴えている。

もう１つの文章も禁止には反対だが、内容はより中立的になっている。

「アルコールの販売を規制の対象にして、特別な場合にだけ限られた量を購入できるようにすればいい」と、その文章は主張する。

次に研究チームは、禁止賛成派（キリスト教婦人矯風会のメンバーや、聖職者を目指している学生など）を集めると、用意してある禁止反対派の訴えのどちらか1つを読んでもらった。

自分と異なる意見を読んだ結果、彼らのアルコールに対する考えはどのように変化するだろうか？

多くの人は、より過激な主張を読んだほうがより大きく意見が変わると予想するかもしれない。そもそも説得とはそういうものだ。サラリーの交渉でも、家を買う値段の交渉でも、まず極端な値段を提示して話し合いを始めるではないか。

たとえば家を買う人は、売値の85〜95パーセントの値段から交渉を始め、だいたい中間地点ぐらいで落ち着くことを目指す。そのため売り手のほうは、そもそも売値の設定を高くしておく。これでたとえ買い手に譲歩して値下げしたとしても、満足できる価格で売ることができるだろう。

このことを他人を説得する場面に応用すると、最初にわざと過激なことを言い、おたがいの妥協点をできるだけ自分の意見に引き寄せるという方法になる。たとえ全面的に賛成はしてもらえなくても、中間地点で折り合えば、望んだ結果により近づくことになる。

つまり、アルコール販売禁止に賛成する人が反対派の過激な意見を読めば、反対派の穏健な意見を読んだ場合よりも、より反対派の考えに近づくはずだ。

しかし、そうはならなかった。結果を分析したところ、過激な主張のほうがより効果的に相手の意見を変えられるという証拠は見つからなかったのだ。

そしてその理由は、「**拒絶の領域**」という考え方で説明できる。

研究チームは、アルコール販売禁止に反対する文章をわたす前に、参加者のアルコールに対する姿勢を調べておいた。参加者は8つの文章を読み、自分の考えにいちばん近い文章を選ぶ。

8つの文章の中には、販売禁止を強く支持する内容もあれば、強く反対する内容もある。残りの文章はその中間のどこかに入る。

ここで、ヤード数の目盛りが書かれたフットボール場を思い浮かべてもらいたい。それぞれの数字がアルコール販売禁止に対する考え方を表し、中央のラインで賛成派と反対派に分かれている。各エンドゾーンがもっとも過激な意見だ。

禁止賛成派のエンドゾーンには、アルコール販売禁止にもっとも強く賛成している人たちがいる。彼らは、「アルコールは人類の呪いであり、アルコールの販売と使用は、たとえそれがライトビールであろうとも、完全に禁止されるべきである」という考え方に心から同意するような人たちだ。

反対側のエンドゾーンは、アルコール販売禁止法の完全な撤廃を求めている。彼らは「人類がアルコールなしでは生きていけないことはすでに明らかだ。それゆえ、アルコールの販売と使用に関しては、いかなる規制も存在するべきではない」という考え方に同意する。

フィールドの中央付近に行くと、そこまで過激な人は見かけなくなる。25ヤード付近にいるのは、賛成派にしても反対派にしても緩い態度だ。禁止賛成派なら、ある程度の規制はあるべきだが、納得できる理由があるなら、少量のアルコールを飲んでもいいのではないかと考えている。

そしてちょうど中央の50ヤードラインにいるのは、「どちらとも言えない」という人たちだ。彼らにとっては、反対意見も賛成意見もほぼ同等の価値を持つ。

実験の参加者は、自分の考えにもっとも近い文章だけでなく、「反論できない」文章と、「賛成できない」あるいは「支持しない」文章も選んでいる。

参加者が選んだ文章は2つのゾーンに分けられる。

1つは「**許容のゾーン**」だ。このゾーンには完全に同意する文章から、支持できる部分もある文章までが含まれる。

そしてもう1つが「**拒絶の領域**」だ。ここには強く反対する、あるいは積極的に反対する文章が含まれる。

中央の50ヤードラインにいる人を想像してみよう。

現在のところは中立の意見だが、彼らの許容のゾーンは左右どちらにも広がっている。しかしある一定の線より先は拒絶の領域だ。

他人の意見を把握するときは、フィールド上のどの位置にいるかということだけでなく、許容のゾーンと拒絶の領域についても考えなければならない。

たとえばどちらかのエンドゾーンにいる人なら、許容のゾーンが20ヤードラインまでで、そこから先はすべて拒絶の領域かもしれ

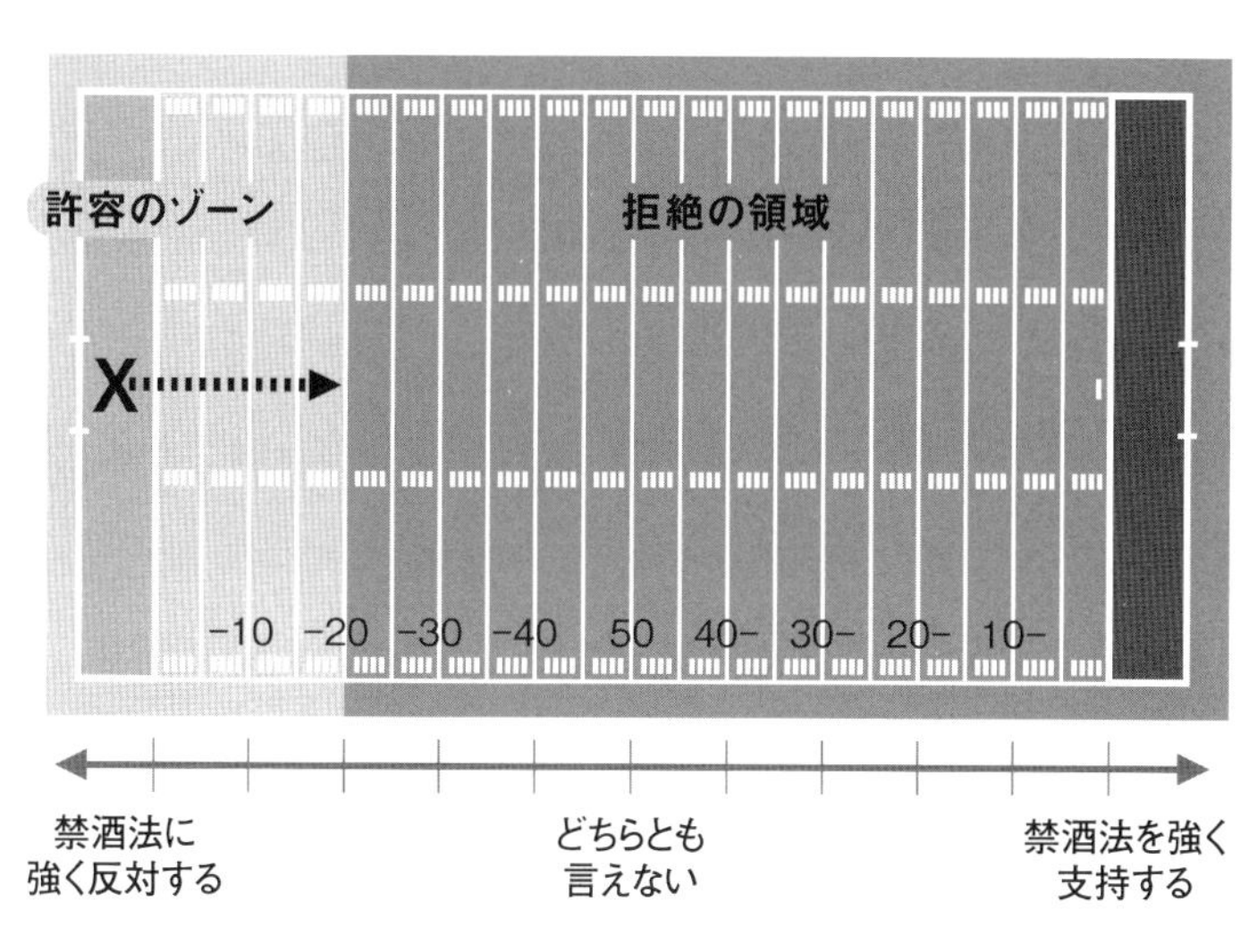

ない（前ページの図）。

あるいは25ヤードラインにいる人は、50ヤードラインからこちら側の自分の陣地内であればすべて同意できるが、相手陣内の意見はすべて受け入れられないかもしれない（下の図）。

相手がどのゾーンにいるかによって、アルコール販売禁止に反対するメッセージが成功するか失敗するかが決まるのだ。


新しく入ってくる情報は、その人がすでに持っている情報と比較される。新情報の中身がすでに持っている情報と近ければ（つまり許容のゾーンの中に入っていれば）、新情報は意図した通りの働きをしてくれるだろう。

相手はあなたの望み通りの方向に考えを

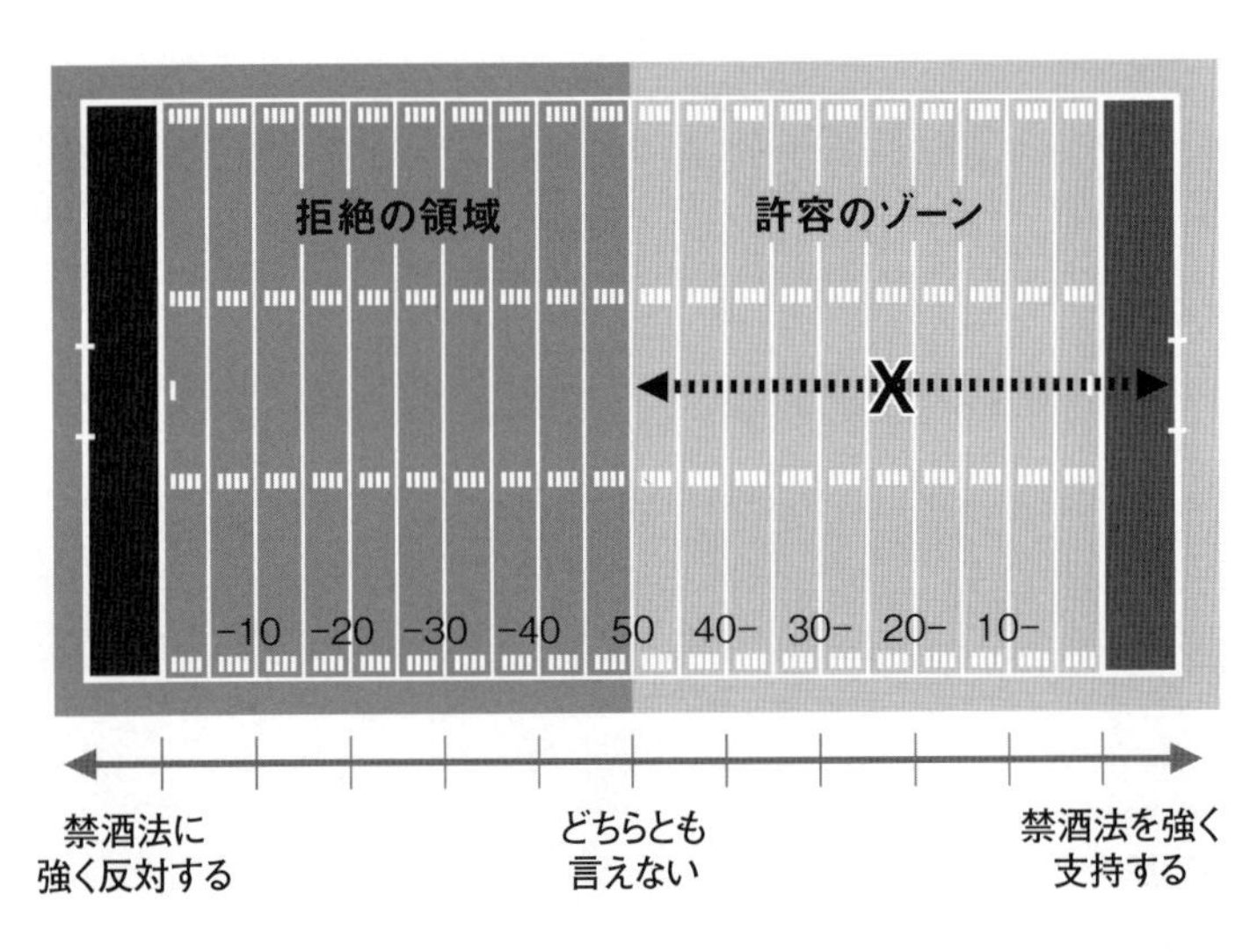

変えるはずだ。

しかし、これが**拒絶の領域の中にある情報であれば、説得は失敗する。**

それどころか、かえって逆効果になることも多い。こちらの意図とは反対の方向に考えを変えてしまうのである。自分の考えは正しいという思いをますます強くする。[※8]

結果的に、穏健な主張は過激な主張に比べ、アルコール合法化に賛成する人たちを3倍も多く集められたという。[6]

時には、より少ないほうが、より多くの結果を出すこともある。

自分の考えを裏づける情報を探す「確証バイアス」

誰かの考えを変えようとするときは、すぐに大きく変わることを期待してしまいがちだ。昇給の交渉をするときは、今すぐに大幅な昇給を実現したい。反対派を説得するときは、今すぐに全面的な支持者になってもらいたい。

十分な情報さえ与えれば、相手も意見を変えるはずだと私たちは考える。もっと証拠を提示し、もっと理由を並べ、正しいカードを見せれば、人は考えを変えるはずだ。

しかし、その試みはたいてい大失敗に終わる。考えを変えるどころか、ますます自分の考えに固執するのだ。自分は正しいと、さらに強く確信するようになる。

すでに見たように、考えられる理由の1つは心理的リアクタンスだ。誰かが自分を説得しようとしているのを感知すると、人はガードを堅くする。説得に対して反論を試みる。

しかし説得されているわけではなく、**ただ情報を与えられただけでも、同じように心理的リアクタンスを引き起こすことがある。**

その理由は、先の「拒絶の領域」という考え方で説明できる。

人の意見には、ある程度の幅がある。たとえば筋金入りの保守派であれば、政府の財政支出やあらゆる規制に反対するだろう。

彼らに向かって「財政赤字をなくそう」、あるいは「自由市場を守ろう」と主張すれば、喜んで賛成してくれるはずだ。

しかし、彼らの意見には幅があまりない。国債発行の上限額を上げる、国民皆保険を実現するという意見には真っ向から反対する。

こちらのメッセージが彼らの許容のゾーンから離れれば離れるほど、彼らが耳を傾ける可能性は低くなる。むしろますます自分の考えに固執するだろう。

なぜなら拒絶の領域は、相手が変わるかどうかだけでなく、相手が情報をどう受け取り、どう反応するかということにも影響を与えるからだ。

人間には、**自分の考えを裏づけるような情報だけを信じる傾向がある。**

プリンストン大学とダートマス大学のフットボールの試合後に、試合を観戦した両校の学生にアンケートを行ったという研究がある。[7]

両チームとも反則の多い、荒れた試合だった。ダートマスのクォーターバックは、強烈なタックルを受けて足を骨折している。プリンストンのテールバックを務めるスター選手は鼻の骨を折り、軽い脳しんとうにもなった。

最終的にプリンストンが勝利したが、両チームとも興奮し、激しい非難合戦がくり広げられた。

しかし観客の印象は、どちらのチームを応援していたかでまったく異なる。

プリンストンの学生に言わせれば、最初にラフプレーに走ったのはダートマスであり、反則の数もプリンストンの2倍だ。一方でダートマスの学生は、ラフプレーに関してはどっちもどっちであり、反則はプリンストンのほうが多かったと主張する。

見ている試合はまったく同じだが、印象はまるで違っているのだ。[8] この現象は、スポーツの試合だけでなく、科学の研究のような客観的であるはずの状況でも起こる。

スタンフォード大学の研究チームが、このことを証明する研究を行った。[9]

まず参加者を集め、死刑制度の有効性を調べた2つの研究をわたす。1つの研究は、死刑には犯罪抑止効果があると示唆するような結果になっている。死刑制度を採用した14州で、殺人事件の発生率を前年と比較したところ、11の州で発生率が低下していたという内容だ。

もう1つの研究は、死刑に犯罪抑止力はないということを示唆している。こちらは隣り合った2つの州を10組選んで比較するという研究で、その際に死刑制度がある州とない州をペアにしている。調査の結果は、10組のうち8組で死刑制度のある州のほうが殺人事件の発生率が高かった。

研究の結果に加えて、参加者には研究が行われた方法についての情報も与えられる。たとえば、具体的な調査の手順などだ。

ファン心理によって試合の印象が変わるというのはまだ理解できるかもしれないが、科学的な研究に対する反応はもっと客観的であるべきだと思うだろう。特に死刑制度の是非のように、人の命がかかった調査ではなおさらだ。

しかし現実は、**客観的であるはずの科学的な研究であっても、どう解釈するかはその人の立場によって変わってくる。**死刑制度を支持する人は、犯罪抑止効果があるとする研究のほうがより信頼できると考える。そして死刑制度に反対する人は、抑止効果がないとする研究のほうを信頼するのだ。

調査の手順に対する印象も同じ結果になる。死刑制度を支持する人は、抑止効果があるとする研究のほうを「よく考えられている」「正しい方法でデータが集められている」と評価する。そして死刑反対派は、「ここに提示された証拠は、殺人だけでなく全体の犯罪率の増加も考慮しないと、あまり大きな意味を持たない」と評価する。

もう1つの、死刑制度に抑止効果はないとする研究のほうになると、両者の意見は反転する。死刑反対派は、「隣り合った州を比較するという手法のおかげで、より正確な結果が出ていると思う。なぜならどちらの州も同じような場所にあるからだ」などと評価するが、一方で死刑賛成派は、「たとえ隣同士だとしても、州が違えば内情がかなり違うことも考えられる」と評価する。

このように、客観的であるはずの「事実」であっても、それを解釈する人間の思い込みから大きな影響を受ける。研究結果を受け入れるか、研究の手順は正しかったと判断するかどうかは、研究そのものではなく、**研究の結果が自分の考えと合致するかどうかで決まる**ということだ。

ある人にとっての真実が、他の人にとっての「フェイクニュース」になるという不思議な現象も、これで納得できるだろう。人間は自分の立ち位置によって、与えられた情報が正しいか、それともフェイクであるかを判断する。正しい情報を教えようと思って証拠を提示しても、かえって相手との距離が広がることになるのだ。

この**「自分の考えを裏づけるような情報ばかりを探す」**という人間の性質は**「確証バイアス」**と呼ばれている。[10] 確証バイアスから逃れられる人は存在しない。医者が治療法を決めるときも、陪審員が評決を出すときも、投資家が投資戦略を決めるときも、リーダーが取るべき行動を決めるときも、科学者が研究の方向を決めるときも、社員がフィードバックを受け取るときも、すべて確証バイアスの影響を受けるのだ。

心理学者のトーマス・ギロヴィッチは言う。

「自分の中にある信念と関係のある証拠を吟味するとき、人は見たいものだけを見て、出したい結論を出す傾向がある。（略）期待通りの結果を見たとき、（略）私たちは自分に『これを信じることはできるだろうか？』と尋ねる。しかし、気に入らない結果を見たときは、『これを信じなければならないのか？』と尋ねるのだ[※9]」

確証バイアスの存在によって、人を説得するのはさらに難しくなる。人が考えを変えるには、変えようという意志だけでなく、自分の考えとは相容れない情報にも耳を傾けようという意志も必要になるからだ。

人は新しいアイデアや情報に触れると、まず自分の中にあるアイデアや情報と比較する。新しい情報を吟味し、既存の考え方と合致するかどうか考える。

新しい情報が許容のゾーンの範囲内なら、その情報には「承認」のスタンプが押される。信頼できて、安全で、頼りになる情報だ。そしてその人の立ち位置は、新しい情報の方向に移動する。

しかし拒絶の領域に入るアイデアや情報に対しては、重箱の隅をつつくようにあら探しをする。それは信頼できない情報であり、単なる個人の感想であり、真偽のほどは定かではない。それどころか、完全に無視されてしまうこともある。[11] そしてその人の立ち位置は、今度は情報と正反対の方向に移動するのだ。[※10]

この確証バイアスを乗り越える方法はあるのだろうか。拒絶の領域に分類されることを避け、自分の話に耳を傾けてもらうにはどうしたらいいのだろう？

相手との距離を縮める方法は3つある。

1　移動可能な中間層を見つける
2　小さなお願いをする
3　現状打破のポイントを見つける

移動可能な中間層を見つける

選挙のたびに、選挙キャンペーンに大金が投じられる。たとえば２０１６年の大統領選挙と議会選挙では65億ドルが費やされた。

スタッフの人件費、食費、交通費などに使われるお金もあるが、大半の使い道は有権者の説得だ。有権者への電話、ダイレクトメール、直接訪問などの方法が用いられる。他には、テレビ、ラジオ、インターネット広告も活用される。

一部の研究によれば、お金をかけた価値はそれなりにあるという。政治学者が予備選挙や投票法案（有権者が投票して決める法案）に関する数十におよぶ研究を調査したところ、明らかなパターンが認められた[12]。

選挙運動にはたしかに効果がある。ダイレクトメールや直接訪問には、候補者に対する有権者の印象だけでなく、投票行動にも影響を与える力がある。

しかし、大統領や議員を決める本選挙では違う結果になった。同じ選挙なのだから、キャンペーンの効果も同じはずだと思うだろう。大統領選挙でも、上院議員を決める選挙でも、選挙キャンペーンでやることは同じだ。有権者に直接訴えたり、広告を出したりする。

だが政治学者たちが数十もの研究を調べたところ、ダイレクトメールや戸別訪問などが本選挙に与える影響は、平均するとなんとゼロだったのだ。インターネットやテレビ広告の効果を測定するのはたしかに難しいが、それでも調査の結果は同じようにゼロだ。

政治学者たちは、念のためにさらに数回テストを重ねた。新しい実験を行い、寄せられた数千もの回答を分析した。この追加のテストによって統計の精度は10倍になったが、結果は変わらず「効果なし」だ。

なぜそうなるのだろう？

その答えは、予備選挙と本選挙の違いにある。

どちらも複数の候補者がいて、おたがいに争っているのは同じだ。さまざまな問題について自分の意見を述べ、有権者に選んでもらうことを目指す。そして予備選挙では同じ党の候補者と争い、本選挙ではたいてい違う党の候補者と争うことになる。

つまり、予備選挙では同じ考えの候補者同士で争い、本選挙ではまったく正反対の意見を持つ候補者同士で争うということだ。そして後者の場合、ある候補者の意見は許容のゾーンに入るが、他の候補者の意見は拒絶の領域に入る可能性が高い。その結果、候補者に対する有権者の態度を変えるのはとても難しくなる。

民主党支持者に対して、自分の考えよりややリベラル寄りの民主党候補者を支持するように説得するのは簡単だ。しかし、共和党候補者を支持するように説得するのは至難の業だろう。

それに加えて、有権者の強い党派心も大きな要素になる。ある問題や政策にどこまで強い思い入れがあるかによって、受け入れる情報の幅も決まってくるのだ。

特に**思い入れのない問題であれば、幅広い意見を考慮することができる**。許容のゾーンが広く、拒絶の領域が狭い状態だ。多くの立場に対して可能性が開かれていて、頭から拒絶する立場はほとんどない。

しかし、**ある問題や政策に強い思い入れがある人は、まったく正反対の反応を見せる**。彼らは物事を「正しい」と「間違っている」に真っ二つに分類し、自分と違う意見を受け入れる余地はほとんどない。**許容のゾーンが狭く、拒絶の領域が広い状態**だ。[13]

この人間心理を知っていれば、政治的な立場を変えさせることがとてつもなく難しい理由も理解できるだろう。位置を少しだけ動いてもらうのではなく、フィールドの反対側にまで移動してもらわなければならない。しかも扱っているのは、相手がことさら強い思い入れを持っている問題だ。そのため、違う意見に耳を傾けてもらえる可能性はますます低くなる。

たとえるなら、レッドソックスのファンに対して、ヤンキースを応援してくれと頼むようなものだ。または、コカ・コーラ派の人に、ペプシを飲んでもらうのと同じということもできる。いずれにせよ、簡単な仕事ではないということだ。

それでは、このような状況で、私たちに何ができるのだろう。それとも、ただあきらめるしか道はないのだろうか?

いや、あきらめるのはまだ早い。ある選挙の研究から希望の光が見えてきた。まったく違う考えを持つ有権者の考えを変える方法はたしかに存在する。

それは、**「移動可能な中間層を見つける」**という方法だ。

政治の世界における「賢いキャンペーン」の特徴は、すべての有権者をターゲットにしないことだ。ここで狙うのは、支持政党を特に持たず、さまざまな事実や意見を受け入れられる人たちだ。彼らは誰に投票するかまだ決めていないか、あるいは候補者、状況、個々の問題に応じて柔軟に態度を変えられる。許容のゾーンが広いか、あるいは許容のゾーンが投票してほしい候補者の意見とかなりかぶっている。

さらにすべての人に対して同じことを訴えるのではなく、相手の興味や関心によって届けるメッセージを変えることも大切だ。

たとえば2008年に行われた上院議員選挙で、オレゴン州は共和党の現職ゴードン・スミスに、民主党の新人ジェフ・マークリーが挑むという形になった。現職のスミスは人気のある政治家で、中道派とされている。両者は熾烈な争いをくり広げた。

研究者たちは、有権者の考えを変えられるかどうかということに興味を持った[14]。現職の共和党候補者に投票しそうな人を、新人の民主党候補者に投票させることはできるだろうか?

彼らはここで、まるで絨毯爆撃のようにすべての有権者に同じメッセージを投下する方法は採用しなかった。まず行ったのは、すでに民主党に投票する兆候を見せている人を選ぶことだ。何らかの理由で、共和党から民主党に鞍替えしてもいいと考えている人たちだ。

最初の課題は「**くさび**」を見つけることだ。くさびとは、現職候補の政治的立場の中で、少なくとも有権者の一部と考えが合わなくなっているものを指す。

さまざまな可能性を探った結果、最終的に「人工妊娠中絶」という問題を選ぶことにした。オレゴン州の住民の多くは「プロチョイス」(選択権を支持するという意味。つまり人工妊娠中絶の権利を認めるということ）だが、現職の共和党候補は中絶反対派だ。

それに加えて、新人の民主党候補は、全米中絶禁止法廃止協会（ＮＡＲＡＬプロチョイス）が正式に支持する、全米でも数少ない候補者の１人だった。

次に研究者たちは、プロチョイスの有権者を選び出すと、中絶問題に絞って彼らを説得することにした。その選挙サイクルの早い時期に、妊娠中絶問題を扱ういくつかの団体が、女性の選ぶ権利を支持するかどうかという有権者の意識調査を実施していた。その調査から、プロチョイスの有権者はすでにわかっている。研究者たちはそのグループをターゲットに決め、電話と手紙で攻勢をかけた。

民主党新人のマークリーが、プランド・ペアレントフッドとＮＡＲＡＬプロチョイスという２つのプロチョイス団体から正式に支持されていること、そして共和党現職は上院で何度も「プロライフ」（命を大切にするという意味。人工妊娠中絶には反対ということ）の投票をしているということを強調する。

このやり方は、すべての有権者に通用しただろうか？

もちろんそんなことはないだろう。あの選挙でいちばん大きな争点は経済であり、中絶はすべての人にとっていちばん大切な問題ではなかった。

それに加えて、全員に同じメッセージを送るという方法は逆効果になる可能性が高い。中絶問題に興味がない人は、そもそも聞く耳を持たないだろう。そして熱心なプロライフであれば、ますます共和党候補を応援するようになるはずだ。

しかしこの研究者たちは、ターゲットを「移動可能な中間層」に絞ることで、潜在的な現職支持者の10パーセントを手に入れることができた。そして選挙の結果は、民主党新人マークリーの勝利だ。

多くの人が強い思い入れを持つような問題を扱う場合は、移動可能な中間層を探すという方法が有効だ。彼らはそもそもそこまで強い思い入れはないので、説得によって動かすことができる。

移動可能な中間層を見つける1つの方法は、「**行動の遺留品**」に注目することだ。行動の遺留品とは、私たちが日常生活を送る場所に残す痕跡のことで、ある問題についてどんな考えを持っているかを知るヒントになる。

政治を例に考えれば、「ブルー・ドッグ」と呼ばれる民主党の中道派は銃を所持する権利を支持し、一方で共和党支持者の中にも環境保護に熱心な人もいる。ビジネスの世界なら、SNSでライバル会社の製品やサービスに対する不満を書いている人を探す。

また、「ルックアライク・ターゲティング」のようなハイテクの方法も役に立つ。既存の顧客や支持者に関するデータを分析し、**同じような性質や好みを持つ人たちを探すというやり方**だ。既存顧客に似ている人なら、新規顧客になってくれる可能性も高いだろう。

必要なデータが存在しない、あるいは手に入らない場合は、自分でテストを行い学習する。サンプルとなる人を集め、ある方法を試し、それぞれの人の特徴とテストへの反応を記録する。その結果から、自分が使おうとしているアプローチが特に有効な集団が見つかるかもしれない。

新製品を大々的に売り出したい？

そんなときは、すべての消費者に製品のすばらしさをわかってもらう必要はない。その製品への**ニーズがすでにあるグループを見つければいい**だけだ。

ベンチャーキャピタリストは、よく製品やサービスのことを「ビタミン」と「痛み止め」に区別する。たしかにいいものだが、今すぐに必要というわけではないものはビタミンで、今すぐに必要なもの、なくてはならないものが痛み止めだ。

変化の触媒になるカタリストは、すべての人を変えることは目指さない。彼らが狙うのは、自分の製品やサービスを「痛み止め」だと思ってくれる人たちだ。その製品やサービスが出るのが待ちきれず、今すぐにでも買いたいと思っている人たちだ。

ミーティングで他の参加者の意見を変えたい？

そんなときは、まず**考え方が自分といちばん近い人をターゲットにしよう**。彼らの説得が簡単だが、それだけではない。あなたの意見に賛成したら、他の人にもあなたの意見を宣伝してくれる可能性がある。

小さなお願いをする

移動可能な中間層を見つけるのは、最初の一歩としてはとても有効な方法だ。

しかし時には、自分とは正反対の意見を持つ人の考えを変えたいこともある。そんなときはどうすればいいのだろうか？

職場のデスクで仕事をしているときに、携帯に電話がかかってきたとしよう。電話の主は消費者団体の者だと名乗り、調査に協力してほしいという。団体の職員があなたの自宅を訪問し、家にある日用品をすべて調べたいというのだ。

とにかく1つ残らず調べるので、自宅のすべての部屋を見せなければならない。戸棚はすべて開け、倉庫の中まで調べる。調査員は5人か6人で、所要時間は2時間を超すことはないだろう。しかも、調査への協力は完全なボランティアだ。言い換えると、タダで家をすべて見せろ、ということになる。

　この話を聞いて、あなたは協力したいと思うだろうか？

　たいていの人は、あまりにも突拍子もない話なので、話を聞きながら必死に笑いを堪えているだろう。5人か6人の見知らぬ人がやってきて、家の中をくまなく見て回る？　ありえない！　そもそもそんなバカげたことを頼むほうがどうかしている。しかもタダで協力しろ？　するわけがないだろう。このようなお願いは間違いなく拒絶の領域に分類される。図々しいにもほどがあるというものだ。


　スタンフォード大学の2人の心理学者が、実際に見知らぬ人に電話をかけて似たようなお願いをしたことがある。すると、協力に同意してくれたのはごくわずかだったという。[15]この少数派が誰だかは知らないが、おそらくよっぽどのお人好しか、あるいはそもそも何をお願いされているのかよくわかっていなかったのだろう。当然ながら、ほとんどの人は協力を断った。

　2人の心理学者は、すべての人が日常的に直面するある問題に興味を持っていた。それは、「**人にやりたくないことをやらせるにはどうするか**」という問題だ。

　2人の心理学者も言っているように、たいていの人は「押す」ことでこの目的を達成しようとする。「気乗りしない相手に対して、できるかぎり大きなプレッシャーを与えることで、（略）むりやりそれをやらせるのである」

相手に向かって「それをしなければならない」と言う。そしてやらなかったら罰を与える。あるいは金銭的な報酬でやる気にさせる。とにかく相手が言う通りにするまで押して、押して、押しまくる。

しかし2人の心理学者は、もっといい方法があるはずだと考えた。彼らは正しかった。別の相手にお願いしてみたところ、前の2倍以上の人が依頼に応じたのだ。

お願い事の中身は同じだ。5人か6人の見知らぬ他人がやってきて、2時間かけて家の中をくまなく見て回る。しかし今回は、半分以上の人が協力すると答えた。

違いはいったい何なのか？

二度目の実験では、**小さなお願いから始めた**のだ。

2つめのグループに例の突拍子もないお願いをする3日前、2人の心理学者は同じ人たちに電話をかけて、ごく小さなお願いをした。設定は前のグループと同じで、彼らは消費者団体の職員だと名乗る。

だが今回は、いきなり家中を見て回りたいと依頼するのではなく、もっと小さなお願いをした。現在使っている日用品について、電話でいくつか質問に答えてもらいたいと頼んだのだ。たとえば台所用洗剤はどのブランドを使っているかというような、ごく単純な質問だ。

電話に出た人のほとんどは、快く質問に答えてくれた。もちろん電話で質問に答えることが大好きというわけではないが、拒絶の領域に入るほど嫌いなことでもない。

その3日後、2人の心理学者が同じ人たちに再び電話をして、もっと大きなお願いをすると、協力してくれる人が大幅に増えたのだ。

2人の心理学者はこう考えた。小さなお願いをされ、それに応じた人は自分自身に対する見方が変わる。彼らも最初のうちは、電話でいくつかの質問に答える以上のことはできないと思っていただろう。それぐらいなら、ぎりぎり許容のゾーンに入れることができる。

しかし、最初の小さなお願いに応じることで、彼ら自身の立ち位置が変化したのだ。2人の心理学者は次のように書いている。

「要求に応じることに同意すると、（略）自分自身を人のお願いをきく親切な人とみなすようになる」

大きなお願いに関連する小さなお願いを最初にすることで、相手を望みの方向に動かすことができる。最初に小さなお願いをされた人は、後から突拍子もないお願いをされても、許容範囲だと感じるようになるのだ。

フィールド上の位置を移動すると、それにつれて許容のゾーンも拒絶の領域も一緒に移動する。その結果、最終的なお願いが許容のゾーンに入る可能性が高くなるのだ。

誰かの考えを変えるのに苦労している？

そんなときは、押しを強くするのではなく、まず小さなお願いから始めてみよう。**本来のお願いを相手の許容のゾーンに入るまで小さくしていく。**そうすれば、最初のお願いだけでなく、本来の大きなお願いにも応じてもらえる可能性が高くなるだろう。

肥満の患者に減量指導をする医師も、よくこの問題に直面する。20～50キロの大幅な減量が必要な患者の場合、医者のほうも大きな変化を求めがちだ。毎日運動しなさい、ジャンクフードを食べないように、デザートも一切禁止です、というように。

しかし、大きな変化はたいてい失敗に終わる。医者のアドバイスは正しいのだが、実行できる患者はほとんどいない。もちろん肥満を解消したいのなら、運動は毎日するべきだ。とはいえもう何カ月も、場合によっては何年も運動してこなかった人にとって、それは大きすぎるお願いだ。

ダイアン・プリースト医師は、ある肥満のトラック運転手に減量させようとしていた。その男性はマウンテンデュー（甘い炭酸飲料）が好きで、仕事中はいつも1リットルのペットボトルを手元に置いていた。1日にだいたい3本は飲むという。

マウンテンデュー3リットルには、60グラム以上の砂糖が含まれている。それを毎日飲み続けるのは、1カ月に100本以上のスニッカーズを食べるのと同じようなものだ。

このトラック運転手が減量するなら、マウンテンデューを飲むのをきっぱりやめるのがいちばんの方法だろう。しかしそれはできない相談だということは、プリースト医師もわかっていた。そこで、小さなお願いから始めることにした。

飲む量を1日に2リットルまで減らしてみましょう、とプリースト医師は言った。3本飲んでいたのを2本にするだけだ。そしてトイレ休憩のたびに、空になったペットボトルに水を入れて、マウンテンデューの代わりに水を飲むようにする。

最初のうちはそれも難しかった。しかし努力の結果、1日に3本から2本に減らすことに成功した。

次にプリースト医師は、2本から1本に減らすように言った。トラック運転手がその目標を達成すると、そこで初めて、医師はマウンテンデューを飲まないようにすることを提案した。

その運転手は、今でもたまには缶入りのマウンテンデューを飲んでいるが、それでも10キロ以上の減量に成功した。[16]

誰かの考えや態度を変えようとするとき、たいていの人は最初から大きく変えようとしてしまう。今すぐに変わってほしいと考える。相手が一瞬のうちに炭酸飲料を飲むのをやめたり、支持政党を変えたりする魔法の言葉を求めている。

しかし大きな変化を起こした人をよく観察してみると、それが一夜のうちの変化ではないことがわかる。**変化とはむしろプロセス**だ。ゆっくりと着実にゴールに向かって進み、その間にはさまざまな段階がある。

小さなお願いは、そのプロセスを大切にするという意思表示だ。プリースト医師は、毎日飲むマウンテンデューを1本減らしてほしいというお願いから始めた。最初のお願いを小さくして、後からだんだんと大きくしていった。

だが、ただ小さなお願いをすればいいというわけではない。**ここで大切なのは大きなお願いをどう分割するかということ**だ。いきなり大きな変化を突きつけるのではなく、相手にとってちょうどいい大きさに分割する。

一から始めて、そこから積み上げていく。フットボールのたとえを使うなら、超ロングパスを投げて奇跡のキャッチを期待するのではなく、10ヤードか15ヤードずつ着実に進んでいくということだ。

プロダクトデザイナーは、このプロセスを「**飛び石を置く**」と表現する。

たとえば、配車サービスのウーバーで考えてみよう。赤の他人の車に乗せてもらうというサービスをいきなり始めていたら、おそらく失敗に終わっただろう。私たちの多くが、「知らない人の車に乗ってはいけません」とお母さんに言われて育っている。

しかしウーバーは、ごく小さなお願いから始めた。

当初ウーバーは、ハイヤーを簡単に呼べるサービスだった。「みんなの専属運転手」をスローガンに、誰もが黒塗りの高級車で送迎してもらえるサービスを提供したのだ。この事業が成功すると、次に始めたのがウーバーXだ。高級車ではない分、値段は安くなるが、運転手の身元調査は必要だ。そうやって段階を踏んで、最終的には完全に自動運転の自動車による配車サービスを目指している。

ウーバーが最初から赤の他人の車に乗るサービスを始めていたら、おそらく失敗に終わっただろう。それまでの常識とあまりにもかけ離れている。いきなりこのサービスを提供されて、安全だと感じる人はほとんどいないはずだ。

だが変化を切り分けることで、1回のお願いのサイズを小さくした。**段階的に発表された新サービスはそれぞれが飛び石の役割を果たしている。**顧客はその飛び石の上を歩きながら、最初のサービスから、まったく新しいサービスへとむりなく移行していくのだ。

激しく流れる川を歩いてわたるように言われたら、たいていの人が断るだろう。怖い、川が深すぎる、流されてしまうかもしれない、というように。

しかし飛び石があれば、わたってみようと思う人も出てくるはずだ。最初の石から次の石へと飛んでいけばいいので、水に濡れる心配もない。[※11]

現状打破のポイントを見つける

お願いを小さくすると、目標までの距離を縮めることができる。相手に飛び石を提供する役割を果たす。その結果、最終的なお願いを手の届く範囲に引き寄せることができる。

だが相手がそれでも動かないときは、もう1つのテクニックを試してみよう。それは、「**現状打破のポイントを見つけてフィールドの反対側に連れてくる**」というテクニックだ。両者の間ですでに合意している点をみつけ、それを足がかりにして一気に飛躍する。

人々の偏見を取り除くにはどうすればいいのだろうか？

デイヴ・フライシャーは6歳のときからずっとその問題について考えていた。フライシャー家はオハイオ州チリコシーで唯一のユダヤ教徒だった。さらに事態を複雑にしていたのが、彼がゲイであるという事実だ。「自分を理解してくれる人としか話さないことにすると、話し相手は両親しかいなかった」と彼は言う。

現在60代になるデイヴ・フライシャーは、人々の偏見をなくすことに生涯を捧げてきた。社会から疎外された存在としての経験を生かし、コミュニティのまとめ役として働くようになった。また、さまざまな政治問題を人々に伝え、投票に行くように訴えている。

2008年11月、デイヴがショックを受ける出来事があった。

カリフォルニア州で同性婚を禁じる「提案8号」が提出され、住民投票が行われた。カリフォルニア州はリベラルな土地柄であり、事前の世論調査でも提案は否決されるだろうと予想されていた。

しかし、結果は正反対だった。提案は可決されたのだ。

これは住民にとって大きなショックだった。怒りをあらわにする人も多かった。状況が理解できず、これからどうすればいいのかもわからない。

デイヴは敗北の原因を考え、そしてあることを思いついた。提案に賛成した人たちについて、勝手な思い込みであれこれ言うのではなく、直接尋ねてみたらどうだろう？　特に賛成票の多かった地域に出かけ、実際に賛成票を投じた人を探し、彼らの話を聞いてみよう。

ロサンゼルスLGBTセンターとも協力し、デイヴのチームは提案賛成の得票率がもっとも高かった地域に出かけた。そこには、同性婚に断固反対している人々、あるいはゲイやレズビアンを心底嫌っている人たちが住んでいる。デイヴたちは住民の家を一軒ずつ訪問し、提案に賛成した理由を尋ねて回った。

戸別訪問は通常、綿密に練られたシナリオを事前に用意している。政治コンサルタントがメッセージを組み立て、訪問員がそれを直接伝えるという形だ。慎重に言葉を選び、関連する事実や数字を並べ、目の前にいる人を説得することを目指す。

その際の会話は（それが会話と呼べるなら）、たいてい一方的であり、覚えてきたことをただ暗唱しているようで不自然だ。相手はまるで演説を聴かされているような気分になる。そして当然ながら戸別訪問を受けた人は、一刻も早く会話を終わりにしようとする。

提案8号ショックの余波が残る今回は、なるべく自分たちは話さず、代わりに相手の話をじっくり聞くことにした。台本はない。ただこの提案についてどう思っているのか話してもらう。

デイヴたちは1万5000人以上から話を聞き、予想していたよりもはるかに多くのことを学んだ。同性婚に対する考え方だけでなく、有権者の態度を変える方法についても考えさせられた。

今回の会話で学んだことを叩き台に、新しい台本を何通りも考え、そしてついにもっとも気に入った台本を選び出した。

彼らはこの新しい手法を**「ディープ戸別訪問」**と呼ぶことにした。

変化を妨げる最大の要因は偏見だ。公民権法が成立し、人種、性別、出身国による差別が禁止されてから50年以上にもなるが、偏見は一向になくなる気配がない。

アメリカ人の半数以上が黒人に偏見を持ち、3分の1が同性婚に反対している。

ここ数年だけを見ても、イェール大学の学生が、学生寮の談話室で黒人学生が昼寝をしているのを見て警察を呼ぶという出来事があった。さらにアメリカ合衆国税関・国境警備局の職員が、ただスペイン語を話していたという理由だけで、モンタナ州のガソリンスタンドにいた2人の女性を拘束している。

こういった偏見は、どれほど深く人々の心に根づいているのだろうか。子供は、親、宗教、その他の社会的なつながりから偏見を学び、やがてそれらの偏見が彼らの世界観になり、まったく疑問を持たなくなる。

そのため、デイヴが「ディープ戸別訪問」のビデオをある高名な政治学者に見せたところ、最初は効果をまったく信じてもらえなかった。「これで成功すると考えるのは無理があるだろう」と、その教授は言った。「これまで誰も成功しなかったのだから」

そこで、2015年6月、さらに厳密な検査をするために、デイヴ・フライシャーはフロリダ州で行われた実験を手伝うことにした。[17]

その数カ月前、フロリダ州のマイアミ・デイド郡では、トランスジェンダーへの差別を禁止する条例が可決された。条例への反動を懸念し、ロサンゼルスLGBTセンターのメンバーが地元組織のメンバーとペアになり、住民の戸別訪問を行った。50人以上の訪問員が、500人以上の有権者から話を聞いた。

会話は一筋縄ではいかなかった。感情がむき出しになることもよくあった。条例に反対の人は、ただ反対しているのではない。宗教、文化、育った環境に基づき、確固とした信念を持って反対している。彼らの意見を変えさせるのは簡単ではない。

しかし結果を集計してみると、驚くべき事実が浮かび上がった。たった10分の「ディープ戸別訪問」には、有権者の考えを大きく変える効果がある。彼らはトランスジェンダーをより好意的にとらえ、条例を支持してもいいと考えるようになったのだ。

しかも、その効果は長続きした。戸別訪問を受けた数カ月後でも、条例への好意的な態度は変わらなかった。トランスジェンダーへの偏見を助長するような広告を見ても、彼らの態度は影響を受けなかったという。

たった1回の会話で、根強い偏見がここまで変わるという事実にはとても勇気づけられるが、同時に驚異的でもある。しかし、ここでさらに重要な問いが浮かび上がる。

そもそもなぜ、ディープ戸別訪問にここまで大きな効果があったのだろうか？

戸別訪問は郵便配達に似ている。ある家に情報を届けたら、次は隣の家だ。訪問員は、なるべく早く会話を終わらせて次へ行きたいと思っている。

そのことは、戸別訪問の訓練を見ればよくわかる。まず見習い訪問員のグループを2つに分けて2列に並ばせ、隣になった人とペアを組ませる。1人が訪問員の役で、もう1人が有権者の役だ。そして、いちばん話す時間が短い訪問員役が勝ちとなる。

だが、ディープ戸別訪問は時間がかかる。ここでもっとも大切な目標は、有権者に本音を語ってもらうことだ。複雑で、感情的になりやすい問題について、できるだけ率直な会話ができるように心がける。それをたった2〜3分では達成するのは不可能だ。

デイヴ・フライシャーのチームは時間を惜しまなかった。有権者が何も心配せず、本音らった。

を言えるような環境を整えた。訪問員の反応を気にせずに、何でも思ったことを語っても

前出のヴァージニアが、グスタヴォに何を言われても怒らなかったのもこのためだ。グスタヴォがあからさまな差別語を使っても、ヴァージニアはその場を去ったり、批判したりしなかった。[18]

「南アメリカではオカマは嫌われている」と、グスタヴォは言った。

それに対してヴァージニアは、声を荒らげたりしなかった。

「オカマというのは、トランスジェンダーや同性愛の人たちのことですか？」と、ヴァージニアは丁寧に尋ねた。

「とにかく神様がつくった姿が本物なんだ。それ以外のものになろうとするのは間違っている」。グスタヴォはそう自分の考えを説明した。

「私は同性愛者です」。ヴァージニアは明るい声で告げた。

「そうなのか？」とグスタヴォ。「それは困ったな」

ヴァージニアは、「正しい」ことを語るのではなく、自分の物語をグスタヴォに聞かせた。グスタヴォは興味を持ち、そしてどういうきっかけで「決断」したのかと尋ねた。

ヴァージニアは、同性愛は「決断」でも「選択」でもないと説明した。それがヴァージニアのありのままの姿だ。そこから、2人の間で本当の会話が始まった。

ヴァージニアがパートナーを心から愛していることを語ると、今度はグスタヴォが自分の妻について語り始めた。どうして彼の妻は障害者になったのか、お風呂に入れたり、食事を与えたりという妻の介護がどんなに大変かという話だ。

「神は私に、障害のある人を愛する力を与えてくれた」と、グスタヴォは言う。「どんなときも、いちばん大切なのは愛だよ」

「それは本当によくわかる」と、ヴァージニアは答えた。「私にとっては、今回の条例も同じことなの。トランスジェンダーを差別しないというのは、おたがいに愛を持って接しましょうということなんです」

会話がここまで進むと、2人の心はより深いレベルでつながった。ヴァージニアはまたトイレの問題に移った。もしグスタヴォがトランスジェンダーの男性とトイレで一緒になったら、最悪どんな事態が考えられるだろう?

彼は肩をすくめると、「特にない」と認めた。

「怖いと思う?」とヴァージニアは尋ねた。

「いや、怖くはないね」とグスタヴォは答えた。つまり気にしないということだ。

そこでヴァージニアは、トイレの話題から、現実に根ざした事象に対して抱く抽象的な概念としての恐怖について語った。

「もしかしたら、私は間違っていたのかもしれない」

グスタヴォは、トランスジェンダーに対する当初の自分の考えをふり返って言った。

「今ならトランスジェンダーの差別を禁止する条例に賛成票を投じますか?」

「そうするだろう」と、グスタヴォは答えた。

ヴァージニアは、グスタヴォをフィールドの反対側に連れてくることに成功した。現状打破のポイントを見つけたからだ。

伝統的に人が考え方を変えるときは、たいてい「相手の立場で考える」というプロセスを通過する。自分のことばかり考えるのではなく、他者の目で物事を眺めるということだ[19]。相手の考えが簡単に想像できるときは、相手の立場で考えるのも簡単だ。

あなたが高校生で、勉強で苦労していたら、相手の気持ちが容易に想像できるだろう。自分が微積分で苦労しているクラスメートから相談を受けたとする。あなた自身も勉強で苦労したときの気持ちを思い出し、それを相手の気持ちに置き換えて考える。

しかし、もしあなたがオールAの優等生だったら?

その場合は、クラスメートの苦労を理解するのは難しいだろう。勉強ができる人に、勉強ができない人の気持ちはわからない。どんなに相手の立場で考えようとしても、相手の本当の気持ちはわからない[20]。

そこで登場するのがディープ戸別訪問のテクニックだ。相手と同じ気持ちになろうとするのではなく、**それぞれの経験の中に何か通じ合うものを探す**。

トランスジェンダーの気持ちになって考えてもらうのではなく、同じような感情を呼び起こす、相手自身の経験を語ってもらう。

オールAの優等生は、勉強ができない生徒の気持ちはわからないかもしれない。しかしそんな優等生も、勉強以外の何かで苦労はしているはずだ。スポーツが苦手かもしれない。あるいは恋愛の悩みがあるかもしれない。そんな「自分が苦労した瞬間」を思い出せば、勉強ができなくて困っているクラスメートの気持ちも理解できるだろう。

ディープ戸別訪問では、このテクニックを使って**相手の偏見を取り除く**。

他人の人生を想像するのは難しい。特に人種、ジェンダー、性的指向が違う他人であればなおさらだろう。45歳の白人男性に向かって、「差別される人の気持ちを想像してください」と言うことはできる。しかしおそらく彼らのほとんどは、差別される人の気持ちを本当の意味で理解することはないだろう。

差別されてきた人の立場で考えようと真剣に努力する人もいるだろうが、「レストランで店員に無礼な態度をとられるのは人種のせいなのか」「昇進できないのは性別のせいなのか」という悩みや怒りとは、無縁の生活を送っていることに変わりはない。

そこでディープ戸別訪問では、トランスジェンダーの立場で考えることを求めるのではなく、**相手の人生の中に似たような経験を探す**。

グスタヴォが障害者の妻を愛していることを知ったヴァージニアは、彼が妻を愛する気持ちは、ヴァージニアがパートナーを愛する気持ちと同じだと訴えた。

他の訪問員たちは、有権者に「周囲と違うという理由で否定的な目で見られた経験を思い出してください」と頼んだ。そして相手が経験を語ると、そこからトランスジェンダーの人々が経験していることへの理解を求める。

ある退役軍人は、PTSDを患っているためにどこにも就職できないという経験を語った。PTSDというのは、その人物のほんの一部にすぎない。それなのに、雇用主にとってはそれが彼のすべてになってしまう。彼の苦しみは、トランスジェンダーの苦しみとは違うが、トランスジェンダーの気持ちを理解する助けにはなる。

人間は多面的な存在だ。ただトランスジェンダーという一面のみで判断されるのも、P

TSDという一面のみで判断されるのも、同じようにつらいことだ。

ディープ戸別訪問の強みは、**相手を反対のフィールドに連れてくる力がある**ことだ。争いの火種になるような話題や、フィールド上の位置が相手からあまりにも離れた場所にある話題から始めるのではなく、**おたがいに歩み寄れる話題を探す**。意見がぶつかる話題ではなく、**同意できる話題**だ。それを「**現状打破のポイント**」と呼ぶ。

トランスジェンダーの権利や人工妊娠中絶をはじめ、あらゆる政治的に複雑な問題を話すときは、いきなり過激な主張から始めてしまうことが多い。相手の話を聞かず、ずっと自陣10ヤードラインに陣取っている。筋金入りの保守派にとって、トランスジェンダーの権利は拒絶の領域に属する話題だ。反対側のリベラル陣に移動できるわけがない。

しかしディープ戸別訪問によって、会話の流れを変えることができる。ここでは抽象的な概念を論じたりはしない。あえていうなら、トランスジェンダーの権利の話でさえないかもしれない（間接的には関係しているが）。

ここで語るのは愛と逆境の物語であり、思いやりの心だ。あるいは疎外された者の気持ちだ。否定的な目を向けられ、周りと違うという理由で差別される。きっとどんな人にもそのような経験があるだろう。トランスジェンダーの権利についてどう考えていても、こういった普遍的な感情なら共感できるはずだ。

反対派を遠ざけるような主張から始めるのではなく、ディープ戸別訪問はまずおたがいの共通点を探す。**誰もが共感できるような話題**だ。

そうやって本物のつながりを築いたら、そこで初めて、トランスジェンダーの権利の話を持ち出す。[※12] **おたがいに自分のフィールドから一歩も動かないような状態を打破し、誰もが同じチームだと思えるフィールドに移動する。**

大切なパートナーへの愛を否定できる人などいるだろうか？

あなたも、差別によるつらい思いはしたくない、大切な人を助けたいと思うだろう。その感情に共感できるなら、自分では気づいていないかもしれないが、トラスジェンダーの権利を守るのは、あなたが信じている価値観にとても近い考え方なのだ――ディープ戸別訪問は、そうやって相手のフィールドを変える。

デイヴ・フライシャーはこう言っている。

「私は、最高の自分と、最低の自分を自覚しています。そして、最高の自分になれるように周りの人たちが助けてくれることに感謝している。戸別訪問で私たちがしているのも、基本的にはそれと同じです。

『私には本当のあなたが見える。最高のあなたがどんな人間か知っている』というメッセージを伝えている。あなたはこう思いますか？　あなたはこうなりたいですか？　もしそうなら、その気持ちを今度の投票に反映させてはどうでしょう？」

ディープ戸別訪問の効果は小さくない。見に見えて大きな影響がある。

どちらかといえば短い会話だ。しかしその会話だけで、１９９８年から２０１２年にかけてアメリカで起こった同性愛に対する意識の変化よりも、さらに大きな変化を起こすことができた。ほぼ15年の間に起きた変化を、わずか1回の会話で起こしたということだ。

しかしもっとも興味深いのは、考えを変えたのは誰かということだ。

彼らは移動可能な中間層や、民主党支持者、すでにトランスジェンダーの権利を支持している人たちではなかった。ディープ戸別訪問は、相手の政治的信条や価値観に関係なく効果がある。最初はトランスジェンダーの権利に反対していた人たちでさえ、態度を軟化させたのだ。

どうしても通したい企画があるが、コストがかかりすぎるという理由で上司に反対されている？　会社の文化を「お花畑」だといってバカにする同僚がいる？

そんなときカタリストは、現状打破のポイントを見つけ、相手を正反対のフィールドに連れてくる。

本人が行きたがらない道なら、どんなに押しても行かせることはできない。そんなときは、おたがいに共感できる事柄を見つけ、その方向に行ってもらうようにする。

1つの問題にもさまざまな側面があり、その側面のうちの1つに真っ向から反対している人であっても、他の側面なら同意できる何かがあるだろう。

会社の文化をバカにしている人も、会社には成長が必要だ、あるいは社員が長く働ける環境は重要だという価値観には、同意してくれるかもしれない。

まずはそこから始めてみよう。おたがいに合意できる領域から始め、そこから最終的な目標に向かって進んでいく。

変化を阻む心理的距離をなくす

この章では、変化を阻む第3の障害である「**心理的距離**」について見てきた。

人は「相手は自分を説得しようとしている」と感じると、心理的リアクタンスによって反発する。しかし説得するわけではなく、ただ情報や事実を提供するだけでも、相手との距離によっては反発を招くことがある。

相手の現在地と、目標の地点があまりにも離れていると、あなたの言葉は相手にとっての拒絶の領域でしかなく、完全に拒絶されるか、無視されるという結果になる。

ここでは、**まず移動可能な中間層を見つける**ことが、変化を起こす触媒になる。移動可能な中間層とは、すでにこちら側に近い位置にいて、考えを変えるのにそれほど大きな移動をする必要がない人たちだ。また彼らは、自分と同じような人たちを説得する役割も担ってくれるだろう。

はるか遠くにいる人を説得するには、プリースト医師のように**小さなお願いから始める**。大きな変化を小さく分割し、「これならできそうだ」というところから始め、後は飛び石をわたるように段階を踏んで進んでいく。大きなお願いをする前に、小さなお願いをするということだ。

そして最後は、デイヴ・フライシャーのディープ戸別訪問だ。**現状打破のポイント**を見つけ、それを足がかりにフィールドの反対側へと一気に相手を連れてくる。

どんなに価値観の違う相手であっても、何か共通点が見つかれば、こちらの主張に耳を傾けてもらえるだろう。もしかしたら少しばかり考えを変えてくれるかもしれない。

ケーススタディ3 「有権者の考え」を変える方法

根っからの民主党支持者が共和党に投票するようになるには、どんなきっかけが必要なのだろうか？　あるいはその逆で、筋金入りの保守派がリベラルに態度を変えるには？

この章では、相手との距離を縮めることで、政治的な問題への態度を変えてもらう方法をいくつか見てきた。たとえば、保守派の人間をトランスジェンダーの権利の支持者に変える、あるいは禁酒法支持者を説得してアルコールの規制緩和に賛成してもらう、といったことだ。

だが、それぐらいの変化はまだ簡単だと考える人もいるだろう。

1つの問題（たとえば禁酒法）に対する考え方を変えるのと、政治的信条を根底から変えるのはまったく別だ。つまり、民主党支持者を共和党支持者に変える（あるいはその逆）のは、とてつもなく難しいということだ。

支持政党を変えるという例はたしかに存在する。有名なところでは、ロナルド・レーガンは共和党の大統領だが、最初は民主党員で、共和党に鞍替えする1962年まで組合のリーダーをしていたほどだ。現在は左派リベラルを代表する存在のエリザベス・ウォーレン上院議員も、以前はゴリゴリの保守派だった。

しかし、レーガンやウォーレンのような有名人ではなく、相手が私たちと同じ一般人の場合はどうなるのだろう。一般の有権者でも、支持政党を変えることはできるのだろうか？　もしできるなら、どうやって？

右から左への変化

シルヴィア・ブランスコムはオクラホマ州イーニドで生まれ育った。1970年代半ばのことだ。「オクラホマの小麦の首都」とあだ名されるイーニドは、グレートプレーンズと呼ばれる大平原の東端に位置している。まさにアメリカのハートランドだ。

人口のほとんどが白人で、敬虔なキリスト教徒であることを誇りに思っている。シルヴィア自身は、両親が離婚した4歳のときからバプティスト教会に通っている。

その後、母親は再婚した。新しい父親はとても優しい性格だった。家族思いで、シルヴィアのことをまるで実の娘のように大切に育てた。シルヴィアはこの継父から、車のことや、家の修理の方法を教わった。

しかしこの継父の政治的な態度はかなり強硬な右派だった。州兵に所属していたこともあり、市民が武装する権利を心から信じている。勤勉に働くことが第一であり、他人からほどこしを受けるのは間違っているという考えだ。人工妊娠中絶には反対で、女はリーダーになるべきではないと主張する。

シルヴィアの周りの大人たちは、みなロナルド・レーガンが大好きだった。シルヴィアもそうだった。保守派以外の価値観を信じるのは、神への信仰に疑問を持つのと同じようなものだ。「赤ん坊殺し」を容認するなんてとんでもないことだ。そして投票できる年齢になると、シルヴィアはいつも迷わず共和党の候補に投票した。

その間もシルヴィアの人生は進んでいった。典型的な小さな町の子供として育ち、高校を出るとすぐに結婚した。21歳ですでに妊娠し、毎週日曜は夫と一緒に教会に通った。

シルヴィアの家庭では、夫が一家の長だった。大黒柱は夫で、シルヴィアは家庭を守り、子供を育てる。彼女は「女は夫に従うべきだ」と信じていて、実際にそう口にしたこともある。大学院に通っていた夫がついに石油工学の修士号を取得すると、一家はアラスカ州に移り住んだ。

シルヴィアもずっと大学に行きたいと思っていた。彼女は学ぶことが好きで、結婚してからも地元の短大に通っていた。リベラルアーツの学位が欲しいと思っていたが、妊娠したために勉強はあきらめた。それでも引っ越しをきっかけにまた勉強熱に火がつき、アラスカ大学で1学期に2つの講義を受けるようになった。

シルヴィアは大学で、大きな影響を受けることになる2人の教授に出会った。

1人はディベートクラスの教授だ。その教授は、万人が認める絶対的な真実など存在しないと主張する。そこで彼女は、神こそが絶対的な真実だと反論した。

次にクラスは、市民の武装する権利を認めた憲法修正第2条について討論した。シルヴィアの中では、この法律の正しさは自明の理だ。彼女は賛成派に立候補した。だが、ディベートは敗北に終わった。完膚なきまでに論破されてしまった。相手はディベートの全国大会にも出場した学生で、全国4位という実績がある。相手の学生の主張の中には、シルヴィアの知らない事実がたくさんあった。故郷では、疑問を持つのは悪いことだとされていた。

シルヴィアが影響を受けたもう1人の教授は西洋文明を教えていた。シルヴィアが育った世界では、キリスト教徒でない人間はイエス・キリストの存在を知らないか、そうでなければドラッグや犯罪などに手を染める悪人だった。

しかしその教授の存在が、彼女の思い込みをすべて打ち壊した。教授はキリスト教徒ではないが、親切で善良な市民だ。それに、シルヴィアが知っているどの人よりも聖書に詳しい。故郷オクラホマの敬虔なキリスト教徒でも、聖書の知識で教授にかなう人はいないだろう。

どちらの教授も、シルヴィアの考えが間違っているとは言わなかった。自分と同じ考えに変えるように説得することもなかった。何をしろとも言わず、どう考えるべきだとも言わなかった。彼らはただ単に、シルヴィアに別の道を見せただけだ。世の中には他の考え方もあるということを教えただけだ。

特に西洋文明の教授は、許容のゾーンに入るぐらいには考えが近いが、それでも彼女に違う世界を見せてくれるぐらいには距離が離れていた。彼は聖書を知り尽くしていた。ただ解釈のしかたが違っていただけだ。

シルヴィアは依然として共和党支持で、敬虔なキリスト教徒だったが、少しずつ疑問を持つようになった。以前は当たり前だと信じていたことに、そこまで確信が持てなくなった。

そして、彼女の夫がスコットランドに転勤になった。シルヴィアは学士号を取ることはできなかったが、未知の世界に触れることはできた。

イギリスに引っ越したシルヴィアは、生まれて初めてイスラム教徒と会った。おたがいの子供が同じ幼稚園に通っているという縁で知り合ったのだ。その後、シルヴィアはインド出身の女性とも友達になった。彼女の世界がだんだんと広がっていった。

　すると、物事が以前のように白黒はっきりしなくなってきた。かつては絶対だった宗教的な価値観も、正しいと教えられたことも、もうそこまで確信が持てなくなった。

　その後アメリカに帰ると、シルヴィアの目に物事は違って見えた。アメリカ人の教育に対する意識が低いことにショックを受けたのだ。以前の彼女は熱心なスポーツファンだったが、それでもスポーツに大金が注ぎ込まれる一方で、教育にほとんどお金が回っていないのは、どう考えても間違っている。オクラホマ州の教師はストライキをするべきだ。地元高校のフットボール場の芝生を張り替えるのに40万ドルもの予算が投じられるのに、教師の年収は4万ドルにも満たない。

　それに銃による犯罪の多さや、構造的な人種差別が蔓延していることにも驚いた。特に司法制度内の人種差別はひどすぎる。また、イギリスで娘を産んで育てたシルヴィアにとって、アメリカの医療保険制度はあまりにもお粗末だった。教会でのお説教も、前ほど単純に信じることができない。愛と優しさが大切だと言いながら、同じ宗教の人間しか助けないではないか。

　シルヴィアが変わるまでに、ほぼ10年の歳月が必要だった。大統領選挙では、1992年はジョージ・H・W・ブッシュ、1996年はボブ・ドールに投票している。

しかし最終的に、共和党はもう自分の価値観を反映していないと考えるようになった。信仰が大切だと口では言うけれど、社会的な弱者に対する思いやりが感じられない。そして2000年、シルヴィアはアル・ゴアに投票した。

現在、シルヴィアは民主党支持者を自認している。どの人種も、どのジェンダーも平等であり、みんなで助け合ったほうが社会はよくなると信じている。

彼女にとって、ここまで分断したアメリカを見るのは悲しいことだ。多くの民主党支持者とは違い、彼女は共和党に怒りを感じているわけではない。それに共和党支持者の多くはいい人だということも知っている。

だが共和党の政治家のほとんどが、恐怖を利用して選挙に勝とうとしているのを見ると、どうしても嫌悪感を禁じえない。地方の小さな町や村では、教会と家族が世界のすべてだ。時に彼らは、全世界が1つの家族であり、すべての人を思いやらなければならないということを忘れてしまう。

左から右への変化

ディエゴ・マルティネスはカリフォルニア州セントラル・バレーで生まれ育った。正確にはモデストという街だ。サンフランシスコの東145キロに位置するモデストは労働者の街で、世界最大のワイナリーがあることでも知られている。

周囲には豊かな農地が広がり、アーモンドやクルミなど、さまざまな作物が育てられている。住民の3分の1以上がヒスパニックかラティーノで、カリフォルニアの他の地域ほどリベラル色が濃いわけではないが、どちらかといえば保守派よりもリベラルのほうが多い土地柄だ。

ディエゴの両親はメキシコからの移民だ。ディエゴは地元のモデスト短大に進学し、後にサンディエゴ州立大学に編入した。

初めて有権者登録をしたときは、多くの友人と同じように民主党で登録した。当時の民主党が主に訴えていたのは、結婚の平等、恵まれない人への援助、そして外国の戦争に関与しないことだった。それに民主党は、移民に対して寛容な政策をとっているようにも見える。どれもディエゴにとっては重要なことだった。

彼はその後もずっと民主党に投票し続けた。2008年と2012年の大統領選挙はオバマに投票し、2016年はヒラリーに投票した。

しかし2016年の終わりが近づくころ、ディエゴは民主党の価値観に疑問を持つようになった。たとえば、男性と女性の賃金格差に対するオバマの発言が気になった。格差があることはディエゴも同意するが、その理由はオバマが言っていたこととは違うのではないか。それにオバマが「社会正義」の戦士のようになっていくのも賛成できなかった。

最近の民主党は、彼が支持した政党ではなくなってしまったようだ。当時ニューヨーク市に住んでいたディエゴは、周りの民主党の友人たちが、どんどん独善的になっていくのを感じていた。自分たちがいつでも正しく、すべての答えを知っているという態度だ。まるで民主党にまかせておけば、すべての問題を解決できるとでもいうように。

しかし、ディエゴをもっとも当惑させたのは、率直な意見の交換ができないことだ。リベラルの一般的な意見に少しでも疑問を挟むだけで、たちまち差別主義者やレイシストにされてしまう。ディエゴの目から見たリベラルは、あまりにも現実世界から乖離(かいり)してしまっていた。

ディエゴはリベラルの思想を押しつけられているように感じていた。あまりにも窮屈だった。そこで彼は、もっと広い世界に目を向けるようになった。

ディエゴはジョーダン・ピーターソンに傾倒していった。ピーターソンはトロント大学の心理学教授で、行きすぎた政治的正しさに強く異を唱える論客だ。また、保守派の政治コメンテーターで、大学がアメリカの若者をリベラルに教化していると主張するベン・シャピロもフォローするようになった。

さらに著書『ブラック・スワン』で有名なナシーム・タレブの文章も読むようになった。それらはすべてディエゴの許容のゾーンに入っていたが、少しずつ彼をフィールドの反対側に引っぱる力を持っていた。

ディエゴにとって、彼らの主張には説得力があった。彼らはディエゴの知る中で、もっとも知的な人物に入る。それに言論の自由、責任、自己実現、歴史といった主題についての彼らの意見は、どれも大いに納得できる。やがてディエゴは、保守派の思想から少しずつ影響を受けるようになっていった。

特にタレブの文章は、ディエゴが昔から民主党支持の友人たちに抱いていた感情を見事に言語化してくれていた。彼らは、すべての人種は平等だと声高に訴えるが、ロシア人のタクシー運転手と飲みに行くことは絶対にない。抽象的で高尚な理想を語るのが大好きだが、現実の世界では何ひとつ行動を起こさない。

ディエゴから見た民主党、中でもリベラルの友人たちは、多様性や平等といった大きな話が好きだが、経済や安全保障といったもっと大切な現実の問題については語らない。地球温暖化には科学的な証拠があると断言していた友人が、生物学的な男女の違いを否定したとき、ディエゴは心底あきれてしまった。

ディエゴはしだいに、より保守的な思想に惹かれていった。そして2017年の夏、ついに共和党に登録した。

共和党や保守派の友人がすべて正しいと思っているわけではない。それにトランプが大統領になったのはうれしくなかった。とはいえトランプの勝利で、まるでこの世の終わりのように絶望しているリベラルには共感できなかった。

過剰反応としか思えない。偉そうに「正しい」価値観を押しつけ、現実の問題から逃げてばかりいたのはリベラルのほうではないか。

西海岸と東海岸に住む、裕福で高い教育を受けた人たちだけがアメリカ人ではない。それにディエゴにとっては、共和党のほうが言論の自由を大切にしているように感じられた。思想の違いからリベラルの友人は失ってしまったが、新しくできた保守派の友人は、たとえ意見の相違があっても彼を「レイシスト」と非難することはない。

シルヴィアとディエゴの物語を読んで、この2人はまったく違うという印象を持ったかもしれない。アメリカ中西部出身の白人女性が保守からリベラルに変わり、西海岸出身のヒスパニックの男性がリベラルから保守に変わった。

しかし、2人の旅はたしかに正反対の道をたどったが、共通点はたくさんある。そしてそれは、2人とも農業が盛んな地域で育ったということだけではない。

どちらのケースでも、考え方を変えるきっかけとなった複数の人物がいる。彼らは変化を強要してきたわけではない。その代わりに、心理的リアクタンスを取り除く働きをした。変化を仲介し、旅を導いた。新しい情報や考え方に対して目を開かせた。大学教授や知識人はもちろん、日々の生活で出会った友人たちからも、2人は大きな影響を受けた。

そして大きな変化がいつもそうであるように、2人の変化も一夜にして起こったわけではない。誰かが距離を縮めてあげる必要があった。一度の大きな跳躍で遠くまで移動したのではなく、小さな一歩の積み重ねだ。

2人は数カ月、あるいは数年にわたってそれぞれに出会いを重ねていった。違う世界に触れるチャンスに恵まれたり、意義深い会話ができないという不満を持ったりしながら、ゆっくりと、少しずつ変わっていった。

まずはおたがいの共通点を見つけ、そこから関係を築いていく。シルヴィアもディエゴも、変化の触媒によって考え方を変えるにいたったのだ。

だが距離の問題を解決しても、変化を妨げる障害はまだ存在する。

それは「**不確実性**」だ。

【※8】政治でもそれは同じだ。共和党支持者は保守派のメディアばかり見るのではなく、民主党支持者もリベラルなメディアばかり見るのではない。フットボール場の何ヤード付近にいるかによっては、自分とは異なる意見に耳を傾けることもある。エンドゾーンにいるリベラルであれば、『スレート』誌は公正なメディアだが、『ウォール・ストリート・ジャーナル』紙などは考慮にも値しないということになるだろう。しかし中央の50ヤードに近いリベラルであれば、『スレート』は過激すぎると感じるだろう。保守メディアにも寛容で、FOXニュースまでは受け入れられるかもしれない。

【※9】世界最大の白人至上主義交流サイト「Stormfront.org」のメンバーでさえも確証バイアスの影響を受ける。このフォーラムにおける「白人」の定義は「100%ヨーロッパ人の血を引く非ユダヤ人。例外は一切認めない」だ。サイトのメンバーの多くは、遺伝子検査を受けて自らの白人性を証明している。しかし遺伝子検査の結果、自分が完全な白人ではないとわかってしまったら？ 研究によると、自分が100%ヨーロッパ人でないと判明したメンバーは言い訳を考える。検査の結果が間違っているのかもしれないし、それにそもそも遺伝子検査で真の白人性がわかるのだろうか？ 白人至上主義者でさえも、自分が白人の基準を満たさないとわかると、基準のほうを変えてしまうのだ。

【※10】確証バイアスは逆方向にも働く。ある情報が正しいかどうかという判断が、その情報がどこから来たかという判断にも影響を与えるのだ。たとえば、もし情報が正しいと思うなら、その情報は自分たちの側から来たのだろうと考える。そして情報が間違っていると思うなら、その情報は反対陣営から来たのだろうと考える。

［※11］最初の一歩としては、両者がすでに合意している、あるいは相手がすでに目標に向かって歩き出しているということを強調する方法がある。その方法を効果的に使っているのがダイエット本だ。冒頭から「もっと健康になりなさい」と説教するのではなく、痩せることは読者の望みでもあるはずだということを指摘する。「おめでとうございます！　自分では気づいていないかもしれないが、この本を手に取ったあなたは、すでに最初の一歩を踏み出している。あなたはこれから長い旅に出る。小さな一歩を積み重ねることもあれば、大きな一歩で一気に前進することもあるだろう。楽に進めることもあれば、大きな困難に直面することもある。しかしこれはもっともやりがいがあり、実りの大きい旅だ。あなたはこの旅で、健康な体と、大きな幸せを手に入れる」。このように「あなたはすでに目標に向かっている」と指摘すると、読者も「自分は目標に近づいている」と感じることができる。読者は勇気づけられ、そのまま旅を続ける可能性が高くなるのだ[21]。（Greene, 2002, p.9）

［※12］どこかで聞いたことのある話だと思ったのなら、あなたの記憶は正しい。ディープ戸別訪問のテクニックは、人質交渉人が使う階段モデルにとてもよく似ている。いきなり相手を説得しようとするのではなく、他の話題から始め、理解と信頼を基盤とした関係を築く。しかしディープ戸別訪問で最初に行うのは、相手への理解を示すことではなく、おたがいの共通点（現状打破のポイント）を見つけることだ。そして共通点を活用して、正反対のフィールドに相手を連れてくる。

第 4 章

不確実性

心理的ハードルを下げて購買に誘導する方法

THE
CATA
LYST

1998年、野球のマイナーリーグでチケットを売る仕事をしていたニック・スウィンマーンは、サンフランシスコのモールの中を行ったり来たりしていた。彼は靴を探していたのだ。どの靴でもいいわけではない。欲しいのはエアウォークというブランドのスニーカーだ。型や色も決まっている。

ある店では、型はあったが色がなかった。別の店では、色はあったがサイズがなかった。1時間後も、ニックはまだスニーカーを探して歩き回っていた。どこを探してもないとわかると、しかたなく手ぶらで家に帰った。

ニックは不満だった。もっと簡単に探せる方法があるはずだ。

そのころニックの住むサンフランシスコのベイエリアでは、ちょうどインターネットブームが始まったところだった。そこでニックは、靴のオンラインショップというアイデアを思いつく。あらゆるブランド、型、サイズ、色がそろい、欲しいものが必ず見つかる場所だ。ニックは資金を集め、簡単なウェブサイトをつくった。

「シューサイト・ドット・コム」の誕生だ。

しかし、オンラインのビジネスを成功させるのは難しかった。創業からわずか数カ月後、シューサイト・ドット・コムは資金が底をつく。最初の出資金はすべて使い切り、二度目の出資金はなかなか集まらなかった。売上げは低調で、大手のベンチャー・キャピタリストは見向きもしてくれない。

簡単にいえば、ネットの靴屋に投資したい人は誰もいなかったということだ。どのベンチャー・キャピタリストを訪ねても、答えはいつも同じだった――ネットで靴を買う人などいるわけがない。

シューサイト・ドット・コムの唯一の救いは、ライバル会社がいなかったことだ。なぜなら、誰も儲かると思わなくて参入してこなかったからだ。


現在、私たちはあらゆるものをインターネットで買っている。靴や衣服はもちろん、車もネットで買い、住宅ローンの契約もネットで結び、病気の診察もオンラインだ。ペットまでインターネットで買える。

生まれたときから画面をスワイプして情報を探し、ダイヤルアップ・モデムの「ピーヒョロヒョロ」という奇妙な音など聞いたことがない人にとっては、欲しいものはすべてクリックで買える時代しか想像できないだろう。

だが昔はそうではなかった。今でこそあらゆるものをネットで買っているが、ネットの誕生からあっという間にこの状態になったわけではない。むしろ歩みは遅々として進まなかった。

1990年代の終わりから2000年代初めにかけて、eコマースはかなり苦戦していた。当初は大いにもてはやされ、騒がれていたが、小売り全体に占めるオンラインの売上げはごくわずかだった。商品とサービスの売上げ100ドルのうち、ネットでの売上げはわずか5セントほどだ。実際、eコマースのほとんどは会社同士の取引だった。扱われるのは、工場から出荷される荷物や、問屋から卸される商品だ。

ペット用品を売るペッツ・ドット・コムは、スーパーボウルでコマーシャルを流すほど華々しくスタートしたが、結局はすべての従業員を解雇した。毎日の買い物を届けるウェブヴァンは、時価総額10億ドルでスタートしたが、18カ月後には廃業している。

2000年の10月から11月にかけてのわずか6週間で、平均して1日に1社のドットコム企業がつぶれていた。アマゾンでさえ苦戦を強いられていた。1999年の最終四半期で3億2300万ドルの損失を出し、2000年終わりの株価は52週高値（過去52週の最高値）から83パーセント以上も下落している。

問題は、人々がネットでの買い物に慣れていなかったことだ。ほとんどの人は何か欲しいものがあると、まず車に乗り、いちばん近い店に行き、そこで売っている商品を買う。

物理的な店に行くのは、もっとも効率のいい買い物のしかたではないかもしれない。しかしそれが昔からの習慣だった。慣れ親しんだ方法なので、安心して買い物ができる。

シューサイト・ドット・コムが成功するには、**消費者の行動を変える必要がある。**ニック・スウィンマーンの課題は、いわゆる「**不確実性税**」の問題を解決することだ。

不確実なものの価値を下げる「不確実性税」

今から2年前の冬、私は寒さから逃げることにした。その年の冬は特に寒く、気温は連日氷点下を記録し、北極からの冷たい風が吹き荒れていた。こんなときは休むにかぎる。旅行先はマイアミがいいだろう。あそこなら2月でも平均気温が25℃前後で、晴れの日が多い。美しいビーチがあり、食べ物もおいしい。あとはホテルを見つけるだけだ。

いくつかのウェブサイトを検索し、最終的に2つのホテルに絞った。どちらも海が見えるバルコニー付きの部屋があり、値段も同じくらいだ。

唯一の違いは、部屋そのものだ。Aホテルは10年か20年ほど前にリノベーションが行われ、部屋の状態はまあまあだ。特別にすばらしいわけではないが、悲惨というわけでもない。

Bホテルは近年に一部が改装された。いくつかの部屋は新築同様で清潔そのものだ。見た目が美しく、センスのいい家具が並び、カーペットも新しい。しかし、その他の部屋は昔のままだ。しばらく手を入れていないようで、全体的に薄汚れている。内装のセンスは古く、ベッドもかなりくたびれて見える。

Bホテルの改装した部屋に泊まれるのであれば、悩むことはまったくない。しかしホテルに電話したところ、どの部屋に泊まれるかは当日になるまでわからないという。希望を聞くことはできるが、保証はできない。

これは悩みどころだ。Aホテルにして普通のいい部屋に確実に泊まるか。それともBホテルでギャンブルに出るか。Bホテルにすると、Aホテルよりいい部屋に泊まれるかもしれないし、悪い部屋に当たってしまうかもしれない。

もしあなたが同じ状況なら、どちらを選ぶだろう?

確実なほうか、それともリスクもリターンも大きいほうか?

これと完全に同じ条件ではないが、似たような条件の科学的な調査はたくさん存在する。数百とはいわないまでも、数十はあるだろう。

いいものが確実に手に入る選択肢と、外れをつかむリスクもあるが、大当たりが手に入る可能性もある選択肢のどちらを選ぶか。

たとえば、30ドルが確実に手に入る選択肢と、80パーセントの確率で45ドル手に入るが、20パーセントの確率で何ももらえないという選択肢で考えてみよう。

私のマイアミのホテル問題とは違い、この選択だったら計算によって「正しい」答えを出すことができる。ここでいう正しい答えとは、完全に合理的な人間が出す答えという意味だ。

答えを先に言うと、より高いリターンを期待できるのはギャンブルのほうだ。負ける確率が20パーセントなので、このギャンブルを10回行えば、そのうち8回は45ドルもらえる計算になる。もちろん2回は何ももらえないが、ほとんどの賭けで確実な選択肢の30ドルよりも多くの額が手に入る。

それに何も手に入らない2回を考慮しても、期待値で計算するとギャンブルのほうが得になることがわかる。10回のギャンブルで360ドル（45ドル×8回）が手に入るが、確実に30ドルをもらうほうを選ぶと、もらえる額は合計で300ドルだ。

しかし、実際にこの状況になったらあなたはどうするだろう。

確実な30ドルを選ぶか、それともギャンブルを選ぶか？

ここでたいていの人は、確実に30ドルもらえるほうを選ぶ。期待値の計算ではギャンブルのほうが得をするとわかっていても、人は確実なほうを選ぶのだ。

その理由は、**「リスク回避」**という言葉で説明できる。**人間はリスクのある状況、つまり**

不確実な状況を嫌う。何が手に入るのかを確実に知りたいと思う。そして、もし手に入るものがプラスであるなら、不確実なギャンブルよりも確実なほうを選ぶ。[※13] たとえ、平均するとギャンブルのほうが得になるとわかっていたとしても。

改装したばかりの新築同様の部屋に泊まれたら、さぞすばらしいだろう。私のバケーションもさらに楽しい経験になるに違いない。しかし古ぼけた部屋に泊まることになってしまったら、どんなに落胆することか。その可能性は低いとはいえ、あえてリスクを取る価値はあるのだろうか？

不確実なものの価値を切り下げて考える現象を「不確実性税」と呼ぶ。確実な選択肢と、不確実な選択肢のどちらかを選ぶとき、よほどリターンが大きくなければ不確実なものは選ばれない。

私のホテル選びで考えると、改装したばかりの部屋が、確実に泊まれる部屋よりもはるかにいい部屋でなければならないということだ。ギャンブルに出るなら、期待値が大幅に高くなければならない。

そしてこの不確実性税は、あなたが考えるよりもかなり高額だ。

２０００年代の初め、シカゴ大学の３人の研究者が、50ドルの商品券を手に入れるためにいくらなら払うかという実験を行った。[1] 商品券が使えるのは地元の商店で、有効期限は2週間だ。

実験の参加者が出した答えの平均は26ドルだった。地元の商店では買い物をしないという人もいれば、2週間では短すぎると考える人もいた。こういった要素を考慮した結果、商品券の価値が半額近くまで下がったということだ。

違う参加者を集め、商品券の値段を100ドルにしたところ、やはり同じような結果になった。100ドルの商品券を手に入れるために出せる金額は、平均して45ドルだ。それより多い人もいれば、少ない人もいたが、先に述べたようなさまざまな要素を加味したところ、人々が払える金額は平均して額面のほぼ半額ということだ。

これも特に驚くような結果ではない。

しかし3つめのグループで、研究チームは「不確実性」という要素を加えることにした。[2] このグループには、半々の確率で当たる宝くじを買うチャンスが与えられる。50ドルの商品券が当たる確率が50パーセント、そして100ドルの商品券が当たる確率も50パーセントだ。この宝くじに、いくらまで出せるだろう？[3]

答えを明かす前に、もっと単純な質問で考えてみよう。

50ドルの商品券と比較した場合、宝くじにはいくら出そうと思うのが正しいのだろうか。宝くじに出すお金は、50ドルの商品券に出せる額よりも多くなるべきなのか？　少なくなるべきなのか？　それとも同じくらいであるべきなのか？

この種の問題について考えるとき、「合理的」な答えは明らかだ。リスクのあるチャンスの価値は、最高の結果と最悪の結果の中間になる。

中古車を例に考えてみよう。店頭価格は1万ドルだが、もしかしたらタイミングベルトの交換が必要かもしれない。もし交換することになったら、費用は1000ドルだ。それを考慮すると、この車の適正価格は9000～1万ドルの間ということになるだろう。ベルトの交換が必要なら9000ドル、必要がないなら1万ドルだ。

ここで、最低価格と最高価格の平均を出し、適正価格は9500ドルだという考え方もある。あるいは、タイミングベルトの交換が必要になる可能性が高いと考えるなら、適正価格はより9000ドルに近づくだろう（たとえば9250ドル）。いずれにせよ、この中古車の値段は、9000～1万ドルの間ということになる。最高の結果と最悪の結果の中間ということだ。

商品券が当たる宝くじにも同じ考え方を適用するべきだ。宝くじを買ったら、50ドルの商品券が当たるかもしれないし、100ドルの商品券が当たるかもしれない。ここで最悪の結果は50ドルの商品券だ。だから、最低でも50ドルは出そうと考えるべきだろう。そんなに大金は出せないかもしれないが、それでも50ドル＋アルファぐらいは出してもいいはずだ。

しかし、そうはならなかった。

実験の結果を分析したところ、正反対の結果になったのだ。50ドル以上出そうという人はいなかった。たとえ少しでも50ドルを超えるのは受け入れられないようだ。それどころか、50ドル出そうという人もいなかった。実際の答えは、宝くじに出せる金額はわずか16ドルだった。

50ドルの商品券には26ドル出すと答え、１００ドルの商品券には45ドル出すと答えたのに、最低でも50ドルが当たる宝くじには16ドルしか出せないというのだ。最悪の結果である50ドルに出す金額の、半分近くにまで値が下がってしまった[4]。

その理由は、不確実性税で説明できる。

商品券に値段をつけるときは、手に入るものが確実にわかっている。自分が払う金額も、手に入る商品券の金額も最初から決まっている。

しかし宝くじを買う場合は、手に入る金額がわからないという不確実の要素がある。どの結果になっても損はしないのは事実だが、**不確実性そのものがコストになる**のだ。そのため、宝くじの値段はさらに低く評価される。

程度の差こそあれ、**変化には不確実性がつきもの**だ。

ネットで靴を買うのは賢い選択だろうか？　時間と労力の節約になるだろうか？　でもサイズが合わなかったら？　実物を見て気に入らなかったら？

そういった疑問に答えるのは難しい。

そして**人は不確実性を嫌う**。しかも、その嫌い方はかなりのものだ。悪天候や腐ったミルクなどに感じる「イヤだ」という気持ちとはわけが違う。人間は不確実性を心の底から嫌悪している。それもひとえに、不確実性には本物の目に見えるコストがあるからだ。

結果がわからない状態は、マイナスの結果が起こると決まっている状態よりもさらに忌避される。ミーティングに遅刻するのが確実な状況は、たしかに気分がいいものではない。しかし、遅刻するかどうかわからない状況のほうが、それよりさらにネガティブなものとしてとらえられる。それと同じように、確実にクビになるよりも、クビになるかどうかわからないほうがストレスは大きい。

そのため、変化にともなう不確実な要素が多くなるほど、人はその変化に興味を持たなくなる。製品、サービス、アイデアも、**わからない部分が多ければ多いほど価値は低く評価される**。それが、商品券より宝くじのほうが低く評価される理由だ。

業者に頼んで庭の芝の手入れをしてもらっても、茶色い部分がきれいな緑色になるかどうかわからないなら、そのままにしておいたほうがいい。独創的なアイデアが会社の上層部に評価されるかわからないなら、余計なことはせずに今までと同じことをくり返したほうがいい。

不確実性は人の意思決定を止めてしまう

不確実性は新しいことに挑戦する意欲を挫く。人々を変化から遠ざける働きをする。しかも、不確実性は新しいことの価値を下げるだけではない。意思決定を完全に止めてしまう働きもあるのだ。

スタンフォード大学の学生を対象にした、ある有名な研究がある。[5]

学生たちに、ちょうど大変な進級試験が終わったところだと想像してもらう。

今は学期末で、試験を終えたあなたは疲れ切っている。結果は合格だった。そんなとき、かなりお得なクリスマス旅行の広告を見つける。ハワイ5日間の旅だ。この値段で申し込めるのは明日まで。あなたはどうするだろう?

(a)旅行に申し込む
(b)旅行に申し込まない
(c)5ドルの返金されない前金を払い、明後日でも同じ値段で旅行に申し込める権利を確保する

最初の2つの選択肢はわかりやすい。旅行に申し込むか、それとも申し込まないか。しかし3つめの選択肢には、決断を延期するという要素がある。行動を起こすのではなく、判断を保留にして、選択や行動を後回しにするという選択肢だ。

ほとんどの学生は、(a)の「旅行に申し込む」を選んだ。(b)か(c)を選んだ学生もいたが、大多数は(a)だ。

次に違う学生を集め、最初の実験と似たシナリオを与える。ただし今回は、試験に落ちたという設定だ。クリスマス休暇を挟んで2カ月後に、再試験を受けることになる。

結果は最初のグループとほぼ同じで、ほとんどの学生が旅行に申し込むと答えた。

考えてみれば当然の結果だろう。試験に合格したのなら、ハワイ旅行は合格祝いのごほうびだ。そして不合格だったのなら、ハワイ旅行は自分を慰めるいい機会になる。ゆっくり休んで、再試験に向けて英気を養うことができる。理由は違うが、最終的に選ぶ行動は同じだ。

しかし、実験はそこで終わりではない。次に集められた第3のグループは、試験の結果がまだわからないというシナリオを与えられた。そして仮に不合格だったら、やはり2カ月後に再試験を受けることになる。

合格なら旅行に行き、不合格でもやはり旅行に行くなら、結果がわからなくても決断に影響を与えることはないはずだ。どちらの結果になったとしても、旅行に行くことに変わりはないのだから。

だが不確実性という要素が加わったことで、学生の選択は変わった。ほとんどの学生が（c）の「5ドル払って明後日まで待つ」を選んだのだ。これは試験の結果がはっきりするまで待ちたいという気持ちの表れだ。

このように、**不確実性には一時停止ボタンと同じような働きがある**。行動にストップをかけ、物事を現状のままで凍結させるのだ。

つまり、**現状を維持したいのなら不確実性は大いに役に立つが、変化を求めているなら不確実性ほどやっかいなものはない**ということだ。人は不確実な状況になると、とりあえず今していることをそのまま続けようとする。何かを変えよう、行動を起こそうとは思わない。少なくとも不確実性が解消されるまでは現状維持だ。もしずっと不確実なままなら、ずっと現状維持ということになる。

ネットでいい買い物ができるかどうかわからない？　それならいつもと同じように車に乗って、近所の店に買いに行こう。

新プロジェクトのために人員を増やす価値があるかどうかわからない？　それなら状況がもっとはっきりするまで、今の人員でなんとかしよう。

新しさに不確実性はつきものだ。新しくすれば今よりよくなるという保証がないのなら、安全策で今までと同じことをくり返したほうがいい。

自動車レース場で振られる黄色い旗や、高速道路に立てられた工事中の看板と同じように、不確実性には前に進む動きを遅らせる効果がある。[6]人は不確実性に遭遇すると立ち止まり、アクセルから足を離すのだ。

それでは、止まってしまった人を動かすにはどうすればいいのだろうか？

お試しで経験できる「試行可能性」を上げる方法

その問いに対する答えは、かなり意外なところで見つかるかもしれない。それは違う品種のトウモロコシをかけ合わせて誕生したトウモロコシ、ハイブリッドコーンだ。

エベレット・ロジャーズは1930年代初めにアイオワ州の農家に生まれた。ちょうど大恐慌が始まったころで誰もが苦しい生活を送っていたが、ロジャーズが生まれ育ったアイオワ州の田舎町は中でも悲惨な状況だった。

家には暖房も、水道も、電気もない。ロジャーズも幼いころから農場で働き、家計を支えなければならなかった。教室が1つしかない小さな学校に通いながら、ニワトリのエサやり、牛の乳搾り、その他もろもろの仕事をこなしていた。

大学のことはまったく考えていなかった。高校の最上級生のときに、他の成績優秀者と一緒に先生の車でアイオワ州立大学の見学に連れていってもらっていなかったら、きっと家で農業の仕事に就いていただろう。ロジャーズは大学というものを見たことがなかったが、その見学でいい印象を持った。そして大学に進み、農業を学ぶことにした。

ロジャーズは夏休みになると帰郷し、農業を手伝った。そのとき大学で習った最新の農業知識も持ち帰り、輪作の利点や、収穫量や作業効率を高める新技術などを地元に伝えた。

しかし、地元の人々は彼の助言をたいてい無視していた。たとえばロジャーズの父親は、違う品種をかけ合わせたハイブリッド品種のコーンを採用しようとしなかった。干ばつに強く、収穫量も25パーセント増えるとわかっていてもそうだった。

ロジャーズにはその理由がわからなかった。その後、大学で修士号を取得すると、さらに農業を学ぶために博士課程に進んだ。

その数年前、アイオワ州立大学の2人の教授が、ロジャーズの父親が拒絶したまさにその技術、すなわちハイブリッドコーンの研究を行っていた。

アイオワ州の農地から2つの地域を選び、250の農家を対象に調査を行ったところ、ハイブリッドコーンのほうが優れている（丈夫で収穫量が多い）とわかっていても、すべての農家が栽培を始めるまでに13年もかかった。

それにたとえ栽培を始めても一部のみで、すべてのトウモロコシをハイブリッドコーンにするまでにはほぼ10年かかったという。

ロジャーズはこの結果に大いに興味を持った。そして自分でも、除草スプレーで同じような研究をすることにした。

研究に関するさまざまな文献を読んでいるときに、他の分野で同じような研究が始まっていることに気がついた。たとえば教育プログラムを普及させるにはどうすればいいのか、新しい医薬品が成功するにはどうすればいいのかといった研究だ。

ロジャーズはさまざまな分野で同じような疑問が持たれていることを知ると、一般的な「**普及モデル**」の作成に取りかかった。農業技術にかぎらず、あらゆる分野の革新的な技術やアイデアは、一般に普及するまでにどのような道のりをたどるのだろうか？

その「一般」に含まれる人たちは、消費者でもいいし、従業員でも、教師でも、とにかく誰でもいい。

ロジャーズが作成したモデルを論文審査委員会に提出したところ、あまりいい反応は返ってこなかった。あるものが広く普及する過程の一般モデルなど可能なのか？　分野も違えば、対象となる人々も違うではないか。そのような発想自体がバカげている——それが、審査委員が下した評価だった。

その日、ロジャーズは建物を出たところで審査委員の1人とばったり会った。その教授はある本に没頭していたが、ロジャーズが通りすぎるときにふと顔を上げると、声をかけてきた。「きみの普及モデルが一般化できるかは大いに疑問が残るがね」と、その教授は言った。「でも、あの題材でおもしろい本が書けるかもしれないよ」

それから数十年がたち、ロジャーズの著書『イノベーションの普及』(翔泳社)は現代の古典としての地位を確立している。社会科学の本としては世界で2番目に引用される回数が多く、マーケティングやマネジメントから、工学、経済、エネルギー政策にいたるまで、あらゆる分野で10万回近くも参照されている。

ロジャーズはこの著作の中で、あるものが一般に普及するまでの速度は、5つの要素だけで87パーセントまで説明できると主張する。ハイブリッドコーンから現代数学、それに冷蔵庫にいたるまで(さらに最近の版ではインターネットにも言及がある)、何かがいきなり大ヒットするか、それともいつまでも注目を集めずに日陰の存在でいるかは、ほんの一握りの特徴で決まるのだ。

そして、ロジャーズが著書の中であげている5つの要素の中で、もっとも大切なのは「**試行可能性**」だという。

簡単に説明すると、**試行可能性とはお試しで簡単に経験できるかどうか**ということだ。かぎられた範囲内で、新しいものを経験することの容易さを指している。

ある種の製品、サービス、アイデアは簡単に試すことができる。たとえば誰かから新しいブログを紹介され、リンクも送ってもらえれば、簡単に読んでみることができるだろう。ワンクリックだけでブログのページに飛ぶことができ、どんなことが書いてあるか、どんな雰囲気か、自分は興味が持てそうか、といったことが確認できる。

ペーパータオルの新ブランドも同じだ。ペーパータオルは安く、見つけるのが簡単で、使うために訓練や学習は必要ない。

その対極にあるのが、たとえばファイナンシャル・アドバイザーのための管理ソフトの新製品だ。そのソフトを導入するとなると、何時間もかけてデータを入力し、さらにすべてのクライアントに同じソフトを使ってもらわなければならない。

しかも新ソフトが本当に時間と労力に見合うかどうかは、使ってみなければわからない。これはかなりハードルが高く、おいそれと試してみようとは思えないだろう。

簡単に試せるものほど、多くの人に使ってもらえる。そして一般に普及するのも早くなる[7]。たとえば新薬の治験に参加した治療プログラムは、最終的にその薬を採用する確率が5倍になる。大学の教師が教室で使う新テクノロジーを採用するかどうかは、そのテクノロジーを事前に試用できるかどうかということに大きな影響を受ける。

インターネットバンキング、クラウド・コンピューティングから農業の技術革新やコンピューターゲームにいたるまで、あらゆるものを対象にした何十もの研究を見ても、**試行可能性が実際に採用するかどうかを決める大きな要素になっている。**

試行が可能であることにここまで大きな効果があるのは、**簡単に試せると不確実性が低下する**からだ。新しいものを簡単に体験し、いいか悪いか評価することができる。

さらに、**試行可能性はものによって決まっているわけではない**。たしかに性質上、お試しがしやすいものと、そうでないものはあるだろう。しかしそういった元々の性質に関係なく、試行可能性を上げることはできる。

相手の考えを変え、一時停止の状態から動かすことはできる。何かを支持してもらう、やってもらう、買ってもらう、あるは何か新しいものに挑戦してもらうのだ。

そして試行可能性を上げたいなら、不確実性を取り除き、挑戦への障壁を下げることが大切になる。

そのためのカギは次の4つだ。

1　フリーミアムを活用する
2　初期費用を削減する
3　発見を後押しする
4　取り消し可能にする[8]

フリーミアムを活用する

ウーバーやエアビーアンドビー、ドロップボックスといったベンチャーは、投資家たちから「ユニコーン」と呼ばれたりする。時価総額が10億ドルを超えるような大成功を収める企業のことで、伝説の動物ユニコーンのように珍しい存在という意味でこの呼び名がついた。

たとえばドロップボックスは、10年もしないうちに登録ユーザーが5億人以上に増えた。20万以上のビジネスや組織が登録し、時価総額は100億ドルを超える。

しかし、最初からそうだったわけではない。

創業当初のドロップボックスは、登録ユーザーがなかなか集まらなくて苦労していた。それでもサービスそのものは優れていた。テクノロジーは革新的で、ほとんどの人が存在にすら気づいていなかった問題を解決することができる。

かつては誰もが、ファイルや画像などを自分のパソコンに保存していた。それらのファイルをクラウドベースのサービスに移すのは、考えただけでもめんどくさそうだ。せっかく苦労してつくったファイルが消えてしまったら泣くに泣けないだろう。

大切な家族写真でもそれは同じだ。大切なものは自分のパソコンに保存しておけばいい。たしかにドロップボックスはたくさん保存できるし、アクセスも簡単だ。

しかし、もしサーバーがダウンしたら？

ドロップボックスのCEOは、マーケティング専門家を雇うか、あるいは検索広告を買おうかと考えたが、会社にはそれほどお金がない。それに投資に対するリターンも期待できなかった。そこで、ドロップボックスのすばらしさを人々に説明するよりも、他の方法を試してみることにした。サービスを無料で提供したのだ。

一見すると、これは会社にとっては損にしかならない戦略だ。自社の製品をタダであげてしまう？　そんなやり方は、成功したビジネスの基本原則に真っ向から反している。ボーイスカウトでレモネードを売っている8歳児でもわかることだ。

お金を稼ぐには、何かを売ってお金をもらわなければならない。利益を上げることを目指している会社が、なぜ製品やサービスをタダであげてしまうのか。

だが、この方法はうまくいった。わずか2カ月でユーザー数は2倍になった。そして1年もしないうちにその数は10倍になった。

そしてすぐに、ドロップボックスは数十億ドルの収益を上げるようになった。

ドロップボックスが成功したのは、「**フリーミアム**」と呼ばれるモデルを活用したからだ。自社の製品やサービスのよさを知ってもらうために、最初は無料で提供する。

誰でもすぐにドロップボックスのサービスを利用することができる。ファイルをアップロードすることもできるし、その他の機能も使い放題だ。しかも、お金はまったく払わなくていい。

消費者がフリーミアムを好む理由は説明するまでもないだろう。タダのものが嫌いな人などいるだろうか？

しかしフリーミアムは、提供する会社にも大きな価値をもたらしてくれる。なぜならサービスを無料にすることで、より多くの人に使ってもらえるからだ。

ドロップボックスというサービスの話を聞いて、便利そうだから使ってみたいと思っても、いきなり20ドル払うのは躊躇するだろう。10ドルや5ドルでも高いハードルになるかもしれない。そもそも何かを新しく学ぶのは、それだけで大変だ。それに加えて、毎月の使用料までかかる。今の状況によっぽど不満のある人でなければ、変化のコストがあまりにも高すぎると感じるだろう。

だが無料で使えるようにすれば、コストを少し下げることができる。もちろん、ファイルをすべてアップロードするのは手間だし、新しいシステムの使い方を覚えなければならない。それでも最初は無料で使えるのであれば、とりあえず登録して試してみようと考える人は多いだろう。

ただし、フリーミアムはそこで終わりではない。いくら新規の顧客を獲得できても、最終的に収入がなければ会社は立ちゆかなくなる。

そこで、フリーミアムのもう1つの側面の出番だ。

「フリーミアム」とは、「フリー」と「プレミアム」を合わせた言葉だ。ベーシックな機能だけが使えるサービスを無料にして、サービスに満足したユーザーは、利用料を払ってすべての機能が使えるプレミアム・バージョンにアップグレードするというしくみになっている。

ドロップボックスは、無料のバージョンでもそれなりに満足できるストレージ容量が提供される。大きなドキュメントや、パワーポイントのプレゼンテーションをはじめ、画像や動画も保存できるだろう。

そして一度ドロップボックスを使い始めると、それが習慣になる。それ以前は何本ものUSBメモリや、外付けハードディスクに保存していたかもしれないが、無料バージョンのストレージ容量だけでも保存先をドロップボックスに変えるには十分だ。

そうなると個人的なファイルも、グループプロジェクトの資料も、大切な思い出も、すべてドロップボックスに保存するようになる。

しかし、しばらくすると無料ストレージでは容量が足りなくなってくる。そこでストレージの容量を増やすために、さらにはすべての機能を使えるようにするために、有料バージョンにアップグレードするのだ。[※14]

フリーミアムというしくみは、サービスの中身を知るための時間と場所をユーザーに提供する働きがある。もちろんファイルを1つだけアップロードして、それでおしまいという人もいるだろう。

だが便利なサービスであれば、一度体験した人は二度、三度と使うはずだ。そうするうちに、サービスの本当の価値に気づくだろう。

ドロップボックスのすばらしさを宣伝するのではなく、ユーザーに自分で気づいてもらう。サービスを実際に使い、気に入った人に対しては、会社がわざわざ説得する必要はない。彼らは自分で自分を説得するからだ。

フリーミアムのテクニックを使っているのはドロップボックスだけではない。

たとえばゲームのキャンディークラッシュは、最初は無料でプレーできるが、ある一定以上のレベルに行ったり、ある特定の機能を使ったりするにはお金が必要だ。

『ニューヨーク・タイムズ』紙のオンライン版は、1カ月に10本の記事まで無料で読むことができ、それ以上読みたい場合は購読料を払う。パンドラ、スカイプ、リンクトイン、スポティファイ、サーベイモンキー、ワードプレス、エバーノートをはじめ、フリーミアムを活用して成功している企業は数多く存在する。[9]

ここで大切なのは、フリーミアムは人をはめるテクニックではないということだ。ドロップボックスは、サービスは無料だと偽ってユーザーを集め、後からだまし討ちのようにいきなり課金するわけではない。おとり商法のような悪徳商法とはわけが違う。

料金を払うのはプレミアム版にアップグレードした人だけであり、アップグレードするかどうかはユーザーが自分で決める。もっとストレージ容量が欲しい、もっと便利な機能を使いたいと思ったときに、お金を払うかどうか判断することができるのだ。

フリーミアムがうまく働けば、こちらから何も言わなくても、ユーザーが自分でアップグレードしてくれる。第1章の「心理的リアクタンス」でも見たように、どのタイミングでアップグレードするかを人々に自ら選択させるというテクニックだ。

仮に最初からお金を払わないとドロップボックスが使えないとしたら、あるいはパンドラのような会社が広告の出ない有料バージョンしか提供していなかったら、ほとんどのユーザーは使おうとしないだろう。お金を払う価値があるかどうかわからないからだ。
しかしフリーミアムのしくみなら、最初は無料で体験し、サービスの価値（そしてパンドラの場合は広告のわずらわしさ）を知ることができる。そうやって体験した後なら、ユーザーは喜んでお金を払うだろう。[※15]
すべてのユーザーがお金を払ってアップグレードするわけではないが、無料で試してみる人が増えるほど、後で有料ユーザーになってくれる人も増える。買う前に試すことができると、買ってくれる確率が上がるということだ。
（フリーミアムのビジネスモデルについてさらに詳しいことは、付録「フリーミアムを活用する」を参照）

初期費用を削減する

フリーミアムが特に力を発揮するのが、デジタルのサービスや製品だ。デジタルは場所を選ばずサービスを提供でき、無料バージョンから有料バージョンへのアップグレードも簡単だ。だが、同じしくみはデジタル以外のもっと広い分野でも活用できる。

ここで再びニック・スウィンマーンに登場してもらおう。彼のシューサイト・ドット・

コムも、フリーミアムと似たアイデアを活用して成功した。

ベンチャー・キャピタリストにことごとく出資を断られたニックは、実業家のフレッド・モスラーに会って次のステップについて相談した。

彼らに必要なのは、とにかく売上げを出すことだ。それも今すぐに。そうでないと、シューサイト・ドット・コムは経営が立ちゆかなくなってしまう。

彼らの出したアイデアの1つが値引きだ。値引きで顧客を惹きつける。eBayやアマゾンといった大手eコマースも、値引きで新規顧客を開拓し、収益を増やしてきた。

しかしニックとフレッドは、取引先の靴メーカーに納得してもらえないだろうと考えた。靴メーカーは、自社のブランド・エクイティを守ることをとても真剣に考えている。消費者が高いお金を出してナイキのスニーカーを買うのは、ナイキのブランドイメージがあるからだ。それを値引きしてしまっては、ブランド・エクイティを損ないかねない。そのため靴メーカーは、以前から値引き販売に反対してきた。

それに加えて、値引きすれば短期的には顧客が増えるだろうが、根本的な問題はまだ解決されていない。それは、人々がオンラインでの買い物に不信感を持っているという問題だ。値引きは応急処置にしかならない。しかも効果のない応急処置だ。

そこでニックたちは違うアプローチを考えた。知り合いで似たようなことをしている人がまったくおらず、それにこのビジネスモデルに勝機があるかどうかもわからなかったが、新しい試みであることだけはたしかだ。

それは、「**送料無料**」と「**返品自由**」だ。

当時、送料無料には大きなリスクがあった。ニックもフレッドも、はたして成功するかどうか確信が持てず、導入コストがどれくらいになるかもわからなかった。

あのころのeコマース企業にとって、送料はむしろ収益の要でもあった。少額のマージンを払い、「送料・手数料」で1ドルか2ドルの儲けを出す。

それを送料無料にすると、儲けを出すどころか、むしろ損失を出すことになるだろう。顧客が商品を注文するたびに、シューサイト・ドット・コムが送料を負担しなければならない。顧客一人ひとりで見ればたいした額ではないかもしれないが、合計するとかなりのコストになる。さらに返品自由にすると、シューサイト・ドット・コムは超過在庫にも対応し、顧客から返品されたすべての商品にも対処しなければならない。

だが、それ以外の選択肢は存在しなかった。現金はすでに底をつきそうになっている。テストや試行錯誤の時間は残されていなかった。

ニックとフレッドは行動を起こした。1999年11月、会社のウェブサイトのトップページで、送料無料と返品自由を宣言したのだ。

それでも何も起こらなかった。少なくとも最初のうちは。

しかし、間もなくすると売上げが伸び始めた。そして２００１年には、シューサイト・ドット・コムは数百万ドルの収益を記録し、それからわずか3年でさらに20倍以上に増えた。その後も順調に売上げを伸ばし、数年後には年間の売上げが10億ドルを突破した。

現在、シューサイト・ドット・コムの倉庫には３２０万以上の商品がある。ブランドの種類はほぼ１０００だ。靴はもちろん、衣類、アクセサリー、さらにはスーツケースまで扱っている。あなた自身はシューサイト・ドット・コムで買い物をしたことがなくても、周りに必ず顧客がいるだろう。

だが、シューサイト・ドット・コムなんて聞いたことがない?

その理由は、この会社が設立から数カ月で名前を変えたからだ。「靴」を意味するスペイン語の「zapatos」から、シューサイト・ドット・コムはザッポスと改名した。

送料無料と返品自由のサービスを始めたとき、ザッポスは多くの批判を集めた。成功するわけがない、勝ち目のないギャンブルだとさんざん言われた。

それでもこのアプローチがうまくいったのは、**購入にともなうもっとも大きな障害である不確実性を取り除いた**からだ。

ニックとフレッドには、人々がオンラインショッピングを敬遠する理由がわかっていた。それは靴の試し履きができないことだ。伝統的な小売店であれば、お客は商品の実物を見たり、手に取ったり、身につけたりできる。しかしネットショップでは、実物を見る前にお金を払わなければならない。

製品を体験していないし、きちんと機能するのか、あるいは靴であればサイズが合うのかも確認していないのに、お金だけは取られてしまう。買う前に体験できなければ、買ったものが本当に気に入るかどうかもわからない。

この**不確実性が人々にオンラインショッピングを敬遠させる要因**だ。気に入らなければ返品すればいいのだが、返品するときの送料も払いたくない。

「その不確実性を取り除けば、私たちは『自宅が靴屋になる』という空想の世界を現実のものにすることができる」とフレッドは言う。「好きなだけ注文し、すべて試しに履いてみて、気に入らなければ返品すればいい」

そして、顧客はフレッドの予言通りに行動した（今でもそうしている）。2足、3足、あるいは10足もの靴を注文し、すべて履いてみて、気に入ったものを手元に残してあとはすべて送り返す。顧客サービス担当者は、ぴったりのサイズを見つけるために、同じ靴をサイズ違いで2足注文する方法をすすめているほどだ。

こうやって顧客が必要以上の靴を注文するのは、ザッポスにとって負担になるのではないだろうか？　たしかにその通りだ。

だがこのサービスを提供した結果、1回の平均注文量が増加した。余分に注文していらないものを返品する顧客だけでなく、たくさん注文してすべて手元に置く顧客も増えたのだ。彼らがたくさん注文するのは、送料無料で返品できるという安心感があるからだ。

ただし現在、送料無料はザッポスだけの強みではなくなった。むしろeコマースが巨大ビジネスに成長する原動力になったといっていいだろう。たとえばアマゾン・プライムが成功した秘訣は、プライム会員だけの値引きでもなければ、気の利いたスローガンでもなく、**変化を妨げる障害を取り除いた**ことだ。[10]

ネットショップでも現実の小売店と同じような体験ができ、しかもその体験のためにお金を払う必要はない。ザッポスはこうやって不確実性税を克服し、人々の買い物のしかたを永遠に変えることに成功した。

フリーミアムやザッポスの事例を見ると、カギは「フリー（無料）」だと思ってしまいがちだ。お試しへのハードルを低くする方法は、つまるところお金なのか？　製品やサービスを安く提供する、なんならタダにすることがすべてなのだろうか？

しかし、お金は変化を妨げる唯一の障害でもなければ、もっとも大きな障害でもない。たとえば5ドル99セントの送料が無料になる店と、商品の値段を10ドル安くして送料を取る店がある場合、多くの消費者は前者のほうが魅力的だと感じる。[11]

それはつまり、本当の障害はお金ではなく、不確実性だからだ。

私はその靴を気に入るだろうか？　サイズは合うだろうか？

商品の値段を10ドル安くすれば、顧客にとってお金の節約にはつながるが、不確実性を取り除いてはくれない。たしかに商品は安くなったが、それを気に入るか、サイズが合うかという不安は解消してくれない。

そして、その不確実性を取り除くためにはお金を払わなければいけないとなると、たいていの人はわざわざ行動を起こさない。一時停止ボタンを押し、現状維持を続けるだけだ。

たとえば、車を買うときに試乗できないとしたらどうだろう。ハンドルの具合やシートの座り心地を確認する前に何万ドルも支払わなければならないのなら、今の車に乗り続けたほうがいいと判断するのではないだろうか。

車の試乗も、アップルストアで実際にデバイスに触ってみるのも、実際にお金を出して買う前に、それがどんなものか体験できるシステムだ。試乗したからといって車の値段が下がるわけではないが、不確実性は確実に減少する。

キャスパー・スリープ（マットレス）、ワービーパーカー（メガネ）といったオンラインだけで始めた小売業が、実店舗に進出しているのもまさにそのためだ。

当初キャスパーは実店舗を持たず、オンラインだけで販売するビジネスモデルを構築し、コストと商品価格を抑えることに成功した。

しかし消費者の中には、やはりマットレスは寝心地をたしかめてから買いたいという人も少なからずいる。そこでキャスパーは、「ナップモバイル」と名づけたマットレスを積んだトレイラーで全国を回り、各地でポップアップストアを展開し、最終的には固定店舗を開いて顧客がいつでも寝心地を試せるようにした[※16]。

テレビの新番組を制作するときは、まずコストのかからないパイロット版をつくって視聴者の反応を確認する。賃貸という選択肢があるおかげで、不動産を買う前にコストをかけずに近所の環境を体験することができる。

またスキーウェアと用具のレンタルがあれば、お金をかけて一式そろえなくてもスキーを体験することができる。お試しによって実際に購入する値段が下がるわけではないが、レンタルというシステムのおかげで、挑戦のハードルを下げることができるのだ。[12]

マリン用品のギ・コッテンは、人々にきちんとライフジャケットを着てもらうためにこのテクニックを活用した。

ボートに乗るときは、ライフジャケットの着用が義務づけられている。みんな頭ではわかっているが、実際に着る人は多くない。そこでギ・コッテンは、ライフジャケットの大切さをわかってもらうために初期費用を下げることにした。

サンプルを無料で配ることはできないので、代わりに「Sortie en Mer」(海の旅)という、溺れる感覚を体験できるウェブサイトを開発したのだ。

このサイトでは、海でのセーリングを一人称の視点で体験できる。天候にも恵まれ、友達に囲まれてとても楽しい1日をすごしているが、ライフジャケットは着ていない。

そのとき突然、大きく揺れたマストにぶつかり、あなたの体は海に投げ出された。友人たちはヨットの向きを変えてあなたを助けようとするが、帆が風に煽られてどんどん離れていってしまう。あなたは1人で海に残された。

ここで溺れずに浮いているには、ずっとマウスで画面をスクロールしているしかない。

マウスでスクロールするぐらいなんてことはないと思うかもしれない。数秒ぐらいであれば、楽しいとすら思うだろう。しかしすぐに指が疲れ、たいていの人はあきらめる。そしてスクロールを止めると、あなたはどんどん海の底に沈んでいくのだ。

これはなかなか恐ろしい体験であり、ギ・コッテンの狙いもそこにある。

ほんの数分マウスでスクロールするのが大変だというのなら、本物の水の中で何時間も手足をかき続ける大変さを想像してみよう。

ライフジャケットを着ようという気になるはずだ。

これらのテクニックには、初期費用を削減するという効果がある。[13] 始めるときにかかる時間、お金、労力を圧縮し、体験するハードルを下げている。

ザッポスの送料無料サービスは、靴の試し履きという体験をお金を取らずに提供している。車の試乗や各種のレンタルサービスは、大金を払って購入する前に気軽に試すチャンスを提供している。溺れる感覚を体験できるサイトは、ライフジャケットを着ないでずっと浮いているのは大変だということを実感させてくれる。

不確実性を取り除くことで、人々が行動を起こしやすくしているのだ。[14]

最近、スーパーで買い物をしたときのことを思い出してみよう。

どんな果物を買っただろうか？　あるいは何味のアイスクリームを買っただろうか？

たいていの人は、いつも同じ果物を買い、いつも同じ味のアイスクリームを買う。ここでも**慣性の法則が働く**からだ。

それでは次に、最後にアイスクリーム・パーラーに行ったときのことを思い出してみよう。まるで知らない味には手を出さないかもしれないが、おそらくいつもとは違う味に挑戦したのではないだろうか。チョコレートやバニラといった定番ではなく、ピスタチオ、クッキー・アンド・クリーム、あるいはミルクチョコレート・ヘーゼルナッツだったかもしれない。

こうやって少し冒険的になったのは、場所がスーパーではなくアイスクリーム・パーラーだったからだろうか？　人は非日常の場所に行くと、いつもと違うものに挑戦したくなるのだろうか？　いや、そういうわけでもない。本当の理由は、アイスクリーム・パーラーでは試食ができるからだ。

誰かに変わってもらいたい？

いつもの態度、選択、行動をやめてもらいたい？

それならあなたがカタリストになり、**挑戦のハードルを下げてあげればいい**。スーパーマーケットではなく、アイスクリーム・パーラーになるのだ。

発見を後押しする

フリーミアムと初期費用の削減というテクニックに効果があるのは、**誰かが最初からその対象に興味を持っている場合だけ**だ。

しかし、その何かが存在することさえ知られていないとしたら？　あるいはたとえ知っていても、相手が自分には関係ないと思い込んでいたら？

2007年、ホンダの高級車ブランド「アキュラ」はある問題を抱えていた。製品の問題ではない。車そのものはとてもいい車だった。アキュラMDXは、自動車専門チャンネル『モーター・トレンド』のSUVオブ・ザ・イヤーを受賞し、TSXとRSXは『カー・アンド・ドライバー』誌のトップ10リストに複数回選ばれている。

問題は消費者の認知度だった。アキュラは高性能で耐久性があるにもかかわらず、なぜか消費者に認知されていない。アメリカに登場したのはレクサスより早かったが、おたがいに誕生から数十年たった現在も、レクサスのほうが大きな市場を獲得している。

日本製の高級車を買おうと思ったら、たいていの人がまずレクサスを思い浮かべるだろう。アキュラはそもそも選択肢にも入っていないのだ。

アキュラ側も、実際に乗ってもらえばよさがわかるはずだと確信していた。既存の顧客はみな車を気に入っている。エンジンが特に評判で、買い換えるときもまたアキュラにする人がほとんどだ。

だが、そういった熱心なファンは多くない。アキュラはたとえるなら、とてもおいしいのに存在が知られていないために、いつも席が半分しか埋まっていないレストランのようなものだ。

アキュラもすでに試乗は提供していたが、それだけでは不十分だ。試乗に来るのは、そもそもアキュラに興味を持っている人だ。アキュラを知らない人に知ってもらうという目的は達成できない。アキュラに興味がない人、アキュラを知らない人は、わざわざディーラーに来て試乗しようとは思わない。

認知度の問題に直面した会社は、たいてい**昔ながらの方法に助けを求める**。**それは広告**だ。たとえばビュイックがそうだ。ビュイックは高級車ブランドを自認していたが、消費者はそうは思っていなかった。祖父母が運転しているような、退屈で時代遅れの車だ。そこでビュイックは、行きづまった大企業にありがちな作戦を立てた。スーパーボウルのCM枠を購入したのだ。

ビュイックは数百万ドルを費やして、昔ながらの手法で消費者の態度を変えようとした。あるキャンペーンでは、白髪のお婆さんに、「あら、まるでビュイックじゃないみたい」と言わせている。またはＮＢＡスーパースターのシャキール・オニールなど、さまざまなセレブを起用し、広告の中でビュイックのすばらしさを語らせた。

しかしこの作戦はものの見事に失敗し、その2年後には車体から「Buick」という名前を削除してしまったほどだ。ビュイックを売る唯一の方法は、「これはビュイックだ」と消費者に気づかれないことだという判断だ。


アキュラは、伝統的な広告手法では問題を解決できないとわかっていた。お金がかかるというだけでなく、いちばん大きな障害を取り除く効果もない。ここで目指すのは、とにかく実際に乗ってもらうことだ。アキュラを**体験してもらわなければならない。**

そこでアキュラは、人々を説得するのではなく、アキュラ本体を人々のもとに届けることにした。

アキュラは高級ホテルのＷホテルと提携すると、宿泊客に特別な送迎サービスを提供した。Ｗホテルのコンシェルジュは、「いつでも、どんなことでも」がモットーだ。

そのサービスに、アキュラＭＤＸで市内のどこにでも送迎するというサービスを加える。ただ予約するだけで、好きな場所まで無料で送ってもらえるのだ。

アキュラを好きでない人もいるだろう。退屈な車だ、高すぎると思っている人も、あるいはアキュラが存在することさえ知らない人もいるだろう。しかしWに泊まれば、好きな場所まで無料で乗せていってもらえるという。それなら利用しない手はないだろう。それにもしかしたら、実際に乗ってみたら意外といい車だと気づくかもしれない。

そして、100万人以上の人がそのことに気がついた。

アキュラの送迎を体験した人は、全員アキュラを買ったのだろうか？

もちろん、そんなことはない。しかし、数万人は実際に購入した。そのうちの80パーセントは、他の高級車ブランドからの乗り換え組だ。

広告に数百万ドルを費やして、ビュイックは思っているよりいい車だと人々を説得する。一方は各地のWホテルにアキュラを貸し出し、宿泊客が実際にアキュラのすばらしさを体験するチャンスを提供する。

どちらの投資が、より大きなリターンが期待できるだろうか？

ここでアキュラが使ったのが、**「発見を後押しする」**というテクニックだ。

何かが存在することを知らなければ、あるいは好きではないと決めつけていたら、そもそも試してみようとも思わないだろう。

Wホテルで試乗を提供するという方法もあったかもしれないが、それでは根本の問題を解決できない。アキュラに興味がなければ、運転してみようとも思わないからだ。

　そこでアキュラは、お試し体験から「試す」の要素を抜くことにした。もっと違う方法で体験を届けることにした。**潜在顧客が何もしなくてもいい方法**だ。そうすることで、より広い層にアキュラのよさを伝えることができた。

　スーパーに行くと、小さく切ったソーセージを爪楊枝にさして無料で配っている。あの試食には、ソーセージを実際に食べるハードルを低くするだけでなく、そもそもソーセージを買う気がなかった人を買う気にさせるという効果もある。

　飛行機のファーストクラスでは、試供品サイズの歯磨き粉などのアメニティがもらえる。ホテルに泊まるとシェービングクリームの試供品がタダでもらえる。こういったサービスもすべて同じ目的だ。歯磨き粉のブランドを変えようと思っていなくても、もらったサンプルを試しに使ったら、今度はこのブランドを買ってみようと思うかもしれない。[15]

　既存の顧客も、お試しで一役買ってくれることがある。数年前、あるマンションのブランド構築をしていたときのことだ。このマンションのことを広く知ってもらい、見学客を増やすにはどうすればいいのか？

　そのとき私たちは簡単な解決策を思いついた。現在の住人に、もっと訪問客を増やしてもらえばいいのではないだろうか？

大きなイベントを開いて無料で記念品を配ったり、食事を提供したりすれば、多くの見込み客を集め、実際に室内を見てもらうことができるだろう。販売員がモデルルームを案内するという方法もある。しかし実際の住み心地をいちばんよく知っているのは、すでに住んでいる人たちだ。

定額で子供の教育玩具を貸し出すキウイ・クレートも、同様のサービスを提供している。通常は1カ月に1つのおもちゃを貸し出しているのだが、売上げを伸ばすために「バースデー・ボックス」と呼ばれるプログラムを開始した。子供の誕生日パーティを開く家庭は、多くの子供が遊べるパーティ用の特別なおもちゃを入れた箱を受け取ることができる。

これで子供たちが楽しく遊べるだけでなく、このサービスを知らない親に実際に体験してもらう効果もある。あのパーティのおもちゃが楽しかったという思い出ができれば、将来の顧客になってくれる可能性も高くなるだろう。

取り消しを可能にする

不確実性を取り除く最後の方法は、取り消し可能にすることだ。

何年か前、私は犬が飼いたくなった。子供のころはいつも犬を飼っていて、犬のいる暮らしが懐かしくなったからだ。私は犬派を自認していて、よその犬と遊べるチャンスは絶対に逃さない。犬と一緒にすごす時間を増やすために、定期的にアニマルシェルターでボランティアをしていたほどだ。

こんな私がずっと犬を飼いたいと思っていたとしても、まったく不思議はないだろう。しかし実際に飼うことを考えるたびに、ある問題が持ち上がる。

「どの犬を選べばいいのだろう？　本当に世話をする時間はあるのだろうか？　旅行中はどうすればいい？」

このハードルが下がることはなかった。そのためいつも、今の状況では犬は飼えないという結論になる。

ところがある週末のディナーの後、ガールフレンドと私はたまたま地元のアニマルシェルターの横を通りかかった。フィラデルフィアズ・ストリート・テイルズ・アニマル・レスキューという名前の施設で、窓の向こうに生後8週間の子犬の姿が見える。まだ時間に余裕があったので、私たちは少し見ていくことにした。子犬はメスで、ピットブルの雑種だ。楽しそうに小屋の中を走り回り、私が抱き上げるとじゃれて指に噛みついた。とてもかわいかった。

だがその子犬を引き取るとなると、いつもの問題が浮かび上がる。世話をする時間はあるのか？　大きくなりすぎて今の部屋で飼えなくなったら？　とにかく不安ばかりで、飼えるという確信は持てなかった。

子犬を下に置き、外に向かって歩き出すと、ボランティアのスタッフから声をかけられた。「あの子が気に入ったみたいですね」と、彼女は言った。

「そうですね」と私は答えた。「でも、きちんと飼えるか自信がないんですよ」

「そうですか」と彼女は言った。「ちなみにうちの施設には、２週間のお試し期間があるんですよ」

２週間のお試し期間？

これは動物の引き取り手が、責任ある飼い主になれるかどうか**確認するための期間**だという。犬にきちんとした家を見つけてあげたいという施設の親心だ。最初の２週間のうちに、何らかの理由で飼えないと気づいた場合は、犬を施設に戻すことができる。

すると突然、犬をもらうことへのハードルがかなり低くなった。

ガールフレンドと私は書類に記入し、ドッグフードとケージを買うと、子犬を連れてシェルターを後にした。

あれから月日が流れ、ガールフレンドは私の妻になり、犬のゾーエは大切な家族の一員になっている。ゾーエがわが家にやってきたのは、ひとえにあの２週間のお試し期間のおかげだ。

2週間のお試し期間があったからといって、ゾーエの世話が楽になったわけではない。ペットフード、予防接種、ケージなど、子犬をきちんと育てるにはお金も労力もかかる。それに、初期費用が削減されたわけでもない。たとえ2週間でも、ペット用品はすべてそろえなければならないからだ。

しかし、不確実性を取り除くことにはたしかに貢献した。決断の取り消しが可能だったからだ。もし最悪、ゾーエがわが家を気に入らなかったら、またあの施設に戻すことができる。そのおかげで、そこまで気負うことなくゾーエを連れて帰ることができた。


小売店にとって、返品は大きな問題だ。年間で返品される商品は合計で2500億ドル以上にもなる。そのうち新品として再び店頭に並べられるのは半数にも満たない。さらに小売店にとっては、在庫管理の問題に加え、返品された商品を店頭に出せるもの、傷物として問屋に返すものに分類するという手間もある。

そこで当然ながら、小売店は返品の条件を厳しくする。

REIとLLビーンは、購入から何年たっても返品を受けつけるという社の方針を撤回してしまった。たいていの企業は、購入から30日以内という条件をつけている。期限を短くすれば、コスト削減と収益増加につながると考えているからだ。

たしかに直感的には、理にかなった方針に思える。返品までの期間が長くなるほど、返品された商品を再び売るのは難しくなるだろう。洋服は流行遅れになり、テクノロジーは時代遅れになる。返品期限を短くすれば、返品される商品が減り、それに返品された商品はまだ新しく、再び店頭に並べることができる。

しかしある研究によると、この考え方は短絡的だという。

2人のマーケティング研究者が、消費者を集めていくつかグループをつくり、グループごとに違う返品条件にするという実験を行った。[16] 条件が厳しいグループは、不良品か、配送の品違いしか返品できない。条件が緩いグループは、どんな商品でも買った日付に関係なく返品できる。

すると、意外な結果になった。条件が緩いほうが店の収益が上がったのだ。それも、ほんの少しの違いではない。実に20パーセントの上昇だ。

緩い条件によって増えたものは、返品だけではなかったからだ。売上げも増え、さらに好意的な口コミも増えた。つまりポジティブな影響が、返品による損失を補ってあまりあるということだ。この緩い返品基準を会社のすべての顧客に適用すると、収益の増加は年間1000万ドル以上にもなった。[17]

初期費用を削減するのと同じように、**買った後のコストを削減する**ことも、消費者に行動を促すきっかけになる。送料無料や、無料のお試し期間と同じように、返品条件を緩くすることにも消費者の態度を変える力がある。**新しいことに挑戦するハードルを低くしてくれる**からだ。どんなものでも無期限で返品できるとわかっていれば、購入というプロセスのリスクが軽減され、行動を起こすのが簡単になる。

ザッポスは商品を送るときの送料を無料にしただけではなく、返品するときの送料も無料にした。注文したものが気に入らなかったとしても、消費者が失うものは何もない。ただ買う前の状態に戻るだけだ。

返金保証や、成果報酬という契約も同じような働きをする。

「気に入らない？　それなら改善しましょう」ということだ。

弁護士の中には、訴訟に勝たなければ報酬を受け取らないと宣言している人もいる。航空券でさえも、購入から24時間以内であれば無料でキャンセルできることになっている。

こういった契約はすべて、**不確実性を取り除き、人に行動を促し、顧客の態度を「ノー」から「イエス」に変える効果がある。**[18]

心の慣性の法則を利用する

ここまでは挑戦へのハードルを下げて不確実性を取り除く方法を見てきたが、もう1つ大切な側面を指摘しておきたい。

第2章の「保有効果」に登場した、マグカップの研究を覚えているだろうか？　たとえ同じマグカップであっても、**売り手のほうが買い手よりも価値を高く評価する。**つまり一度何かを自分のものにすると、それに愛着を覚え、手放すのを嫌うということだ。

そしてお試し期間には、保有効果が機能するという側面もある。お試しのつもりで手に入れたものにも愛着がわき、手放したくなくなるのだ。ある製品を試そうか迷っているとき、あなたにとってその製品は「入手」の対象だ。コストや労力をかけてまで、入手する価値があるかどうかを考える。

しかし実際にその製品を試した後では、違う問題に直面する。

5ドル払って読む価値のある雑誌かどうかで悩むのではなく、5ドル払ってこのまま読み続ける価値があるかどうかで悩むのだ。そして市場価格を払ってまで何かを手に入れたくないと思う人がいる一方で、それと同じものをずっと持っているためなら、市場価格を払ってもかまわないと思う人もたくさんいる。

このようにお試し期間を体験することで、人はマグカップの買い手からマグカップの売り手に変化する。「何かを手に入れるためにいくら払うか」という問題が、**「どんな補償があればこれを手放すか」**という問題に変わる。

そして保有効果によると、後者のほうが高額になるので、たいていの人はお金を払ってそのまま持ち続けることを選ぶのだ。

保有効果で考えると、**返品までの期限を長くすると返品率が下がる理由**が理解できるだろう[19]。返品期限を90日にするほうが、30日にするよりも実際に返品される確率が低くなる。長く持っていると愛着がわき、所有しているという意識が強まり、手放すのが困難になるからだ。

試用を促すような行動には慣性の法則を逆に利用する働きもある。 1足の靴を注文する前であれば、慣性とはすでに持っている靴でいいという態度のことだ。売っている靴の種類はそれこそ無数にあるので、選ぶのが面倒だからこのままでいいと思ってしまう。

だがそこに「送料無料」や「返品自由」の要素が加わると、慣性の法則を打ち破り、実際に注文するという行動を起こすきっかけになる。そうなると、次に問題になるのは、お金や労力をかけてまで新しい靴を買う価値はあるのかということではなく、**届いた靴をわざわざ労力をかけて返品する価値はあるのか**ということだ。

靴が届いてしまうと、また箱に詰めて返品票に記入し、店に送り返すのはけっこうな手間だ。さらに、それに代わる違う靴を探すとなると、また無数の選択肢の中から選ばなければならない。

靴それ自体に変化はないが、その靴を保持するという以外の選択肢がとたんにすべて面倒に思えてくる。**慣性の法則はここでも健在だ**。しかしこの場合の現状維持は、新しい靴をそのまま持っていることになる。[※17]

簡単に試せるものは買う可能性も高くなる

「ネオフォビア」とは、**新しいものを恐れる心理を表す言葉**だ。動物であれば、ネオフォビアは見慣れないものや状況を避ける態度になる。子供が初めての食べ物をイヤがるのもネオフォビアだ。

ほとんどの人は病的なレベルではないにしても、ある程度のネオフォビアの傾向は備えている。すでにしていること、慣れ親しんだことに比べると、新しいものはどうしても嫌ったり、過小評価してしまったりしがちだ。

ネオフォビアが起こる理由の一部も、不確実性で説明できる。

つまり、**試用は変化を起こす強力な触媒になる**ということだ。

そこでどんな戦略を使うかは、変えたい相手が誰なのか、その人が意思決定のどの段階で足踏みしているのか、という要素で決まる。

興味はあるが、確信は持てないという人が相手なら、**入口のハードルを下げる戦略が有効**だ。ドロップボックスのようにまず無料バージョンを試してもらい、有料バージョンにアップグレードしてくれることを期待する。ザッポスや自動車ディーラーは、送料無料や試乗などのサービスで入口のハードルを下げている。

あるいは、**出口のハードルを下げるという戦略もある**。たとえば私が子犬を引き取ったアニマルシェルターは、お試し期間でうまくいかなかったら返せるというオプションを提供していた。お試し期間と返品自由を組み合わせると、人々はもっと気軽に新しいものに挑戦できるようになる。たとえ最悪のケースでも、返品して最初の状態に戻るだけだとわかっているからだ。

しかし、存在していることすら知られていないケース、あるいは知っていても自分には関係ないと思われているケースでは、**発見を後押しするというテクニック**が役に立つ。

アキュラやキウイ・クレートのように、製品を人々のところに直接届けたり、顧客の社会的なつながりを活用したりする。

以上のようなテクニックは、すべて**「一時停止を解除する」という働きをする**。行動を起こし、普通なら無視していたような新しいものに挑戦してもらうきっかけになる。

ここまでは、いつもと違う製品やサービスに変えてもらうという例を見てきたが、誰かの思想やライフスタイルを変える場合でも、同じテクニックを使うことができる。

たとえば、ベジタリアンという生き方について考えてみよう。肉を一切食べないというのは大きな変化だ。ベーコンや、肉汁たっぷりのステーキが大好きな人なら、ベジタリアン生活はさぞつらいに違いない。

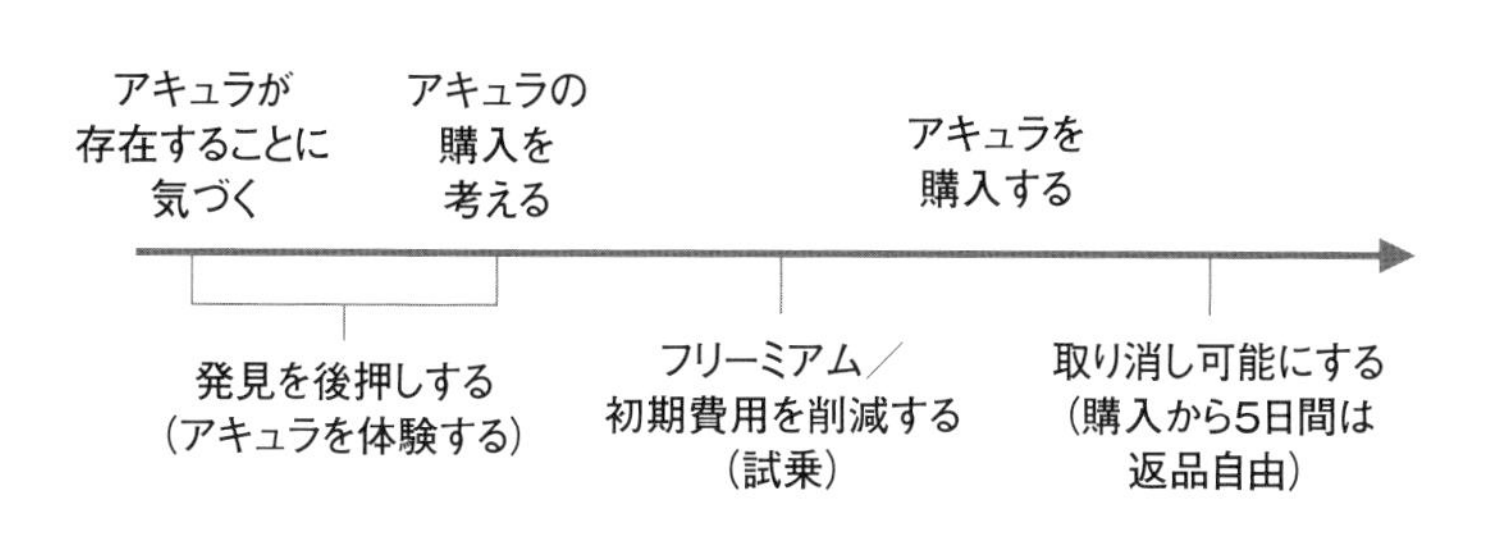

しかし、たとえば「ミートレスマンデー」という運動のように、月曜だけ肉を食べないようにするなら、今すぐにでも挑戦できそうだ。最初から完全に肉を断つのではなく、まずは1週間に1日だけ肉を食べるのをやめて、どんな感じか体験してみる。

その結果、もしかしたら思っていたよりもつらくないという発見があるかもしれない。

潜在顧客やクライアントに、新しい製品やサービスを買ってもらいたい？　どうすれば彼らに気軽に試してもらえるだろう？　お金、時間、労力をかけることなく、その製品やサービスを体験してもらうにはどうすればいいのか？　製品やサービスのよさや便利さをわかってもらうには？

その答えは、**まず少しだけ体験してもらうこと**だ。もし気に入ったら、次は向こうからもっと求めてくるだろう。

ケーススタディ4 「上司の考え」を変える方法

不確実性を取り除くテクニックが実際に活用される現場を見たいなら、すばらしいアイデアが日常的に厚い壁に阻まれている場所を訪れるのがいちばんだ。その場所とは、オフィスである。

新プロジェクトは暗礁に乗り上げていた。会議室を後にしたヤツェク・ノヴァクの頭の中では、同僚たちの言葉がいつまでも響いていた。

「これのどこに意味があるんだ？」と、1人の同僚は言った。「こんなものは時間の無駄だ」と、また別の同僚が言った。

苦労してプログラムを導入したところで、顧客は何とも思わないかもしれない。クライアントにこの苦労を理解してもらえないかもしれない。今のままでも特に問題はないのだから、わざわざ変える必要はないではないか？

ヤツェクは銀行業界で働いてもう10年以上になる。最初の仕事はカスタマーサービスだった。支店に勤務しながら、さまざまな手続きで顧客の相談に乗る。そこからキャリアを積み重ね、今の地位に就いた。ワークショップを開催し、トレーニング・プログラムを組織し、採用プロセスの作成にも尽力している。

現在のヤツェクは、自分で新人をトレーニングするのではなく、トレーナーたちを管理するリーダーだ。正式な肩書きはサンタンデル銀行の支店長だが、複数の支店のカスタマーサービスを統括する立場でもある。彼の仕事は、カスタマーサービスの担当者をきちんと育て、顧客にできるかぎり最高の体験を提供することだ。

しかし、最近行われたミステリー・ショッパー・リサーチ（覆面調査員による接客態度などの調査）は残念な結果だった。具体的な問題があるわけではない。全体的に見れば顧客サービスの水準は高い。しかし、何かが足りなかった。

ほとんどの従業員はこの銀行で長く働いていて、商品や手続きを熟知している。だが同じことのくり返しが何年も続くと、どうしても仕事が機械的になる。

顧客に笑顔を向けているが、ただマニュアル通りにやっているだけだ。本物の笑顔ではない。顧客が部屋に入ってきたときもマニュアル通りに立ち上がるが、すぐに座ってしまい、誠意が感じられない。

たしかに基準は満たしている。基準以上の働きをしているところもある。だが詳しく観察すると、心配なパターンが見えてくる。販売、大口ローン、保険、長期ローンといった主要な評価基準は、どれも目標を下回っていた。口座を解約し、ライバル銀行に移る顧客があまりにも多すぎる。顧客はおおむね満足していたが、本当のニーズを相談するほど行員を信用していなかった。

変化が必要だということは、ヤツェクにもわかっていた。顧客体験を向上させなければならない。顧客との関係を深めたかった。行員を単なるセールスパーソンと見るのではなく、信頼して何でも相談してもらいたかった。

ヤツェクは他の業界にも目を向け、うまくいっている方法を研究した。

どうやらカスタマーサービスで成功するには、「驚き」と「喜び」という要素が欠かせないようだ。ちょっとした贈り物や行動で顧客を驚かせ、自分は大切にされていると実感してもらう。たとえば高級ホテルでは、宿泊客がやってくると名前で呼びかけ、部屋にはお客のいちばん好きな飲み物を用意しておくという。

これと同じようなことを、銀行でもやってみればいいのではないだろうか。顧客の誕生日にカードを送る、来店したら名前で呼びかける、大切な記念日や人生の節目にお祝いを贈る、といったことだ。顧客との関係を強化し、絆を深め、さらに従業員の士気も高めるような新しい試みだ。

しかし、上司も、同僚も、上層部も、ほとんどがヤツェクの提案に反対した。銀行という業界はかなり保守的だ。行員はみなきちんとスーツを着て、大きな木製のデスクに向かって仕事をする。20年前とほとんど変わらない。興味の対象はもっぱら金利や当座預金であり、顧客体験や従業員エンゲージメントといわれてもよくわからないのが現状だ。

顧客に手書きのバースデーカードを贈る？　銀行の幹部には馴染みのない話だ。うまくいくわけがないと彼らは主張する。それに支店の従業員たちも、今までずっと型通りの接客をしてきた。今さらそれを変えたいとは思わない。

現状でも十分にうまくいっているのだから、わざわざ変える必要などないではないか。彼らにとっては、変化はすべて脅威だった。

ヤツェクはもっと情報を与えようとした。顧客の意識調査についてのデータを見せ、顧客が本当に求めているものや、意思決定でもっとも重視するのはお金ではないということを伝えた。顧客体験を専門にする外部のコンサルタントまで雇い、最新のツールやアプローチについても話してもらった。

だが、それでも反対意見ばかりだった。ヤツェクの上司は、銀行は他の業界とは違うと言う。顧客が求めているのは迅速で効果的なサービスであり、個人的な人間関係ではない。セールスはセールスだ。他の業界ではうまくいくのかもしれないが、銀行は違う。うちには必要ない。

多くの人が、上司からこのような態度で反対されたことがあるだろう。先のことはわからないけれど、今は必要ない。他の業界なら効果があるのかもしれないが、うちは違う。まるで上司は、「ノー」というようにプログラムされているかのようだ。

たしかに彼らは忙しいが、理由はそれだけではない。彼らの中にはある明確な目標があり、そこから逸脱することには興味がない。出世するためには、波風を起こさないのがいちばんだと考えている。現状から逸脱するものは、すべて不必要なリスクだ。

ヤツェクには、周りの人々の協力が必要だった。上司を納得させ、部下を納得させ、この新しい試みを成功させなければならない。自分が提案するプログラムは、彼らにとって未知の世界だ。この不確実性という要素を取り除く方法を見つけなければならない。

しかし説得に力が入るほど、相手からの反発も強くなる。プログラムに反対する声はますます大きくなっていった。ヤツェクはすっかり意気消沈していた。それでも、最後にもう一度だけ挑戦することにした。

小さなチームで働いていると、メンバー一人ひとりについてよく知るようになる。それに加えて、上司や経営幹部の人となりもよくわかってきた。誕生日や結婚記念日はもちろん、一度でいいから行きたい旅行先や、いつからこの銀行で働いているかといった個人的な情報まで手に入る。好きな食べ物というような気軽な情報もあれば、家族の病気や個人的な悩みなどの深刻な情報もある。

そこでヤツェクは、これらの情報を使って職場の人たちにサプライズをプレゼントすることにした。ある支店では、支店長の誕生日に合わせて街全体を舞台にした宝探しを企画した。登山が趣味で、かなり難しい山に登ることになっていた2人の従業員には、毛糸の帽子をプレゼントした。

またある経営幹部には、勤続10年を記念して手書きのカードを贈った。そのカードには「あなたがこの銀行にやってきてから3650日がたちました。つまり私たちは、あなたの心からのスマイルを最低でも525万6000回も見るチャンスがあったということです。あの笑顔がなければ、ここで働く喜びは半分になっていたでしょう。どうもありがとう」と書かれていた。

特別なギフトをもらった人もいれば、温かいサポートを受けた人もいた。ヤツェクのモットーはつねに相手のことを考え、その人のためだけのサプライズを用意することだ。

ある従業員の息子が交通事故に遭ったときは、ヤツェクのチームでフェイスブックのグループをつくって治療費のカンパを募った。数時間のうちにメンバーが数千人にまで増え、治療に必要な額はすぐに集まった。

大型テレビがもらえれば誰でもうれしいだろう。これは簡単にできる贈り物だ。

一方で、ほんの少しの言葉でも、本当にその人のことを思って書かれたものであれば、何よりも相手の心に響く贈り物になる。受け取った人は言葉を失う。みな驚き、そして多くの人は心から感激した。自分のためにここまでしてくれたことに感動した。

数週間後、経営幹部の定例ミーティングに出席したヤツェクは冒頭でこう尋ねた。

「思いやりのこもった贈り物を受け取ったとき、みなさんはどんな気分がしましたか？」

答えははっきりしていた。誰もが温かい心遣いに感激していた。

そこでヤツェクのチームがプレゼンテーションを始めた。感情の大切さを強調し、新しい顧客体験を構築する新プログラムを提案したのだ。

今度ばかりは、もう誰も「そんなものに意味はない」とは言わなかった。なぜなら部屋にいる全員が、すでに意味があることを実感していたからだ。

そして数年がたち、ヤツェクのプログラムはまだ続いていた。顧客の誕生日や結婚記念日を祝うだけでなく、普段から顧客の心に寄り添うことを心がける。それぞれの顧客独自のニーズを見つけ、そのニーズに合った解決策を提案する。

プログラムがあまりにもうまくいったので、銀行は新しい顧客体験チームをつくり、ヤツェクをそのマネジャーに任命した。しかしそれよりも大切なのは、ヤツェクが消滅寸前だったプロジェクトを救済し、見事に大成功に導いたことだ。上司はヤツェクに説得され、最初は信じていなかったものを、最終的には全面的に支持するようになった。

ヤツェクが説得に使ったテクニックは、顧客体験の重要性を説明することではない。彼はまず、不確実性を取り除いた。多くの事実や数字を並べるのではなく、変化の結果を経営陣に実際に体験させた。挑戦へのハードルを下げ、ヤツェクが提案していることを彼らに試してもらった。

その過程で、ヤツェクはほとんど不可能だと思われていたことを達成した。上司の考えを変えたのだ。

ここまでは、**心理的リアクタンス**、**保有効果**、**心理的距離**、そして**不確実性**という、**変化を妨げる4つの要素への対処法**を見てきた。次は、最後の5つ目の要素について見ていこう。それは、**「証拠が足りない」**という状況だ。

【※13】リスク回避の傾向は、何かを手に入れるチャンスがあるときに特に強くなる。反対に何かを失う可能性があるときは、むしろリスクのほうが好まれる。少額のお金を確実に失うよりは、それより多額のお金を失うかもしれないが、何も失わない可能性もあるギャンブルのほうを選ぶのだ。

【※14】フリーミアムには、いわゆるスイッチング・コストを利用するという側面もある。たとえばドロップボックスの場合、初期設定をして手持ちのファイルや画像をアップロードすると、もう他のサービスに乗り換えるのが面倒になる。たとえ他のサービスが2倍の無料ストレージを提供していても、わざわざ切り替える人は多くない。その点で、フリーミアムは「剃刀の刃モデル」と呼ばれる価格設定モデルに似ているかもしれない。これは、剃刀本体を無料で配るか、あるいは低価格で販売して顧客を確保し、その後は替え刃を売って収益を上げるというしくみだ。剃刀本体にセットできる刃はメーカーによって違うので、本体を持っている顧客を囲い込むことができる。剃刀本体がフリー（または低価格）で、剃刀の刃がプレミアムというわけだ。ジレット創業者のキング・キャンプ・ジレットは、「剃刀を配り、刃を売れ」という有名な言葉を残している。ハードウェアとソフトウェアの組み合わせも同じようなしくみだ。ゲーム機本体を、時には赤字が出るほどの低価格で販売し、そのゲーム機でしかプレーできないゲームソフトの販売で十分な収益を上げることを期待している。

【※15】フリーミアムがもっともうまく機能するのは、お金を払う必要があることをユーザー自身が納得したときだ。ストレージ容量はわかりやすい例だろう。「クラウド」という表現を使うとデータがただ空中に浮いているような印象を与えるが、たいていのユーザーは、データがどこかのサーバーに保存されていて、サーバーの維持管理にはお金がかかるということを理解している。貸倉庫に荷物を預けるとお金がかかるのと同じことだ。一方で追加機能のほうはお金がかかることを納得してもらうのは難しいので、サービスの価値をきちんと説明することが重要になる。

[※16] 大きなものを小さく分割するというテクニックも役に立つ。たとえばスポーツジムは、続けるかどうかわからない人は最初から1年契約をすることに抵抗を覚えると想定し、1カ月ごとに会費をもらうシステムにしたりする。あるいは、インドの地方でビジネスを展開しようと考えている多国籍企業は、金銭的に余裕のない住民でも購入できるように、最初は通常よりも小さなサイズにして提供する。たとえば通常は700㎖入りのシャンプーを、10㎖入りにして5ルピー(約7セント)で販売する。小さな容器(サシェ)に小分けにして販売するモデルは「サシェ革命」と呼ばれ、消費者がさまざまな商品を少しずつ試すのを可能にした。現在はほぼすべての消耗品がこのモデルを採用している。

[※17] 試用には、決断のあり方を「比較」から「個別評価」に変えるという目に見えない働きもある。どの製品を買うか、どのサービスを使うかと迷っているとき、あなたの頭はさまざまな製品やサービスを比較するモードに入っている。いろいろある中で、どれがいちばんいいだろう? 複数の選択肢を比較し、それぞれのプラスとマイナスを考慮し、プラスがいちばん大きいものを選ぶ。複数ある中でいちばんいいものを選ぶという態度だ。しかし、一度何かを体験すると、比較のプロセスはいったん保留となることが多い。いちばんいいものを積極的に探そうとするのではなく、目の前にあるものがいいか悪いかを評価するほうに注力する。ある一定の基準を満たしているかどうか吟味する。

そして、その個別の評価をしている間は、他にもっといいものを探す努力は放棄されることが多い。たとえばすでに靴を注文したのなら、他のサイトを見て比較するのをやめて、届いた靴に満足できるかどうかの評価のほうに集中する。他の場所でその靴よりいい靴を探すのではなく、目の前のその靴のことだけを考える。その結果、その靴をずっと持っていると決断する可能性が高くなるのだ。

シングルでいるか、あるいは1人の特定の人物と付き合うかという問題で考えてみよう。シングルのときは、理想の人を積極的に探す。いろいろな人とデートして、それぞれを比較し、いいところと悪いところを考える。そして一般的に探している期間が長くなるほど、相手に求める資質も多くなる傾向がある。これでは誰もあなたのお眼鏡にかなうことができず、結局あなたはシングルでいる確率が高くなる。

一方で付き合っている相手がいる場合は、考えることや決めることがシングルのときとは違ってくる。つねに他の選択肢にも目を向けて「もっといい人がいるかもしれない」と悩むのではなく、あなたの意識は目の前にいる人物だけに向けられている。そして相手に不満がないかぎり、その人と付き合い続けるだろう。

第 5 章

補強証拠

証拠を重ねて相手の心を動かす方法

THE CATALYST

子供のころのフィルは、自分が将来ドラッグとアルコールのカウンセリングを専門とする会社を始めるとは思ってもいなかった。それに自分がヘロイン依存症になるなんて、想像もしていなかっただろう。

フィルは誰が見ても順調な人生を送っていた。大学で金融を学び、卒業するとフォーチュン500に入る中西部の通信会社で働き始めた。仕事で大きな業績を上げると、今度は「ビッグファイブ」と呼ばれる大手会計事務所の1つに転職した。転職先でも順調そのものだった。

しかし、フィルには裏の顔があった。典型的な「ファンクショニング依存症」(日常生活が問題なく機能している依存症)だったのだ。19歳のとき、友達からバイコディンを2錠もらった。これはオピオイド系の鎮痛薬だ。

飲んだときの感覚が気に入り、さらにたくさん飲むようになった。友達から余りをもらったり、偽の処方箋を書いて薬局で買ったりした。薬を探して他人の家の戸棚をあさったことまである。

自分ではすぐにやめられると思っていた。大学に入ってビジネスの勉強を始めたらやめる――そう自分と約束し、そして大学生になると本当にやめた。一切手を出さなかった。

そうやって「自分は大丈夫だ」ということを、自分に向かって証明してみせた。

すべては順調だった。しかしその数年後、誰かから卒業祝いに薬をいくつかもらうと、フィルは飲むという選択をした。

最初のうちはときどき飲むだけだった。しかしすぐに危険なレベルに突入する。毎日飲むようになり、そして飲んでいることを隠すためにあらゆることをした。偽の処方箋を書いて薬を手に入れていたが、普段はそんなことをおくびにも出さなかった。

家族は知っていたが、依存症というほどひどくないと考えていた。彼らの考える依存症患者とは、仕事をせず、薬のために盗みをするような人たちだ。フィルには仕事があるのだから、いずれ薬はやめるだろう。いい女性と出会って結婚でもすれば、きっと落ち着くはずだ。


しかしフィルは、処方箋偽造の罪で逮捕された。

仕事を失い、家に帰ってきた。ヘロインに手を出したのはそのときだ。

そうなると、フィルの人生は一気に奈落の底へ落ちていった。再び逮捕され、90日間を刑務所ですごした。ドラッグを買うために盗みを働くようになった。友人や家族の財布から お金を盗み、さらに盗んだものを地元の質屋に持っていってお金に換えた。

家族はなんとかしてフィルを変えようとした。父親は怒鳴りつけ、母親は泣いた。お願いだからやめてくれと懇願し、そして家を追い出すと脅した。近くのリハビリセンターに片っ端から送り込んだ。州政府が提供するプログラムにも参加した。全部で19だ。しかしどれも効果はなかった。

フィルはいつも、家族を言いくるめて家に帰ることに成功した。今度こそやめると信じさせた。両親との間に契約書を交わし、生まれ変わると約束したこともある。しかしその結果は、ウソをつくのがうまくなっただけだった。

フィルの家族は、思いつくかぎりのことはすべてした。どん底に落ちるまで待ったことさえある。しかしそんな家族の努力もむなしく、フィルはドラッグをやめなかった。そしてこの期におよんでも、まだ自分はいつでもやめられると思っていた。

心を動かしやすい態度と動かしにくい態度

依存症カウンセラーがどのように患者を変えるかを理解するには、まずドラッグやアルコールとは関係のない世界から見ていく必要がある。それは、行動科学という学問であり、中でも特に大切なのは「**弱い態度**」と「**強い態度**」という考え方だ。

あなたは「ジュヴァラム」という言葉に対してどんな感情を持つだろう？

または、「チャカカ」では？

もしかしたら、この2つなら「ジュヴァラム」のほうが好きだと感じたかもしれないし（ほとんどの人がそう感じる）、あるいは「チャカカ」かもしれない。

しかしここで重要なのは、どちらにも強い感情は抱かないということだ。

こういった**意味のない言葉への反応が、「弱い態度」の典型**だ。好き嫌いや、意見はあるかもしれないが、別にそこまでの思い入れはない。そういった態度は、比較的**簡単に変えることができる**。

たとえばここで、「ジュヴァラム」は政敵を皆殺しにした独裁者の名前だという情報を与えられたらどうだろう？　もうこの言葉が好きだという気持ちはなくなるはずだ。

このように、弱い態度であればたった1つの情報だけで考えを変えることができる。

あなたは松の木についてどう思うだろう？　素数については？　フォントはセリフ体とサンセリフ体のどちらが好き？

ほとんどの人にとって、これらはみな弱い態度の対象だ。意見はあるかもしれないが、自分にとって特に重要ではなく、比較的簡単に意見を変えられる。

それと対照的なのが、支持する政党や、いちばん好きなスポーツチーム、いちばん好きなビールのブランドなどだ。あるいは、人工妊娠中絶に対する態度でもいい。

これが「強い態度」だ。**自分が深く関わっていること、好き嫌いがはっきりしていること、自分の中で善悪の判断がはっきりしていることなどが、強い態度の対象になる。**個人的な意見で片づけることができず、正解と間違いがはっきりしている。

そして当然ながら、**強い態度を変えるほうがはるかに難しい**。

たとえば、大好きなセレブが人種差別的な発言をしたというニュースを見たとしよう。あなたはまずどう反応するだろう？　信じられないと感じるか、あるいは何かの間違いだと感じるかもしれない。あの人がレイシストだなんて、そんなことはありえない。

これは、「ジュヴァラム」が独裁者の名前だと教えられるのとはわけが違う。説得されたくないという拒否反応が全開となり、自分の思い込みをなんとしても守ろうとする。「あの人はレイシストだったのか」と考えを変えるのではなく、自分の思い込みが正しく、情報のほうが間違っていると考える。

本当にひどい頭痛には、いつもより強い薬が必要だ。それと同じように、ある種の話題、製品、態度に関しては、強い力がないと相手の考えを変えることができない。さらに多くの決定的な証拠が必要になる。

仲のいい友達からおもしろいサイトをすすめられたら、それだけで見てみようという気になるだろう。友達の意見は信用しているし、それにサイトを見るぐらいは特に手間ではない。そのため、友達のおすすめは行動を促す力になる。

しかし、自宅にソーラーパネルを設置する場合はどうだろう。あるいは収入格差に抗議する運動に参加する、リスクの高い治療法を試す、すべての買い物をオンラインですませる場合は？　友達にすすめられただけで、ここまでの変化を起こすことはできるだろうか？　おそらくできないだろう。

組織が新しい社員教育プログラムを導入する、リーダーが新しい経営戦略を検討するという場合も同じだ。他の組織が同じことを始めたという情報は、たしかにある程度の後押しにはなるかもしれないが、行動を起こさせるほどの力はない。

強い態度を変えるには、**通常よりも強い力が必要**になる。より多くの情報、より多くの体験、より多くの確信を与えなければならない。つまり、**もっと証拠が必要**だということだ。

強い態度を変えるのは、シーソーで反対側に乗っているものを持ち上げるのに似ているといえるかもしれない。

シーソーの反対側に乗っているのが相手の思い込みであり、こちら側に証拠を積み上げることで、反対側を持ち上げる。そのために必要な証拠の重さは、反対側の思い込みの重さで決まる。

思い込みが小石程度の重さだったら、こちらの重さもそんなに必要ない。証拠をいくつか見せるだけですぐに持ち上がるだろう。これで変化を起こすことができる。

しかし、思い込みが巨岩のように重かったら、持ち上げるのにかなりの努力が必要だ。より多くの証拠が必要になる。

人の話を信用しない「翻訳の問題」

目の前に巨岩があると、たいていの人は力いっぱい押して動かそうとする。「こうするのが正しいのだ」と主張し、なんとかして納得してもらおうと説得する。昔からいわれているように、「一度でうまくいかなければ何度でもやれ」ということだ。

あなたは豪華なバカンスに行きたいのに、配偶者が興味を持ってくれない？ それなら豪華なバカンスの魅力をさまざまな角度からアピールすればいい。クライアントが契約するかどうかまだ迷っている？ それなら1週間以内にまた電話しよう。

もちろんこういった押しの強さが功を奏することもあるが、いつもではない。

広告研究によると、広告に触れる回数が多いほど、行動を起こす確率も上がることがわかっている。[1] 最初に見たときは気に留めないかもしれないが、二度目、三度目、さらには四度目ともなると、それについての情報が集まり、試しに買ってみようという気になるという。

しかしあまりにも回数が多いと、かえって逆効果になることもある。見飽きたコマーシャルがテレビから流れるたびに、実際に部屋を出たことがある人ならよくわかるだろう。同じ話を何度も聞くのは退屈で、イライラし、うんざりさせられる。何を言われるかはもうわかっているので、頭から閉め出してしまうのだ。

そこで説得するほうは、話のバリエーションを増やすことでこの問題を解決しようとする。たとえばあるコマーシャルでは1つの機能を紹介し、別のコマーシャルでは別の機能を紹介する。セールスパーソンなら、最初の電話で1つの利点を説明し、二度目の電話で別の利点を説明する。

だが残念ながら、このテクニックは失敗に終わることが多い。セールスパーソンとしては、提供するものをより魅力的に見せているつもりかもしれないが、聞き手にとっては同じ話を何度も聞かされているのと同じことだ。

自分を変えさせようとする説得だととらえ、反射的に抵抗する。最初の話で納得できなかったら、二度目以降は拒否反応がさらに強くなっていく。

しかし、何度もくり返すことに意味がない理由は他にもある。これはわかりにくい分、やっかいな問題だ。それは「**翻訳の問題**」と呼ばれる。

月曜の朝、同僚の1人から、週末にとてもおもしろいドラマを見たという話を聞いたとしよう。セリフがリアルで、筋書きがよくできていて、役者の演技も最高だ。とにかくすごくおもしろいから、あなたもきっと気に入るはずだとすすめられる。

この同僚の行動は、シーソーに小石を乗せた程度だ。あなたが実際に見るかどうかは、テレビドラマに対するあなたの態度や、同僚が提供する証拠の量で決まる。あなたがテレビドラマに特に思い入れがなく、どんなジャンルのドラマも気軽に見るタイプなら、証拠が少なくても見てみようという気になるかもしれない。

あなたのドラマに対する思い入れが小石程度なので、同僚が乗せた小石でもシーソーはすぐに動く。しかし、ドラマに対する態度が巨岩だったら、同僚のおすすめを考慮はするが、それだけで見ようとは思わない。シーソーが動かない状態だ。

そして木曜日になり、ドラマの新しい回を見た同僚がまたあなたに報告した。

「第2話も最高だったよ！」と、その同僚は興奮している。「次の回が待ちきれない！」

この興奮は無意味ではない。なぜなら、たとえ第1話がおもしろくても、第2話が大コケする可能性はあるからだ。連続ドラマは第1話が勝負なので、たいていいちばん力が入っている。それにたとえ筋書きがよくできていても、おもしろいドラマになるとはかぎらない。だから同僚が第2話も気に入ったのなら、それはこのドラマが本当におもしろいという有力な証拠になる。

とはいえ「同僚が第2話も気に入った」という情報は、追加の情報としての価値は大きくない。あなたはすでに、同僚がそのドラマを好きだということを知っている。だから第2話も気に入ったのは、特に驚くような情報ではない。最初の会話で見ようという気にならなかったのなら、二度目の会話でも同じ結果になるだろう。

なぜなら**誰かが何かを推薦するとき、そこにはつねに翻訳の問題があるから**だ。パズルと呼んでもいい。

同僚の「あのドラマは最高だ」という言葉には、いろいろな解釈が考えられる。

本当に最高なのかもしれないし、あるいは同僚が単にドラマ好きで何でも「最高」と言うのかもしれない。コメディドラマなら何でも好きなのかもしれないし、女性が主役のドラマは何でも好きなのかもしれない。

他人から何かを推薦されると、私たちはその意味を考えようとする。**推薦の裏にある真実を突き止めようとする**のだ。推薦されているものが本当にすばらしいのか？　それとも推薦者に何らかの意図があるのだろうか？

同僚が本当におもしろいと思ってすすめてきているのだとしても、まだ問題はある。同僚が気に入ったからといって、はたして自分は気に入るのだろうか？

影響力は信頼性だけでは決まらない。相性や好みの問題もある。推薦者はたしかにその分野に詳しいのかもしれないが、好みは人によって違う。コメディドラマが好きな人もいれば、逆に大嫌いだという人もいる。ラブコメが大好きな人もいれば、あんなものは見るに堪えないという人もいる。

他人から何かをすすめられたとき、または他人が何かを楽しんでいるのを見たとき、私たちは「**それは自分にとって何を意味するのか**」と考える。これが「**翻訳**」だ。推薦者の意見はどこまで信頼できるのだろう？　自分も好きになれそうなものだろうか？

ドラマをすすめてきた同僚がもう1人の自分であれば、何も問題は起こらない。ここでいう「もう1人の自分」とは、一卵性の双子ではなく、文字通りもう1人のあなただ。

好みが同じで、同じものを好きになり、同じものを嫌う。同じ欲求を持ち、同じ心配事があり、価値観も同じだ。

もう1人の自分が好きなったドラマなら、きっと自分も好きになるだろう。もう1人の自分が自宅にソーラーパネルを設置して、結果に満足しているなら、自分もきっと満足するだろう。なぜならもう1人の自分がドラマを好きになり、ソーラーパネルを設置してよかったと思っているなら、おそらく自分も同じように感じるからだ。

しかし、現実には「もう1人の自分」など存在しない。

そこで他人から何かをすすめられた場合には、自分に置き換えて推論する必要がある。他の誰かが気に入ったという事実は、自分も気に入るかどうかということにどれくらい影響を与えるだろう？　他の組織でうまくいったという事実は、うちの組織でもうまくいくと考える根拠になるだろうか？

この**翻訳の問題はすべての物事で起こるわけではない**。

試合の最終スコアや選挙の結果という情報なら、解釈の入り込む余地はない。情報提供者が誰であれ、情報の中身は同じだ。その人が誰なのかとか、どんな好みなのかということとは無関係だ。最終スコアは最終スコアであり、当選者は当選者だ。客観的な事実であり、好みや相性は関係ない。

しかし、**情報によって相手の考えを変えようとするときは翻訳が問題になる**。

すべての人が同じものを好むわけでもなく、同じものを信じるわけでもない。ある人や組織でうまくいったからといって、他の人や組織でもうまくいくとはかぎらない。ここで扱うものには、主観的な解釈がからんでくる。

それでは、翻訳の問題を解決するにはどうすればいいのだろうか?

依存症を克服するには

2005年のメモリアルデー(戦没者を追悼する祝日。5月の最終月曜日)の朝、フィルはベッドから這い出すと外に出かけた。ハイになるためだ。

そして正午ごろ、ヘロインが効いたぼんやりした頭で家に戻ると、両親をはじめ家族全員がリビングに座っていた。弟、姉妹、それに近所の人まで来ている。誰もがフィルと特別に親しい人たちだ。全部で12人いる。

その中に知らない顔が2人いた。1人はインターベンション・カウンセラーだった。フィルは怒りを覚えた。裏切られたと感じた。そのまま家を出ていこうかと思ったほどだ。しかし、そのとき家族が彼に語りかけた。一人ひとりが、フィルに宛てて書いた手紙を読み上げた。フィルを心から愛し、気にかけているということ。そして今は、彼の行動にひどく傷ついているということ。

そうやって手紙を読まれると、耳を傾けないわけにはいかなかった。どれも真心のこもった言葉で、とても力強いメッセージを送ってくる。彼らはフィルを愛している。そして悲しんでいる。昔のフィルに戻ってきてもらいたいと心から思っている。

フィルにとっては家族がすべてだった。その大切な家族を、今の自分は引き裂いてしまっている。フィルのせいで両親が口論し、フィルがいると弟は家に帰ってこない。

ドラッグやアルコールの依存症になりたいのなら、私たちは止めはしないと彼らは言った。でもハイになりたいのなら、わが家以外の場所でやってもらいたい。とにかく家の中でドラッグをやるのは、もうやめてもらいたい。

フィルは大柄な男性だった。そのため両親は、フィルが暴れて全員に暴力を振るうことを心配していた。母親はフィルがリハビリに戻ることは絶対にないと言う。フィルほど頑固な人間はいないからだ。カウンセラーがフィルの母親から聞いた言い訳は、1カ月の間に会った50人の依存症患者から聞いた言い訳の合計よりも多かった。

フィルは治療を受ける必要はなかった。ドラッグをやり続け、そして盗みでも何でも、依存症患者がやりがちな悪事をずっと続けることもできた。誰もリハビリに行くことを強制しなかった。

しかし、リビングに集まった人たちの姿にはインパクトがあった。誰もが口をそろえて同じことを言ったために、フィルもついにわが身をふり返った。自分の行動が周りの人たちを苦しめていたことを、やっと思い知ることができた。自分は家族を傷つけていた。そして自分は、ドラッグ依存症なのだ。

フィルの母親はそれまでに何度も息子を変えようと説得したが、今回は違った。フィルはがっくりとうなだれると、助けを求めた。

インターベンション（介入）とは、生活習慣や行動を変えるために短時間で行うカウンセリングのことだ。依存症の治療では、最後の砦のような役割を果たす。インターベンション・カウンセラーが担当するのは、本当に難しいケースだけだ。他に手段がなくなると、そこでついにインターベンション・カウンセラーの出番になる。

人の態度を変えるのが簡単であれば、そもそもインターベンション・カウンセラーは呼ばれていない。患者もそれまでに、周りから何度もやめるように言われたはずだ。

インターベンション・カウンセラーに助けを求めているという事実からも、もう万策尽きたのだろうということがわかる。周りから懇願され、泣かれ、怒鳴られ、叫ばれ、脅されても、それでも効果がなかったのだ。

インターベンションも万能ではない。依存症患者が態度を変えるには、生活環境を根こそぎ変える必要がある。それを理解せずにいると、家族や友人が知らないうちにイネイブラー（依存を可能にする周囲の人間）になってしまうかもしれない。そのため本当に変わりたいなら、周りのすべてを変えなければならない[2]。

だが正しい状況であれば、より広い意味での解決策の一環として、インターベンションが治療を始める最初のきっかけになることがある。なぜなら、**インターベンションは翻訳の問題を解決する**からだ。

インターベンションには、依存症の根本的な問題、すなわち「依存症患者は自分が依存症だと認めない」という問題を明らかにする力がある。

家族や友人の中にドラッグ依存症がいるという人は、アメリカ人の半数近くにのぼる。そしてほとんどの依存症患者が自分の問題を認めない。自分が変わる必要があるとは思っていない。

アルコールやドラッグの依存症には、本人が問題行動を覚えていないという問題もある。「デイヴ、あなたには問題がある。昨日の夜、あなたは私に向かって怒鳴り、車を街灯に衝突させた」と言われても、おそらくデイヴは覚えていない。

忘れたふりをしているのではなく、本当に意識がブラックアウトしていたからだ。

しかし、理由はそれだけではない。

たとえデイヴが覚えていたとしても、「思い込み」というハードルがある。

インターベンション・カウンセリングの生みの親の1人と呼ばれるバーノン・E・ジョンソン医師はこう言っている。

「正当化と投影が組み合わさると、依存症患者の脳内で病気の自覚がブロックされる。アルコールやドラッグに依存する人を現実から引き離す働きをする。その状態が長く続くと、患者は問題が存在することを理解できなくなるのだ[3]」


言い換えると、ほとんどの依存症患者は問題を自覚していないということだ。もし自覚しているなら、すでに何らかの手を打っているだろう。

患者が自分には問題がないと信じているのなら、たった1人の人間がその思い込みを変えることなどできるだろうか？

1人の意見を切り捨てるのは簡単だ。相手の頭がおかしいと思えばいい。誰か1人に飲酒の問題を指摘されても、それを言ってくるのがその人だけであれば、それはただ単にその人の意見にすぎない。相手が1人だったら、自分とその1人のどちらを信じるだろう？

もちろん自分に決まっている。

だが、コーラスを無視するのは難しい。複数の人が同じことを同じタイミングで口にしたら、簡単にウソだと切り捨てることはできないだろう。

グループには、シーソーの傾きを変えるのに十分な重さがある。

家族と友人が集まり、口をそろえて「あなたには問題がある」と言うなら、全員が同じ間違いをしていると思い込むのは難しい。それでも依存症患者は否定するかもしれないが、複数の人が同じことを言っているという事実があるために、少なくとも相手の意見について考えようとする。

その結果、治療を求めずにはいられなくなるのだ。[4]

翻訳の問題を解決する「補強証拠」の活用法

ドラッグ依存や摂食障害から、ギャンブル依存、アルコール依存まで、インターベンションには患者に問題を自覚させるという働きがある。患者は問題から目を背けるのをやめ、自分の行動はネガティブな結果につながるかもしれないと考えるようになる。

しかし数がものを言うのは、依存症の治療だけではない。

たとえば会社の理事会が新しい経営戦略を採用するときは、他にも複数の会社が採用するまで待つことがよくある。医師が新薬を使うときは、他に複数の医師が使うまで待つ。会社が新しいサプライチェーン・テクノロジーを採用するときは、他にも複数の会社が採用するまで待つ[5]。

複数のソースが同じことを言っている、同じことをしているという状況には、翻訳の問題を解決する効果がある。1つのソースだけが言っている、やっているという状況では、それが本当に自分にも役に立つかどうかはわからない。つまり、翻訳できないということだ。

1つのソースにとっては有効でも、自分にとっては有効でないかもしれない。しかし複数のソースが言っている、あるいはやっているなら、それを無視するほうが難しい。

そこには「**補強証拠**」が存在するからだ。

追加の証拠が、それが正しいことを裏づけてくれている。複数のソースが同じことを言っている。彼らは同じように考え、同じように反応し、同じような好みがある。複数の意見が一致するということは、おそらく自分も同じ意見になる可能性が高いだろう。

新薬を使い始めた医師が1人だけなら、薬品会社の営業が来たのだろう、あるいはその薬に適した患者がたまたまいたのだろうと考えるかもしれない。だが複数の医師がその新薬を処方しているなら、自分もよく調べてみようと考える。

複数の人が同じことをしている場合、彼らが間違っているとは言いづらい。彼らがすすめるものを切り捨てるのは難しい。このように**複数のソースが存在すると、信頼性と正当性が高まるという効果もある**。他の人に認められるという期待が高まり、恥をかく、制裁を受けるというリスクが低下する。

1人の人間であれば、もしかしたらおかしな趣味がある人かもしれない。しかし、それが2人だったら？　5人では？　10人では？　同じことを言う人が増えるほど、提供される補強証拠も増えていく。ソース自身の趣味や好みの問題ではなく、本当にそれ自体に効果があると考えられるようになる。そしておそらく、自分が好きになる可能性も高い[6]。

昔から言われているように、「もし1人から『あなたは尻尾が生えている』と言われたら、あなたは笑い、相手の頭がおかしいと思うだろう。しかし3人から同じことを言われたら、あなたはふり返って確認する」ということだ。

同じことをする人、同じことを言う人が増えるほど、その正しさを裏づける証拠も増える。だが、大切なのはそれだけではない。**ソースが誰であるかということと、その情報をいつ伝えるかということにも、重要な役割がある**のだ。

特に重要なのは、「誰」「いつ」「どのように」の3つの要素だ。
具体的には、次の3つが重要になる。

1 「誰」の影響力がもっとも大きいのか（あるいは、どのソースの影響力か）
2 「いつ」補強証拠を提示するのがもっとも効果的か
3 「どのように」展開すると大きな変化を起こせるのか

それぞれについて見ていこう。

「誰」の影響力がもっとも大きいのか

補強証拠に人の考えを変える力があるのは、社会的な文脈の中で使われるからだ。親しい人や信頼している人の意見であれば、真剣に考えようとするだろう。

しかしここでの問題は、社会的なつながりの中で、誰がいちばん影響力を持っているのかということだ。すべてのソースが同じ程度の影響力なのか？　それとも特定の誰かが、いちばん大きな影響力をもっているのだろうか？

2001年の終わり、オーストラリアのメルボルンにあるラ・トローブ大学で、音声のプレゼンテーションに対する反応についての研究が行われた。

被験者はこの大学の学生だ。[7] 学生は研究室に来るように言われる。そして到着すると、机に向かって座り、ヘッドホンをつける。そのヘッドホンで一連の録音を聞き、それぞれについて判断する。

この研究の目的は、「人を笑わせるもの」の正体を突き止めることだ。具体的には、社会的な文脈が笑いに影響を与えるかということを解明しようとしている。

ヘッドホンからは、スタンダップコメディのライブ録音が流れてくる。一部の学生が聞く音声には、ネタに合わせた笑い声も録音されている。人が何をおもしろいと感じるかはまったくの主観かもしれないが、あらかじめ録音された笑い声を聞くことは、おもしろいと感じる大きなきっかけになるかもしれない（実際に『となりのサインフェルド』や『フレンズ』などの代表的なシットコムは、録音された笑い声を流して、ライブの観客とお茶の間の両方に笑いのきっかけを与えている）。

研究者の予想通り、録音された笑い声には効果があった。マジックミラーの向こうから被験者を観察したところ、他の人が笑ったジョークほど、被験者自身も笑顔になったり、声を出して笑ったりするということがわかった。

しかし研究者は、ただ録音された笑い声を入れただけでなく、それが誰の笑い声かという情報も学生に伝えていた。

学生を2つのグループに分け、1つのグループには、録音された笑い声の主は同じラ・トローブ大学の学生だと伝えた。つまり被験者自身と同じような人たちだ。そしてもう1つのグループには、笑い声の主はその学生が支持しない政党の党員だと伝えた。

どちらの笑い声もまったく同じだが、笑っているのが誰なのかによって、聞き手は違う反応を示したのだ。

笑っているのが自分と近くない人間だと思うと、笑い声を聞いても特に影響は受けない。笑い声が聞き手の態度を変えることはない。学生が笑う量は、笑い声が録音されていないときと同じだった。

だが笑い声の主が自分と近い人間だと思うと、笑い声によって学生の態度が変わる。笑っている時間が4倍近く長くなったのだ。

このように、自分と似ている人の影響力を証明した研究は大量に存在する。[8]

自分と似た人がこのジョークをおもしろいと思った？　それなら自分もきっとおもしろいと思うだろう。しかし自分に似ていない人がおもしろいと思っても、自分がおもしろいと思うことはない。

なぜなら、ソース（先の研究では笑い声の主）が自分に近い存在であればあるほど、そのソースの体験、好み、意見が、自分にとって参考になると判断するからだ。

トリップアドバイザーでホテルの評価を読むときも、誰の評価でもいいというわけではない。いちばん参考になるのは、自分と似たような人たちの評価だ。

小さな子供2人を連れた家族旅行なら、同じような家族旅行の人が高く評価しているホテルを選ぶ。流行に敏感な22歳の評価はあまりあてにならない。

むしろ流行に敏感な22歳が評価するホテルは、積極的に避けようとするかもしれない。逆にあなたが流行に敏感な22歳なら、家族連れが評価するホテルには興味を持たないだろう。

言い換えると、**翻訳の必要がないときは翻訳もそれほど問題ではなくなる**ということだ。「もう1人の自分」は現実には存在しないので、次に頼りになるソースは自分と似ている人ということになる。

彼らは自分と同じような目的を持ち、自分と同じような問題を抱えている。自分と同じ人間ではないが、ニーズは同じだ。彼らが**自分と似ているほど、彼らが提供する補強証拠が説得力を持ち、彼らの影響力が大きくなる。**

大学を卒業したばかりのアシュトンは、アルコールの問題を抱えていたが、自分のことをアルコール依存症とは思っていなかった。自分の中にある「アル中」のイメージとはほど遠かったからだ。アシュトンが考える「アル中」とは、酒のせいですべてを失った人だ。ホームレスで、無職で、友達もいない。

アシュトンの人生はそれとはまったく違う。

愛する家族に囲まれ、たくさんのすばらしい友達にも恵まれ、将来を嘱望されていた。「アル中」のイメージからはかけ離れている。たしかについ先日は飲酒運転で捕まり、酒を飲んで意識がなくなることなどしょっちゅうある。酒を飲まないとイライラする。しかし、それぐらいは誰にでもあることだ。

そのためアシュトンは、断酒会のような治療グループは時間の無駄だと考えていた。なぜなら自分には関係のない場所だからだ。断酒会に集まるような人たちは、アシュトンとはまったく違う。

両親にうるさく言われるのでしかたなく参加したとしても、第一印象は予想通りだろう。ホームレスにしか見えないような人もいれば、ずっと手が震えている人もいる。「自分はああじゃない」と、アシュトンは思うだろう。「あの人たちのような問題は抱えていない」と。

しかし本当にそうだろうか。彼らの自己紹介を聞いていると、意外な事実がわかった。「あの人は医者か？ 医者がこんなところで何をやっているんだ？ 彼は判事？ かんべんしてくれよ」

どうやら「みじめなアル中」の中には、社会で成功している人もいるようだ。いい大学を卒業し、稼ぎのいい仕事に就いている。アシュトンが目指している人生だ。つまり、彼らはアシュトンに似ている人たちだ。

自分と似ている人、自分が目標にしている人も、アルコールの問題を抱えている。それがわかると、彼らの話にいやでも耳を傾けるようになる。

その結果、変わらずにいるほうがむしろ難しくなる。

だが、ここで重要なのは「**似ていること**」だけではない。

最近、オランダの研究者が、社会的なつながりが政治家への寄付に与える影響について調査を行った[9]。寄付は選挙運動で欠かせない資金源だ。広告、スタッフへの報酬、移動の交通費など、選挙運動にはお金がかかる。

しかし、寄付でお金を集めるのは大変なことだ。有権者は日々の生活に忙しく、それにせっかく寄付した候補者が落選するかもしれないという心配もある。

どうすれば、有権者にもっと寄付しようという気になってもらえるだろう？

オランダの研究者は5万人以上の潜在的寄付者を対象に、社会的なつながりと寄付行動の関係を調べた。たとえば自分の友人、家族、あるいは同僚などがある大統領候補に寄付したら、自分も寄付する可能性が高まるのだろうか？

結果は予想通りだった。寄付行動は社会的な影響を受ける。知り合いの中にすでに寄付している人がいると、自分も寄付する確率が高くなる。

それに加えて補強証拠のときにも見たように、実際に寄付をした知り合いの**人数も大いに関係がある**。寄付をした知り合いが増えるほど、自分が寄付をする確率も高くなるのだ。寄付した知り合いが2人なら、1人しかいない場合よりも寄付する確率が上がる。それが3人、4人と増えるほど、寄付する確率もさらに上がっていく。

人数以外の要素もある。たとえば、2人の友達が寄付したことを知ったとしよう。その2人の友人もおたがいに知っていて、同じ社交グループのメンバーだった場合と、友人2人がまったくの他人同士だった場合とでは、どちらのほうがよりあなたの寄付行動に影響を与えるだろうか？

すでに見たように、自分と似たような人からは大きな影響を受ける。

ただし、どうやら**多様性も重要**であるようだ。先ほどの例で考えると、すでに寄付をした2人の友人が他人同士であるほうが、あなたが寄付する確率は高くなる。

たとえば1人が家族で、もう1人が同僚というケースのほうが、あなたが寄付する確率は2倍以上になる。しかし2人とも家族である、あるいは2人とも同僚である場合は、ソースが増えても寄付行動への影響力はそれほど変わらない[10]。

なぜならここで大切なのは、同じことをしている人の「数」ではなく、その同じことをしている人たちが、何か「**追加の情報**」をもたらしてくれるのか、ということだからだ。

何かを買っている人、何かを支持している人がたくさんいるという事実は補強証拠になりうる。しかし同じグループから何度も同じメッセージが送られてくると、「またか」という感想につながりかねない。

どちらもコメディ好きの2人から「あのドラマはおもしろい」と言われたのなら、コメディ好きしか見ないようなドラマだと切り捨てることも可能だ。その2人が友人同士の場合も同じだ。一方がもう一方にドラマをすすめたのだろうから、同じドラマが好きだというのはありそうなことだと考える。

だがその2人の趣味が違う場合、あるいはその2人の間に何の接点もない場合は、2人目の言葉は追加の情報として大きな意味を持つ。複数のソースからの情報に「またか」という印象を持つのは、その人たちをまとめて1つのソースと考えているからだ。

たとえば経理部の2人が同じサプライヤーをすすめてきたのなら、2人の言葉は「経理部の推薦」としてひとまとめにされる。2つの別々の証拠としては扱われない。

つまりソースが独立しているほど、彼らからの情報は補強証拠としての価値を持つようになる。

一見したところ、**類似性**と**多様性**は矛盾しているようだ。むしろ、ある面では正反対であるともいえる。複数のソースのすべてが基本となる個人や組織と似ているのであれば、たとえ複数のソースでも多様性は低いと考えられる。

しかし、実際は必ずしもそうではない。

たとえば、友達を例に考えてみよう。あなたの友達は、それぞれ違う人間だが、みなどこかあなたに似たところがあるはずだ。しかし、似ている面は人によって異なるだろう。音楽の趣味が似ている友達もいれば、政治的な考えが似ている友達もいる。2人ともあなたに似ているが、似ている面が違うということだ。

同じことは組織にもあてはまる。規模が似ている組織もあれば、業界が同じ組織もある。どちらもあなたが属する組織に似ているが、似ている面は違う。

つまり**類似性と多様性は、組み合わせて活用できる**ということだ。

賢い会社は自ら営業をかけるのではなく、既存の顧客に口コミを広めてもらうという手法をあえて選ぶことがある。

たとえば会社がディナーパーティなどのイベントを主催し、各界の第一人者のスピーチや製品のデモなどを提供する。そこに集まった潜在顧客たちは、既存顧客との雑談を通して、外部の人間の正直な評価を集めようとする。その会社に対する客観的な意見だ。

そこで会社側は、集まった人たちが座る場所を工夫する。

潜在顧客に前向きな印象を与えるには、類似性と多様性を混在させることがカギだ。同じ業界の既存顧客と、組織の規模が同じ既存顧客の間に潜在顧客を座らせれば、潜在顧客は多様な情報を集めることができる。

理想的な複数のソースとは、どちらも潜在顧客と似ているが、ソース同士の間には十分な違いがあるという組み合わせだ。

自分と似ているソースからの情報は、自分と関係が深いので参考になる。そして類似性のないソースから個々に得られた情報は、それぞれが貴重な証拠として認識され、「同じ話は聞き飽きた」という印象にはつながらない。

「いつ」補強証拠を提示するのがもっとも効果的か

ソースを正しく組み合わせれば、より説得力のある証拠を提供することができる。しかし、情報を提供するタイミングの大切さも忘れてはいけない。

正しい組み合わせのソースにどんなタイミングで接すれば、いちばん大きな効果を上げることができるのだろうか?

インターベンションという手法は、依存症の治療でとても大きな効果を発揮する。インターベンションを受けた人は、自分から治したいという気持ちになり、積極的に治療に参加する。しかしインターベンションの働きについては、興味深い疑問があるのも事実だ。

前に登場したフィルのケースで考えてみよう。家族や友達がリビングに集まってフィルを説得したが、彼らがフィルにドラッグの問題について話したのはあのときが初めてではない。

それぞれの家族や友人が違う時点で心配だと伝えたり、ドラッグをやめてほしいと懇願したりしているはずだ。リビングでのインターベンションのときに、それまで言っていなかった新しい情報を与えたかもしれないが、フィルが彼らの気持ちを知らなかったわけではない。つまり、フィルはすでに複数のソースから証拠を与えられていた。

それなのに、なぜまだ変化していなかったのだろう？　効果的なインターベンションには、何か特徴があるのだろうか？

1つ考えられるのは、インターベンション・カウンセラーの存在だ。彼らは専門の訓練を受け、インターベンションが最大の効果を発揮するように持っていくテクニックがある。計画を立て、正しいチームを組み、家族や友人から患者に伝える言葉に磨きをかけることができる。

もう1つの可能性は、家族や友人の気持ちを伝える方法だ。それまでも気持ちを伝えることはあったが、抽象的だったり、怒りをぶつけたり、争いになったりしたかもしれない。しかし今は、依存症患者が受け入れやすい形で現実を伝えている。

怒鳴ったり、罰を与えたりするのではなく、相手を非難しない口調で、相手を心から愛し、心配していることを伝える。

この2つはたしかに重要だろう。しかし、もう1つ指摘しておかなければならない第3の要素もある。数カ月、あるいは数年にもわたって、情報を小出しにしながら伝えるのではなく、リビングで行われたインターベンションにはすべての情報が凝縮されていた。すべてのソースを一堂に集め、伝えたいことのすべてを一気に伝えたのだ。

今から数年前、同僚のラグー・アイエンガーと共同で、ある新しいウェブサイトのユーザーが増える過程について研究を行った。[11] 他の多くの新サイトと同じように、このサイトも広告に使えるお金は多くなかった。

そこで彼らは、既存のユーザーの口コミを活用することにした。ユーザー一人ひとりがフェイスブックを通して招待状を送り、そして私たちは招待状が潜在ユーザーに与えた影響を調べる。

より多くの招待状を受け取った人は、サイトのユーザーになる確率が高くなった。これは補強証拠の理論からも予測できることだ。招待状が1通だけだった人と比べると、2通目の招待状を受け取った人は、サイトのユーザーになる確率がほぼ2倍になった。

しかし、ここで**影響を与えたのは招待状の「数」だけではない。**「いつ」招待状を受け取ったかということも大きな意味を持っていた。**次の招待状が届くまでの期間が短いほど、複数の招待状が持つ影響力は大きくなった**のだ。

ここで思い出してほしいのが、同僚からテレビドラマをすすめられるケースだ。1人の同僚から「すごくおもしろい」とすすめられ、そのすぐ次の日に別の同僚からまた同じようにすすめられたら、完全に無視するのは難しくなるだろう。ちょっと見てみようかという気になるはずだ。どうやら話題のドラマで、見ている人がたくさんいるらしい。それならきっとおもしろいのだろうと、たいていの人は考える。

だが情報を受け取る間隔を空けると、情報の効果は薄れるようだ。

1人の同僚からドラマをすすめられ、その1週間後に別の同僚から同じドラマをすすめられた場合、そのドラマがそこまで人気だとは思わない。おそらくその間に、他のドラマの話もたくさん聞いているだろう。それに十分に時間がたてば、1人目にすすめられたことすら忘れているかもしれない。


依存症研究者によると、たとえ複数の友人や家族が患者に問題を指摘しても、その努力の効果は薄れてしまうという。

ある1人の友人が、患者のおかしな行動に気づいて、それについて何気なく口にする。その2カ月後、今度は違う友人が何かに気づき、そのことを何気なく指摘する。そして自動車事故や逮捕といった深刻な事態になると、そこで周りも真剣に説得するようになる。

しかしそれらの努力は、間隔が空いていたために組み合わせの効果は発揮されなかった。

2人の人間が違うタイミングで違うことを言った場合は関連性を認めず、ただ聞き流して終わりにすることが多い。前の発言を忘れたり、次に何か言われるときは前の言葉の影響が薄れていたりする。

ユーザーの増加に関する私たちの研究も同じような結果になった。

一つひとつの招待状は、そのサイトがいいサイトであること、ユーザーになる価値があることをある程度まで裏づける証拠にはなっている。しかし時間がたつと、招待状の効果は薄れてしまうようだ。

太陽に照らされたアスファルトの水たまりが時間とともに蒸発するように、1通目の招待状から2通目の招待状までの間隔が空くと、最初の招待状は証拠としての効力を失ってしまう。届いてから1カ月がすぎると、招待状の効果は当初の20パーセントにまで落ち込むようだ。そして2カ月後には効果はほぼゼロになる。招待状をもらっていないのと同じことだ。[※18]

しかし情報を集中して届けると、効果の減少を抑えることができる。家族が一堂に会して説得してくるのと同じように、短期間に複数の招待状を受け取ると、変化を起こす触媒としての働きをするのだ。

短期間に2通の招待状を受け取った人と、1カ月から2カ月の間隔を空けて受け取った人がいる場合、前者がサイトのユーザーになる確率は後者よりも50パーセント以上高くなる。

誰かを変えようとするときは、すべての証拠は平等ではないということを覚えておこう。**証拠を凝縮させたほうが効果は大きくなる。**

新しいサービスや、大切な社会活動の認知度を高めたいのなら、違うメディアを使って間隔を空けずに情報を発信することが大切だ。そうすれば潜在的なサポーターが、伝えたい情報を短期間のうちに何度も受け取ることができる。

私たちが行った他の研究でも同じような結果になった。

性暴力といった重要な社会問題に関する記事を、短期間に複数のメディアに掲載すると、問題を解決しようという行動が実際に増加する。性暴力の被害者を救済する嘆願書に署名する人が増え、運動への寄付金も増える。同じ記事であっても、間隔を空けて小出しにしていては効果が出ない。**凝縮して一気に伝えることが大切**だ。

上司の考えを変えたいのなら、自分で上司に話して、それで終わりにしてはいけない。同僚にも協力を頼み、自分のすぐ後に同じ内容を上司に話してもらう。**情報を凝縮させることがカギ**だ。[12]

「どのように」展開すると大きな変化を起こせるのか

情報の凝縮は1人の態度を変えるときに有効だが、もっと大がかりな変化でも力を発揮する。組織全体を変える、社会運動を起こす、または製品、サービス、アイデアを世に広めるときなどにも活用できる。

家庭用品メーカーのスタートアップが、顧客の獲得を目指しているとしよう。

時間、お金、人員といったリソースはかぎられているので、広さと深さのトレードオフが必要だ。より広く宣伝したいときは深さをあきらめ、より深く宣伝したいときは広さをあきらめる。

10の違うマーケットに広告を出すという形でリソースを拡散し、それぞれのマーケットで少数の顧客を獲得することを目指すか？

それとも1つのマーケットに集中して広告を出して大量の顧客を獲得し、そこを足がかりにして他のマーケットにも進出するのか？

社会運動を起こすときも同じ選択に直面する。

たいていの運動は、最初からすべての都市で行進やイベントができるほどのリソースを持っていないので、トレードオフで考えることが必要だ。1つの都市に集中し、そこで複数のイベントを開くのか。あるいは複数の都市に拡散し、1つの都市につき1つのイベントを開くのか。

この2つの戦略は、それぞれ**「スプリンクラー方式」**と**「消火ホース方式」**と名づけられるかもしれない。

スプリンクラーは広く浅く水をまく機械だ。**あちらに少し、こちらに少しと水をまき、比較的短い時間で広い範囲に水を行きわたらせることができる。**どこかに集中して大量の情報を投下することはないが、その分、認知してもらえる範囲は広くなる。スプリンクラーの水が届く範囲であれば、すべての芝生を少しずつ濡らすことができる。

消火ホースの水はもっと凝縮されている。広い範囲に少しずつ水をまくのではなく、**1つのエリアに集中して水を供給することが目的**だ。消火ホースで複数のエリアに水をまきたいなら、同時ではなく、時間をずらしてまくことになる。まず1カ所を水浸しにしてから、次の場所を水浸しにする。

伝統的には、スプリンクラー方式のほうが効果的だとされている。より広く認知される、リスクを分散できる、先行者利益を享受できるチャンスが増える、といった利点があるからだ。

ここで、先ほど登場した家庭用品メーカーのスタートアップが目指しているのは、10のマーケットで顧客ベースを獲得することだとしよう。その場合はリソースを拡散したほうがよさそうだ。

リソースを凝縮させる場合、たとえば最初はニューヨークだけに集中してリソースを投入したら、ボストンやワシントンDCに進出するまでだいぶ時間が必要になるだろう。ロサンゼルス進出はさらに先の話になる。

友人や社交のつながりはたいてい同じ地域に固まっているので、たとえ口コミの力を借りても、他のマーケットに広がるまでには時間がかかると考えられる。

しかしスプリンクラー方式のほうが優れているという伝統的な知恵は、はたして本当に正しいのだろうか？

それは事情によって違う。事情とは、具体的には**変えようとしている相手の態度が、弱いか、それとも強いか、小石なのか、それとも巨岩なのか**ということだ。

ニューヨークとロサンゼルスという2つの場所で考えてみよう。

比較をわかりやすくするために、それぞれの人口は4人ずつだとする。

ニューヨークの住民はA、B、C、Dの4人、そしてロサンゼルスの住民はE、F、G、Hの4人だ。

現実の世界では、人は地理的に近くにいる人とのつながりが強くなるので、この架空の世界でも同じだとしよう。

同じ街に暮らす人同士は密接につながっているが、違う街の人とはまったくつながっていない。

同じ街の住民はものや情報をシェアするので、1人の住民がある情報を手に入れると、その情報は他の住民にも伝わる。

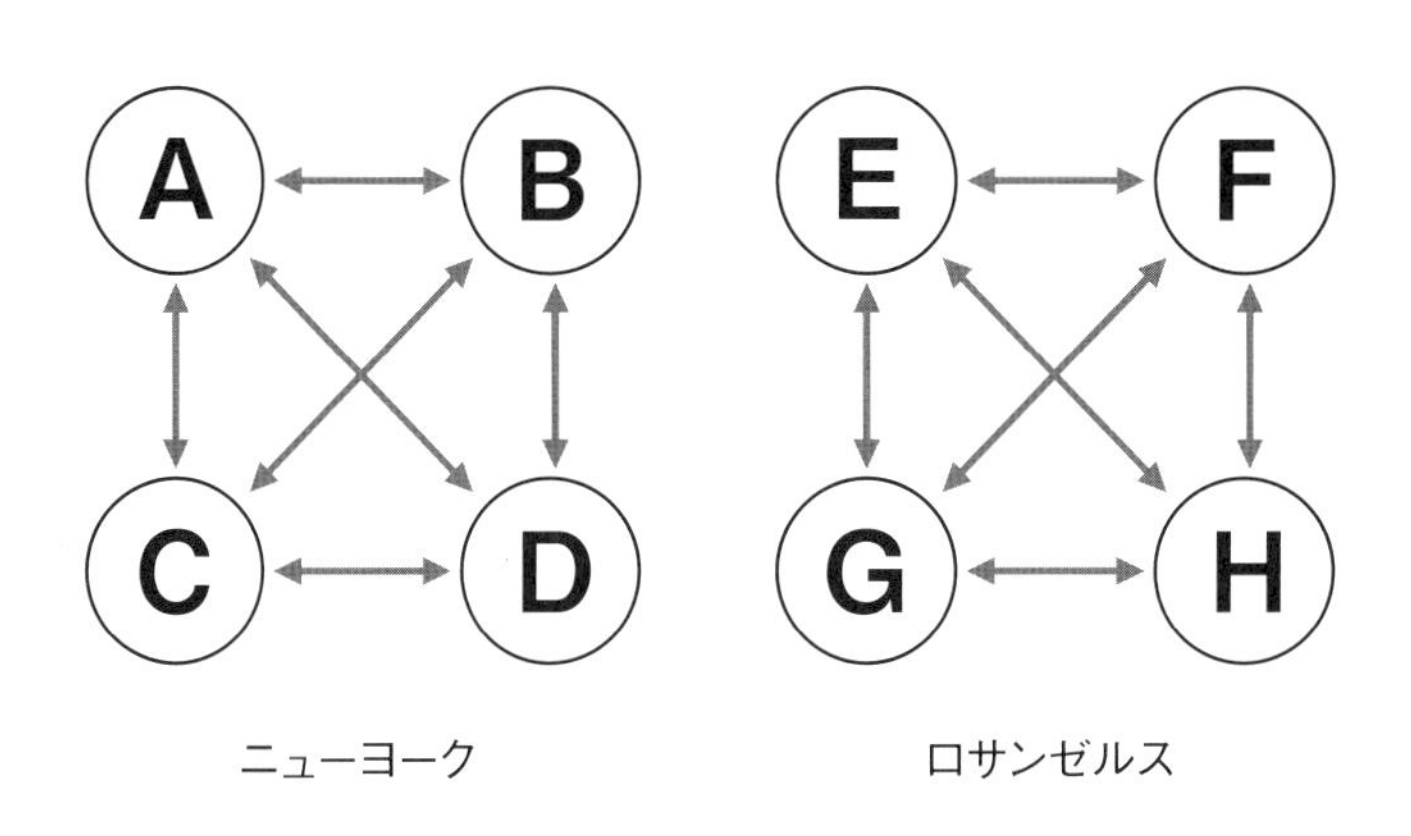

宣伝に使えるリソースが潜在顧客2人分だけだとしたら、スプリンクラー方式と消火ホース方式のどちらがより効果的だろうか。各マーケットで1人ずつをターゲットにするか、それとも1つのマーケットの2人に集中するか？

ターゲットが**弱い態度**（小石）であれば、つまり**少しの証拠で相手の態度が変えられるのであれば、スプリンクラー方式のほうが効果的**だ。情報を得た人が周りに伝えるので、各マーケットに1人ずつ情報を伝えれば、最終的に全員に情報が伝わることになる。

たとえばニューヨークのAさんに情報を伝えたのなら、AさんからBさん、Cさん、Dさんに伝わる。ロサンゼルスでEさんに伝えたのなら、Eさんから残りの3人に伝わる。

少しの証拠で態度が変わるのであれば、Aさんから情報を聞くだけで、残りの3人は態度を変えるだろう。そのためこの場合は、各マーケットの1人をターゲットにするスプリンクラー方式が有効だ。

実際、ここで消火ホース方式を使うと、リソースの無駄づかいになりかねない。そんなに何度も情報を与えなくても人々を変えることはできるのだから、もっと他のターゲットにリソースを使ったほうがいいだろう。

消火ホース方式はターゲットをびしょ濡れにする効果がある。それ以上濡らす必要がなくなったら、後から出てくる水はただ無駄になるだけだ。

しかし、人々が補強証拠を必要としていたとしたらどうだろう。その情報を信じて態度を変えるには、複数のソースから聞く必要があるとしたら？

ターゲットが**強い態度**（巨岩）であるなら、つまり**態度を変えるにはより多くの証拠が必要になるのであれば、スプリンクラー方式では思ったような効果は得られない。**

ニューヨークのＡさんに情報を届ければ、やはりＡさんはＢさん、Ｃさん、Ｄさんに伝えるだろう。

だが、強い態度を変えるには複数のソースから情報をもらう必要があるので、ただＡさんから聞くだけでは不十分だ。各マーケットの１人をターゲットにすれば、その人が他の３人にも伝えるだろうが、ただ伝わるだけで

弱い態度（小石）に対するスプリンクラー方式の効果

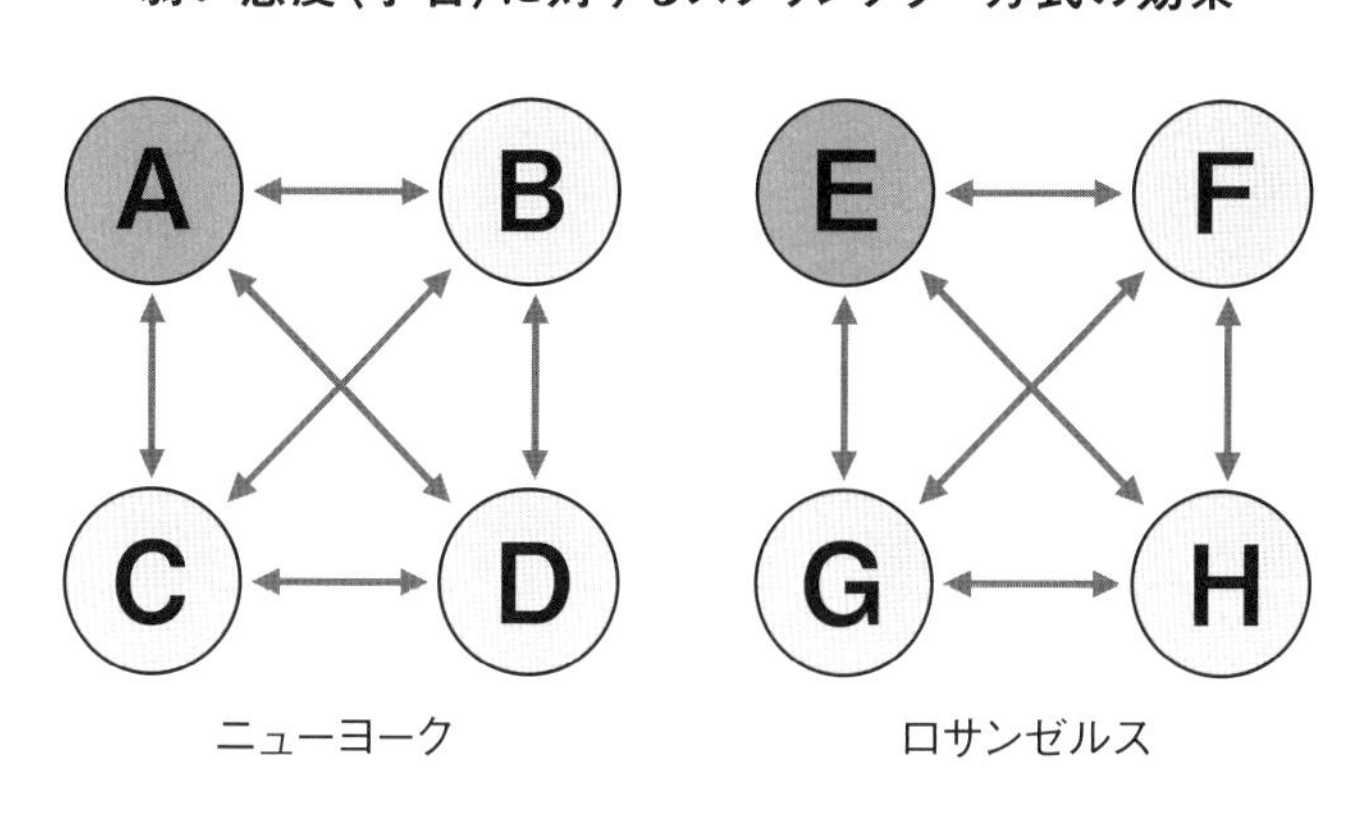

態度を変える効果はない。

つまり、**補強証拠が必要な状況では消火ホース方式のほうが有効**だということだ。2つのマーケットで1人ずつ（たとえばAさんとEさん）をターゲットにするのではなく、すべてのリソースを1つのマーケットに集中する（たとえばAさんとBさん）。

AさんもBさんも、同じニューヨークに暮らす友達に情報を伝えるだろう。

すべての住民が、2人の友達から同じ情報を聞くので、4人全員が態度を変えることになる。

別のマーケットに広がるまでには時間がかかってしまうが、**消火ホースには強い態度を変える力がある。**

強い態度（巨岩）に対するスプリンクラー方式の効果

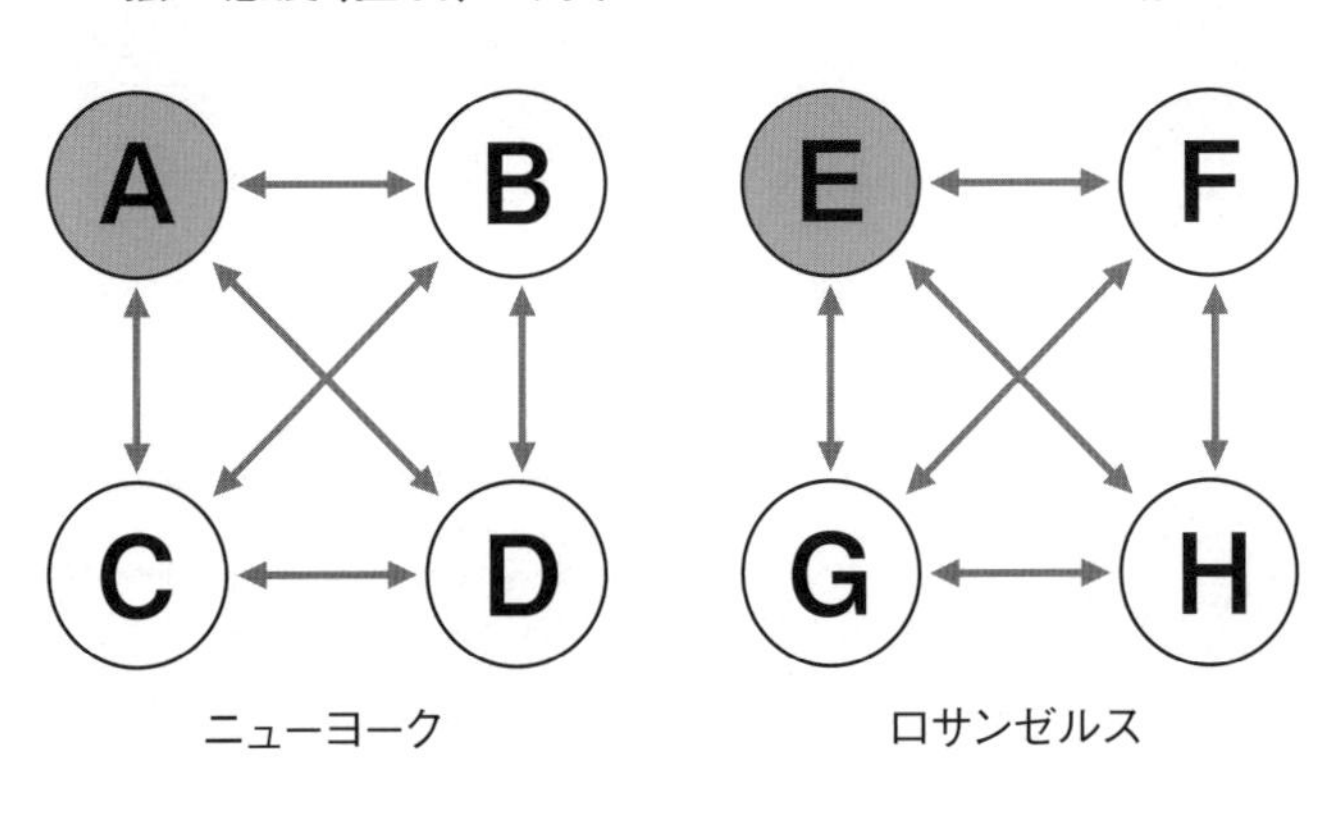

態度を変えた人の合計＝2人

同じことは、ある1つの場所の中で考える場合にもあてはまる。

それぞれの個人や組織は、性格や業界などを基準に1つの集団として分類することができる。そして地理的なつながりと同じように社会的なつながりも、グループ内のつながりのほうが、違うグループ同士のつながりよりも強い。

たとえばティーンエイジャーは、ティーンエイジャー同士で仲よくなる。母親は他の母親と一緒にいることが多い。経理部の人間はマーケティング部の人間と話す時間よりも、同じ経理部の人間と話す時間のほうが多い。そして人事部の人間はIT部門の人間と話す時間よりも、同じ人事部の人間と話す時間のほうが多い。

強い態度(巨岩)に対する消火ホース方式の効果

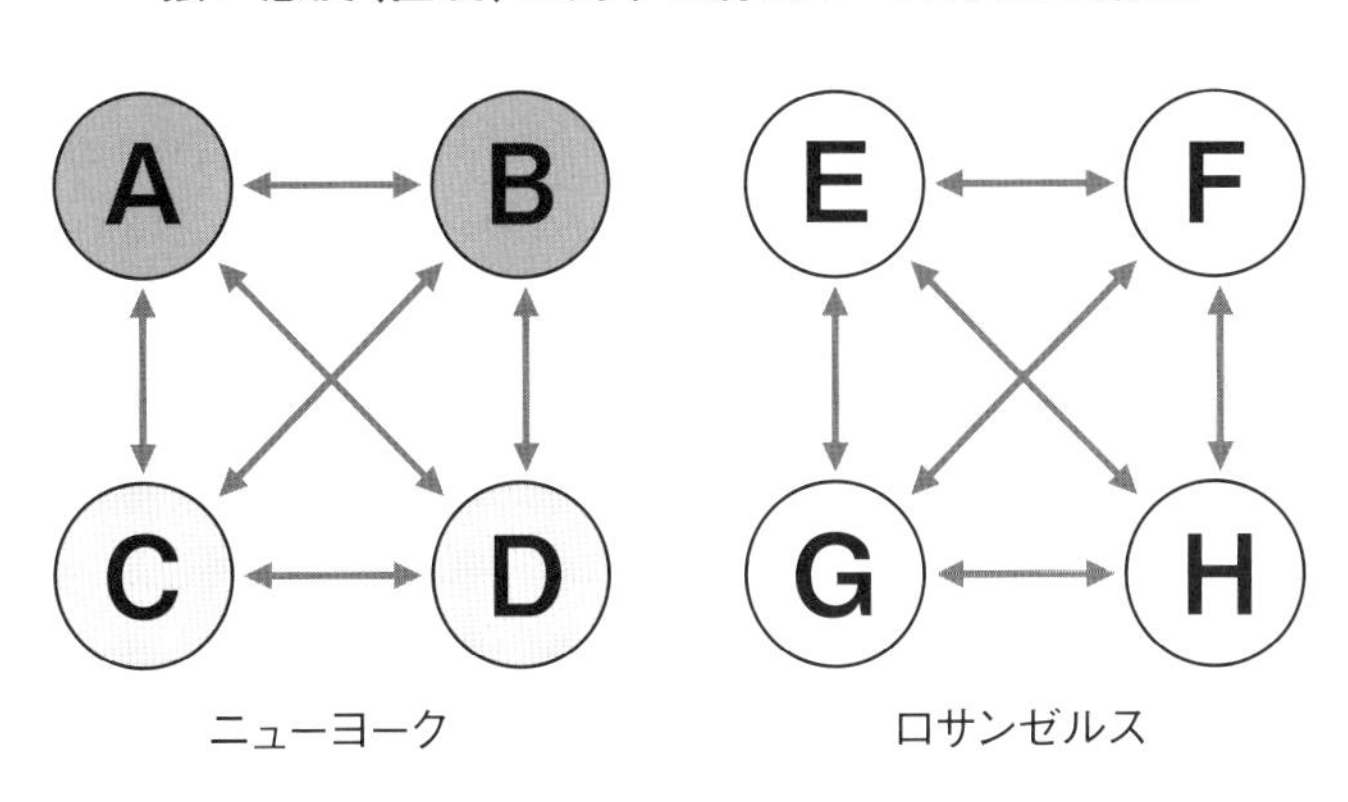

態度を変えた人の合計=4人

リソースを1つのグループに集中するか、あるいは複数のグループに拡散するかは、変化のハードルの高さで決まる。

少しの証拠でも変化を起こせるのであれば、スプリンクラー方式が効果的だ。すべてのグループに一斉に水をまき、水を深くまで浸透させることは考えない。

しかし補強証拠が必要な場合は、リソースを一点に集中させることが重要になる。たとえばまずティーンエイジャーにリソースを集中投下し、その後で母親に移るということだ。あるいは最初は経理部の人間だけをターゲットにし、次にマーケティング部に移る。

集中的にリソースを投下された集団の中にいる人は、複数の仲間から同じ情報を伝えられ、その結果態度を変える可能性が高くなる。集団が社会的な培養器のような役割を果たすといってもいいだろう。

心を動かすターゲットは「小石」か「巨岩」か

誰かの考えを変えたいときはターゲットが小石か巨岩なのかを見分けることがカギになる。

ある種の態度や意見を持ってもらいたい、製品やサービスを使ってもらいたい、行動、思想、運動に影響を与えたいというとき、少しの証拠でも相手を変えられることもあれば、証拠がたくさん必要になることもある。

たとえば政治的信条とフォントの好みなら、前者を変えるほうが難しい（少なくともほとんどの人にとっては）。いつも使っているソフトウェアの会社を変えることは、使っている紙の種類を変えることよりも難しい。

ブランドの好みのようなものであっても、どれほど愛着が強いかは製品の種類によって異なる。たとえば炭酸飲料のブランドへの愛着は、台所用洗剤のブランドへの愛着よりも強い。車のブランドとペーパータオルのブランドでは、車のほうが愛着が強くなる。

ターゲットが小石なのか、それとも巨岩なのかを見分けるコツは、「**それを変えるのは簡単か**」と考えることだ。よりお金と時間がかかり、リスクが高く、反論が多くなると予想できるものほど、それが小石である可能性は低く、巨岩である可能性が高くなる。

より多くの証拠が必要な案件であるということだ。

金銭的なコストで考えてみよう。たとえば9ドルのホチキスなら、それほど強く説得しなくても買ってもらうことができるだろう。1人の同僚からすすめられた、すすめているブログの記事を1つ読んだという程度の証拠だけで、行動を起こすには十分だ。

しかし、900万ドルもかけて新しいネットワークシステムを導入するとなるとどうだろう？　もっとたくさんの証拠が必要になるはずだ。

リスクでも同じことがいえる。近視矯正手術のレーシックを受けさせたい場合は、たしかに説得は必要だが、そこまで大変ではない。レーシックはリスクがまったくないわけではないが、今までに何百万回も安全に行われていて、すでに安全であることが証明された手術だ。しかしもっと新しく、症例数が少ない手術の場合はどうだろう？　安心して手術してもらうには、もっとたくさんの証拠が必要になる。

失うものが大きい、お金がかかる、評判が傷つく恐れがあるという場合、ターゲットは巨岩であり、もっとたくさんの情報や証拠を提供しなければならない。

巨岩を動かすのは至難の業だが、不可能というわけではない。

ここではインターベンション・カウンセラーを見習い、補強証拠を見つけることで翻訳の問題を解決することがカギになる。**必要とされる証拠が多くなるほど、複数のソースを用意することが重要になる**のだ。

同類でありながら多様性があり、ターゲットに対して一貫したメッセージを発してくれる他者の存在を見つける。そして効果が薄れないように、見つけたリソースを一気に投入する。さらに大規模な変化を起こしたいときは、稀少なリソースを凝縮して投入するのか、それとも拡散して投入するのか判断しなければならない。

岩が大きいほど、スプリンクラーよりも消火ホースのほうが効果を発揮してくれる。

ドラッグ依存症を克服したフィルは、残りの人生を他者のために生きることにした。自身もインターベンション・カウンセラーになり、多くの人がドラッグやアルコールの依存症から立ち直り、人生を取り戻す手助けをしている。

なぜなら、1人だけの力で依存症を克服できる人はほとんどいないからだ。自分に問題があることを周りから教えてもらう必要がある。フィルの言葉を紹介しよう。

「依存症患者の多くは、大学を出ていたり、仕事で成功していたりする。みんないい人だ。愛情深くて、思いやりがあり、それにとても優秀でもある。だから周りの家族は、『あの人は人生の他の分野ではあんなにうまくいっているのに、なぜ依存症は克服できないのだろう』と考える。しかしそれは、彼らが糖尿病やガンを自分で治せないのと同じことだ。依存症は病気なんだ。自分だけで克服できると思ってはいけない」

この言葉は、**人の考えを変えるときにもあてはまることが多い。**

ケーススタディ5 「消費者の行動」を変える方法

ここでは、変化を妨げる5つの障害すべてを取り除く事例を見ていこう。登場するのは、アメリカ史上もっとも画期的とされるマーケティング・キャンペーンの1つだ。このキャンペーンは、消費者を振り向かせるのがかなり難しい、あるものを売り込むことを目指していた。それは「臓物を食べる」という習慣だ。

1943年当時のアメリカ政府は切羽詰まっていた。肉が大好きな国民を説得し、ステーキをあきらめて、代わりに脳みそやら腎臓やらを食べてもらう必要があった。しかもただ食べるだけでなく、臓物を食べることに誇りを持ってもらいたい。

1943年1月、アメリカが第二次世界大戦に参戦して1年がすぎたころ、ハーバート・フーバー前大統領（当時）が食品と栄養に関する雑誌に記事を寄稿し、ある奇妙な脅威に対する厳しい警告を発した。アメリカの食肉供給が危機に瀕しているというのだ。「食肉と脂肪は、この戦争において戦車や戦闘機と同等の兵器である」と、前大統領は書いている。「畜産農家は人手不足であり、それに加えてわが国には、イギリスとロシアに食肉を提供するという義務もある」[13]

食料はただお腹を満たすだけのものではない。食料問題は国防の問題だ。第一次世界大戦中に食品局を率いたフーバーは、戦場からはるか遠く離れた場所でも戦争は行われるということをよく理解していた。

連合軍が勝利を手にするには、兵士に十分な栄養を与える必要がある。戦闘によってヨーロッパの食料供給網はほぼ破壊されていたために、アメリカは自国の兵士だけでなく、同盟国の兵士にも食料を送らなければならなかった。

しかし戦場の兵士すべてに食料を届けるには、国内の食料供給を削減しなければならない。海の向こうへ送る牛肉や豚肉が増えると、食肉はすぐに、チーズやバターと並んで配給制となった。

これはアメリカ人の食生活にとって大打撃だった。赤身の肉はアメリカ人のエネルギー源であり、特に肉体労働者は肉で体力を維持している。食卓に肉があることが、アメリカ人にとって「きちんとした食事」の条件だった。

ここで誰かが、アメリカ人の肉に対する考え方を変えなければならない。

ステーキやローストビーフやポークチョップこそが肉だという思い込みを捨て、兵士が食べないような部位を新しい肉として受け入れる必要がある。それはシビレであり、ハツ、レバー、タンである——つまり臓物のことだ。
当時、成長著しかった広告業界の助けも借り、政府は早速プロパガンダを開始した。各地で講演を開催し、臓物の値段の安さと栄養価の高さを絶賛する。色鮮やかなポスターやパンフレットを制作し、国民の愛国心に訴えた。

「アメリカ人よ！　肉を戦時必需品として提供しよう」「私たちが肉を減らせば、兵隊さんがたくさん食べられる」などの言葉が踊っている。肉を食べるのを我慢するだけで、一般のアメリカ人も戦争の勝利に貢献できるのだ。

どれも愛国心に訴えるメッセージであり、見た目にも美しかった。

笑顔を浮かべた家庭の主婦が、レバーを乗せたお皿を夫と息子たちが待つ食卓へ運んでいる。赤、白、青で彩られたポスターが、「きみたちは自分にできることをすべてしているか？」と、消費者に問いかける。

しかし、このキャンペーンはほぼ失敗に終わってしまった。

アメリカ人が外国で戦う兵士たちに無関心だったわけではない。それに、臓物は栄養価の高い食べ物だということを理解していなかったわけでもない。

彼らは兵士たちのことを気にかけ、臓物がちゃんとした食べ物だということもわかっていた。ただ、長年の習慣を変えられなかっただけだ。

責められるべきは、慣性の法則と、新しいものへの恐怖心だ。レバー、タン、シビレを食べるなんて、どうしても受け入れられない。それでは、アメリカの消費者に臓物を受け入れてもらうために、政府は何をすればいいのだろうか？

アメリカにおける肉の消費傾向を変化させる試みの一環として、国防総省は「食習慣委員会」を発足させた。そして委員会のメンバーの1人に、心理学者のクルト・レヴィンが選ばれた。[14]

社会心理学の父とも呼ばれるクルト・レヴィンはドイツで学び、1933年にナチスの支配を逃れてアメリカに移住した。日常的な問題を巧みな心理学の実験に落とし込む天才で、心理学には世界を向上させる力があると信じていた。[15]

1942年以前は、大衆の考えを変えるには、教育と感情に訴えるという方法を使うのが一般的だった。「事実を明確に、正しく提示すれば、人々は興味を持ち、感心し、そして納得すべきである」[16]と考えられていた。

人々に「これをすべきだ」と告げ、それを彼らにとって大切なもの（たとえば愛国心）と結びつければ、人々は行動を起こす。

だがレヴィンは状況を調査すると、それとは違う道を選んだ。栄養価の高さや愛国心といったインセンティブを活用するのも悪くはないが、レヴィンが見たところ、それほど効果を上げていないようだった。人々を説得したり、あるいは「アメリカ人が臓物を食べるようになるにはどうしたらいいか？」と尋ねたりするのではなく、レヴィンは違う質問について考えた。この本でずっと見てきたのと同じような質問だ。

そもそもアメリカ人は、なぜ臓物を食べていないのだろう？

何が変化を妨げる障害になっているのだろう？

さまざまなインタビュー、調査、その他のデータを詳細に分析した結果、臓物を食べることを妨げている主な障害がいくつか見えてきた。

第1は、**メッセージの伝え方**だ。それまでのキャンペーンでは、人々に命令するようなメッセージを送っていた。「肉を戦時必需品として提供しよう」というメッセージは、たしかに愛国心に訴える力はあるが、それを聞いた人は1つの行動を押しつけられているように感じる。そんなとき、人はたいてい行動を変えようとしない。

第2に、アメリカ人は明らかにそれまでの**習慣に固執**していた。ステーキやポークチョップなど、いつも食べているものが大好きで、あきらめる気はさらさらない。

第3の問題は、**お願いの大きさ**だ。それまでのキャンペーンでは、すべてゼロか100

かのお願いだった。たいていある1つの種類の臓物を選び、それを週に何度も食べろという。ここまで大きな変化を受け入れられる家庭はめったにない。

第4に、**不確実性の問題**がある。臓物はアメリカ人にとって完全に未知の存在だった。一家の主婦は脳みその味なんてわからないし、腎臓の料理のしかたもわからない。そんなわからないことだらけのものを、家族の食卓に出そうとは思わないだろう。

そして最後に、アメリカ人のほとんどが、臓物は自分のような人が食べるものではないと考えていた。臓物は食べ物ではなく、捨てるべきだと信じている人もいた。あるいは臓物を食べるのは、田舎に暮らす人や、社会階層が低い人だけだという思い込みもあった。

こういった背景をすべて頭に入れると、レヴィンの委員会は、まず従来のキャンペーンをやめることに決めた。正しことを押しつけるメッセージでは、人を動かすことはできないからだ。代わりに彼らは、障害物を取り除くことに集中した。

まず**不確実性を取り除くため**に、臓物がもっと身近な存在になるように工夫した。臓物が売っている場所で、臓物を使ったレシピや、臓物の料理のコツなどを配る。まったく新しい料理をつくるのではなく、普段の肉料理に臓物を加えるというアイデアも提案した。「ステーキ・アンド・キドニー・パイなら旦那さんも大喜びでしょう」と、

1943年に書かれたある記事は言っている。あるいはミートローフにレバーを混ぜれば、子供も喜んで食べるはずだ。

人々の現状と、政府が目指す理想の間にある**距離を縮めるため**に、レヴィンのチームはまず**小さなお願い**から始めた。「アメリカ人は牛の脳みそを毎日食べるべきである」など と法外な要求をするのではなく、「たまにでいいので食べてみてください」と控えめにお願いする。挽肉やソーセージの代わりにときどき臓物を使えば、料理の幅も広がるでしょう、というわけだ。

そして**保有効果を和らげるため**に使ったテクニックは、**行動しないことのコストの見える化**だ。ステーキやポークチョップをあきらめずにいると、戦地の兵隊さんが飢えることになる。

心理的リアクタンスを軽減し、国民の**自発的な変化を促すため**には、上から命じるのをやめて、国民同士による議論を積極的に活用した。全国の主婦に「あれをしろ」と**命令するのではなく**、レヴィンは主婦たちを集め、**おたがいに意見を交換**してもらった。

「あなたたち家庭の主婦」がこの問題を克服するには、どうすればいいのだろうか？

これらの話し合いには、**補強証拠を提供する**という効果もある。他の主婦たちがこの問題をどう解決しているかを知ることができるからだ。自分と同じように母親であり、妻である女性たちが、自分と同じように**不確実性に直面し**、それでも戦争に協力するために工夫して難局を乗り切っている。

話し合いの終わりに、司会者が簡単なアンケートを行った。「次の集まりまでに、臓物を使ったメニューを試してみようと考えている人は手をあげてください」

すると、手をあげる人が現れた。この話し合いには劇的な効果があった。出席した女性の3分の1が、臓物料理を試してみることに同意したのだ。[17]

だが、効果はそれだけではない。全国の臓物消費量も3割増加した。レバーは怪しい食べ物から、特別なごちそうになったのだ。

レヴィンの委員会は、ただ消費者の行動を変えただけではない。変化はほぼ不可能だと思われていた状況で、それを成し遂げたのだ。

おそらくこの世でもっとも魅力の少ない食べ物を、全国の家庭で喜ばれるごちそうにまで昇格させることに成功した。

レヴィンのチームが展開したキャンペーンは、まさにこの本の全編を通じて見てきたテクニックそのものだ。

［※18］招待状の影響力は急速に薄れる。具体的には、1カ月に80％のペースだ。届いた瞬間の影響力を100とすると、次の月は20、そして2カ月後にはわずか4になる。

Epilogue――心を動かすテクニックの最先端

イスラエルとパレスチナの紛争は、現代の世界でもっとも解決が難しい問題の1つだ。数十年にもわたって交渉を試みては頓挫し、そして暴力が激化する。双方に、相手への深い不信感と憎しみが根づくことになった。

自爆テロ、ロケット弾による攻撃、激しい衝突が続き、どちらの市民も心身に深い傷を抱えている。パレスチナ人の多くは、行動制限、パレスチナの領土を奪う入植、厳しい経済制裁、そして飢えに苦しめられてきた。自分たちには人権もなければ、資源も食料もないと感じている。

いうまでもなく、おたがいへの憎しみはいやがうえにも高まる。相手を敵としか思っていない。いかなる手段を使っても倒さなければならない存在だ。

イスラエルとパレスチナが信頼関係を築くことなど、とても不可能としか思えない。友情など成立するわけがない。

しかし1993年のある晴れた朝、中東から遠く離れたワシントンDCでひとつの希望が見えた。ビル・クリントン大統領が、ホワイトハウスの芝生に集まった各国の名士たちを前にスピーチを行った。オスロ合意の調印式だ。

イスラエル首相のイツハク・ラビンと、パレスチナ解放機構（ＰＬＯ）のヤーセル・アラファト議長の間で、ついに和平協定が結ばれたのだ。

中東にとっては歴史的な１日だった。イスラエル政府とＰＬＯが、初めて対面での合意に達したのだ。ＰＬＯはイスラエルの存在を認め、暴力を放棄することに同意した。そしてイスラエルは、ガザ地区とヨルダン川西岸地区の占領地から軍を撤退させ、パレスチナの自治を認めることに同意した。

ラビン首相とアラファト議長（２人は後にノーベル平和賞を同時受賞する）に加え、アメリカの歴代大統領、閣僚、それに各国の要人も出席し、イスラエルとパレスチナの和平を支持した。

しかし彼ら以外にも、クリントン大統領がスピーチの中で特別に言及したグループがいた。「ここに集まったみなさんの中で、彼らほど重要な存在は他にありません」と、大統領は高らかに宣言した。

彼らは名士の集まりでもなければ、世界のリーダーたちでもない。歴代の大統領でも、メディアの人間でもない。緑色のＴシャツとジーンズという出で立ちの彼らは、錚々（そうそう）たる顔ぶれの中にあってどちらかというと場違いに見える。

彼らは、サマーキャンプに参加した若者たちだ。

「平和の種」と呼ばれるそのキャンプに参加したのは、エジプト人、イスラエル人、パレスチナ人のティーンエイジャーだ。彼らは夏になると、メイン州南部にある湖畔の避暑地に集まり、数週間にわたって共同生活を送る。

二段ベッドで眠り、大ホールで食事をし、典型的なサマーキャンプの活動に従事する。そして全員が参加する対話セッションでは、違いを乗り越えておたがいを理解するために話し合う。

この「平和の種」以前、参加者のほとんどはおたがいにいい感情を持っていなかった。彼らはそれぞれの地域や立場を代表する存在として、政府から選ばれてキャンプに参加している。入植地に暮らす人もいれば、信仰心はそれほど強くなくても、思想的には正統派の人もいる。多くが強い信念を持ち、自分の考えが絶対に正しいと信じていた。

「キャンプに参加したばかりのときは憎しみでいっぱいでした」と、エジプト人のハビーバは言う。「アラブの立場をはっきりと主張して、それが終わったらすぐに帰ってきたかった。人の話を聞く気もなければ、学ぶ気もありませんでした」[※19]

彼女にとっては、それがアラブ人としての正しい民族意識だった。イスラエル政府が間違っていること、イスラエル人は他人の土地を奪ったということを、イスラエルからの参加者に思い知らせてやりたかった。

多くの参加者にとって、キャンプは愉快な体験ではなかった。そこにいるだけで、仲間を裏切っているような気分になる。アラブ人は、イスラエル人と同じキャビンで眠るのを恐れていた。目を閉じたら何をされるかわからない。そしてイスラエル人も、パレスチナ人と同じテーブルで食事をするのは耐えがたい屈辱だった。

アートクラスなどのいくつかの活動では、一緒にいる人を自由に選ぶことができる。しかし、ロッククライミングなどの他の活動では、「敵」を完全に避けることができない。「上に登りたかったら彼らの手を握らなければならないんです」と、参加者の1人は言った。「それで敵意が消えるということはありませんでした。むしろ敵意がむき出しになるんです。あれは本当にイヤな体験でした」

それでも、プレザント湖のほとりですごす3週間で、すばらしい何かが起こった。彼らが変化したのだ。

ロッククライミングやアートクラスに加え、ティーンたちは「グループチャレンジ」にも参加する。グループになって、長いロープで形をつくるなどの課題をこなす活動だ。ロープで円形や星の形をつくるのは簡単だと思うだろう。しかし同じグループのメンバーが、土地の所有権や政治の問題をめぐって2時間にわたって激論を戦わせた相手の場合は事情が違う。誰も敵とは協力したがらなかった。参加者の多くは自己主張の強いリーダータイプで、敵と協力することに興味を持っていない。

あるグループチャレンジで、高所に張ったロープをわたるという課題が与えられた。

2人一組になり、1人が高いポールを登って、地上10メートル近いところに張られたガイドロープを伝ってわたっていく。それだけでも難しいのに、さらに目隠しまでしなければならない。頼りになるのは、地上にいるパートナーの指示だけだ。

2人で協力しなければこの課題をこなすことはできない。時には、2人とも目隠しをしてロープをわたることもあった。2人は手をつなぎ、おたがいに声をかけあって確認しなければならない。

エジプト人のハビーバは、苦手なイスラエル人の男子とペアになったときのことを覚えている。対話のクラスでの彼は、思ったことを何でも口にして、絶対に自分の意見を変えなかった。おたがいに合意できることが1つもない。ハビーバは彼のことを信用していなかったが、目隠しをして地上10メートルに張られたロープを伝っていくには、彼の指示に完全に頼らなければならない。

彼女には2つの選択肢があった。信用できない人の言うことを聞くか、それとも下に落ちるか。

しかし、彼の指示に従ってロープを伝っているうちに、彼女の中で何かが変わった。彼は一歩ずつ、丁寧に、どうすればいいか教えてくれる。信じられないことだが、ハビーバは彼に対して温かい気持ちを抱くことができた。

「彼も私と同じ人間なんだ」と気がついたのだ。

「あんなに高いところでロープにしがみついていると、彼がイスラエル人だということや、彼の言うことにまったく賛成できないということも気にならなくなる。大切なのは、とにかく落ちないようにすることでした」


この瞬間が、やがて大きな気づきのきっかけになった。

「キャンプに来てから2週間がたつと、いつの間にか他の参加者への偏見がなくなっていました。国籍ではなく、個人として彼らを見るようになったんです」

そう感じるようになったのはハビーバだけではない。シカゴ大学の研究チームが、キャンプ中に参加者の意識調査を行っている。[1] イスラエル人とパレスチナ人の参加者はどのような関係で、おたがいにどう思っているのだろうか?

キャンプはたしかに参加者の考えを変えたようだ。キャンプが終わるころ、おたがいに対する態度は改善されていた。相手を信頼し、好意を持てるようになった。かつての敵も、自分たちと同じ人間だと思えるようになった。そして、和平の実現についても楽観的になり、そのために自分も努力する気持ちが強くなった。

単なる一時的な変化にすぎないと思う人もいるだろう。

紛争の絶えない故郷に帰ったら、すべてが元通りになるに違いない、と。しかし、そうはならなかった。キャンプが終わって1年たっても、参加者はおたがいに対して以前よりも前向きな気持ちを維持していた。

キャンプの成果は態度の変化だけではない。

多くの参加者は、キャンプをきっかけに幅広い活動に積極的に参加するようになった。追跡調査[2]によると、「平和の種」の卒業生の多くは、大人になってからも平和運動や社会運動に関わっている。10年かそれ以上たってからも続いている人が多かった。

クリントン大統領は正しかった。

サマーキャンプの参加者たちこそ、和平プロセスの未来だ。

紛争の常として、メディアは話をわかりやすくするために、どちらの当事者も単純化して描きがちだ。ユダヤ人は邪悪な侵略者であり、アラブ人の家と土地を盗んでいると主張するメディアもあれば、パレスチナ人はイスラム教を狂信する自爆テロ犯であり、信用できないと主張するメディアもある。

偏見と外国人嫌悪の感情が蔓延していると、「敵」を人間扱いしないのが当たり前のようになってしまう。自分とは遠く離れた、顔のない人たちだ。

しかし、キャンプがそれを変えた。子供たちは、実はおたがいに似ているところがたくさんあると気づくことができた。みんな同じ14歳で、恋に夢中になり、学校に通っている。

「たとえば、同じテーブルに座ったイスラエル人の女の子はオレンジが大好きだけど、皮のむき方がわからないみたいだ、ということがわかるんです」とハビーバは言う。「だから私は皮をむいてあげる。一緒に暮らしていると、いろいろと気づくことがある。彼らがどんなシャンプーを使っているかということも。ああ、彼らも人間なんだと実感できます」

「平和の種」はすばらしい組織だ。イスラエル＝パレスチナ紛争をはじめ、対立構造を生むさまざまな問題に変化をもたらす、力強いカタリストの役割を果たしている。

だがここでもっとも大切なのは、彼らのやり方がもっと広い範囲に応用できるということだ。

キャンプの話を読んで、特殊な事例と片づけてしまうのは簡単だろう。

企業で応用するにしても、全社員が参加する3週間のサマーキャンプなど不可能だ。潜在顧客との間に信頼関係を確立するために、一緒にロープをわたるエクササイズができるセールスパーソンもほとんどいないだろう。

しかし、たしかにプログラムそれ自体は特殊だが、原則は普遍的だ。この本で見てきたさまざまなテクニックが、まさにここでも使われている。

「平和の種」は、パレスチナ人に向かって、「イスラエル人と友達になりなさい」と強制することはなかった。おたがいに信頼しなければならないと押しつけることもなかった。永遠に続くような講義もなければ、「正しい」行いをしてくれと懇願することもない。

彼らはただ、変化を妨げている障害を見つけ、それを取り除く工夫をした。

キャンプに参加した子供たちを説得するのではなく、**心理的リアクタンスを取り除き**、子供たちが**自分で自分を説得する**ように持っていった。

キャンプの主催者も、目指す理想の姿は頭の中に描いていたが、子供たちをその方向にむりやり押しやるのではなく、**変化を仲介する存在を活用**した。さまざまなエクササイズや体験を用意することで、子供たちが自分で正しい道を見つける手助けをした。

そして、いきなり大きなお願いをするのではなく、まず**距離を縮める**ことを目指した。

初日からイスラエル人とパレスチナ人が友達になることを期待せず、同じキャビンで眠るという**小さなお願い**から始めた。同じテーブルで食事をすることも、同じ活動に参加して対話を始めることも小さなお願いだ。これらの活動によって、子供たちは**現状打破のポイント**を超えて、**フィールドの反対側**へ行くことができた。

さらに「平和の種」は**不確実性も取り除いた**。

初期費用を下げただけでなく、普段は恐れ、不信感を持っている相手と安全に交流できる環境を提供し、**発見を後押し**した。主催者は、ただ子供を集めて、勝手に交流を始めることを期待していたのではない。交流が自然に始まるような環境を整えた。

それにキャンプはほんの数週間で終わるので、参加者は「これが永遠に続く」という心配をする必要がない。つまり、**取り消しを可能にした**ということだ。最悪のケースでも、参加者は家に帰ってまた昔の生活を続けることができる。

そして最後に、複数のイスラエル人、または複数のパレスチナ人と接することで、子供たちは**補強証拠を手に入れる**ことができた。

たとえイスラエル人の少女と友達になったとしても、ハビーバはその子だけが特別だと考えるかもしれない。たしかにイスラエル人だけど、他のイスラエル人と同じではない。彼女は違う――そう考えているかぎり、たとえイスラエル人の友達ができても、イスラエル人全体に対する態度は変わらないだろう。

だが複数のイスラエル人と接し、それぞれにいい印象を持てば、イスラエル人全体への印象も前向きになる。つまり、この先に出会うイスラエル人に対しても、最初から信頼できる可能性が高くなるということだ。

変えるために相手を理解する

行動科学者のクルト・レヴィンは、「何かを本当に理解したいのなら、それを変えてみようとすればいい」という言葉を残している。しかし、その反対もまた正しいだろう。何かを本当に変えたいのなら、それを理解しなければならない。

私たちは何かを変えたいとき、どうしても自分の力で変えようとしてしまう。自分にとっての理想の結果や、理想の変化のことばかり考える。正しいのは自分であり、より多くの情報、事実、理由さえ与えれば、相手は思い通りになるはずだと信じ込んでいる。

しかし、思い通りになることはめったにない。そして自分自身と、自分の理想のことばかり考えているために、変化でもっとも大切な要素を忘れてしまう。

それは、変えたい相手を理解することだ。

相手は誰なのかということや、相手のニーズは自分のニーズと違うかもしれないということだけを理解すればいいのではない。本書の全編を通して見てきたように、大切なのは彼らが**まだ変わっていない理由**だ。

どんな障害やハードルが、彼らの変化を妨げているのだろうか？

どのサイドブレーキを解除すればいいのだろうか？

相手の変化を妨げている障害の正体がわかれば、その障害を取り除くのも簡単になる。それに、誰かを変えるという行為は、単純なゼロサムゲームではないということも理解できるだろう。

多くの人は、誰かの考えを変えようとするとき、どちらかが負けなければならないと考える。相手が変わるか、あるいは変わらずに自分のほうが負けになるか。勝つか負けるかであり、それ以外の道はありえない。

しかし、現実はもっと複雑だ。

2人のシェフが、キッチンに1つだけ残ったオレンジをめぐって争っている。すでにディナーの時間は始まっていて、どちらのシェフも大切な料理にオレンジがどうしても必要だ。そこで2人は、どちらにオレンジの使用権があるかで言い争いを続けている。

そしてついに時間切れになり、料理をテーブルに出さなければならなくなった。2人は大きな包丁を手に取ると、オレンジを半分に切った。これで2人とも使えるが、必要な量の半分になってしまう。

ここで2人のシェフが、おたがいに相手の動機を理解していたら、もっといい解決策を見つけることができたかもしれない。なぜなら1人はソースに入れるために果汁が必要で、もう1人はケーキに入れる皮が欲しかったからだ。

料理でも、庭の草むしりでも、パレスチナ人とイスラエル人の和平でも、根本の原因がわかれば、よりよい解決策を見つけることができる。

変化を妨げる障害を見つけよう。相手を止めているサイドブレーキはどれだろう？ それがわかれば、後は自然にまかせておけばいい。

（障害を見つける方法については、付録の「フォースフィールド分析」を参照）

変化をもたらすカタリストの力

「平和の種」の物語は、いくつかの大切なことを教えてくれている。

1つは、**誰の考えであっても変えられる**ということ。何を買うかということでも（アキュラを体験する)、投票行動でも(ディープ戸別訪問)、禁煙でも、こちらから影響を与えて望み通りの結果を引き出すことは可能だ。

農家が新しいイノベーションを導入する(ハイブリッドコーン)のも、消費者が新しいサービスを利用する(ドロップボックス)のも、子供が野菜を食べるのも、すべて実現することができる。

もっと不可能に見えることでも、突破口は必ずある。

依存症患者がリハビリに通う、銀行強盗が両手をあげて自分から投降してくる、あるいは保守派がトランスジェンダーの権利を支持する、イスラエル人とアラブ人がおたがいを信頼する、肉が大好きな人がベジタリアンになる、会社が社内文化を変える。

もちろん、変化を起こすカタリストになるのは簡単なことではない。それに、すべての人が一夜のうちに考えを変えるのは不可能だ。世の中の大きな変化を観察してみれば、それがいきなり起こったわけではないということがわかるだろう。

グランドキャニオンは、世界有数の見事な景観を誇る峡谷だ。全長はワシントンDCからノースカロライナ州ローリーまでの距離に相当し、谷底から頂上に登るまでに4時間以上もかかる。面積はロードアイランド州がすっぽり入るほど広く、あまりにも規模が大きいので独自の天候パターンまである。

この巨大な谷は、どのようにしてできたのだろうか。巨大地震か、あるいは大地殻変動が原因だと思う人もいるかもしれない。

しかし実際のところ、劇的な変化も急激な変化も関係ない。水の流れが少しずつ岩を削り、数百万年の時をへて今の姿になった。1滴の水が一筋の流れになり、そして雄大なコロラド川の流れになった。

支持政党を変えたという人に話を聞いてみよう。そのきっかけは、雷に打たれたような真実の瞬間ではなかったはずだ。映画や小説ならそのほうがおもしろいかもしれないが、現実世界ではめったに起こらない。

実際の大きな変化は、むしろグランドキャニオンに似ている。さまざまな段階を踏みながら、少しずつ、しかし確実に変化していく。大学教授と話す、寮のルームメイトと議論する。思わぬ病を得たことをきっかけに、医療システムの矛盾に気づく。党の新しいリーダーの方向性に疑問を持つ。

変化はこうやって少しずつ積み重ねられていく。数時間で変わるのではない。大きな変化は特にそうだ。数週間、数カ月、時には数年かかることもある。しかし、人が変わる理由、変わらない理由を理解すれば、変化を起こせる可能性は高くなるだろう。

第2に、**変化を起こすにもコツがある**。強く押すのではなく、ただ変化を妨げる障害をどけてあげるだけでいい。道路をふさぐ柵を撤去するように、変化を起こす触媒、カタリストになる。

ナフィーズ・アミンは、学生たちに「もっと勉強しなさい」とは言わなかった。**心理的リアクタンス**を取り除き、目標を達成するには、もっと勉強するのがいちばんだということを**学生自身に気づかせた**。

デイヴ・フィッシャーは、有権者に「トランスジェンダーの権利を守らなければならない」という考えを押しつけることはしなかった。ただ相手との間の**距離を縮め**、相手が自分でその**気づきを得るのを後押しした**。

グレッグ・ヴェッキは、マフィアに向かって「手をあげて出てきなさい。さもなければ撃つぞ」とは言わなかった。マフィアに語りかけ、相手のニーズを理解し、そしてその理解を利用して、マフィアに「自分は最初から無抵抗で投降したかったのだ」と思わせる。

考えを変えるのでも、態度を変えるのでも、あるいは行動を起こさせるのでも、変化の触媒であるカタリストは、次ページの「REDUCE」という5つの障害を取り除く。

心理的リアクタンス（Reactance）	人は押されたら押し返す。人に命令したり、説得を試みたりするのではなく、仲介になる存在を間に入れて、相手が自分で自分を説得するようにする。
保有効果（Endowment）	人には現状を維持したいという欲求がある。保有効果を和らげるには、行動を起こさないことのコストを明らかにし、何もしないことは思ったほどコストがかからないわけではないと気づかせる。
心理的距離（Distance）	人は自分とかけ離れたものには反対する。あまりにも遠くにある考え方は拒絶の領域に属するために切り捨てられる。ここでは距離を縮め、小さなお願いから始め、フィールドの反対側に連れてくるというテクニックが有効だ。
不確実性（Uncertainty）	疑いは変化を妨げる。一時停止の状態から人を再び動かすには、不確実性を取り除くといい。試してみるのが簡単になれば、買う確率も上がる。
補強証拠（Corroborating Evidence）	ある種の物事はより多くの証拠を必要とする。証拠をさらに補強する証拠を見つけ、複数のリソースを活用して翻訳の問題を克服する。

心理的リアクタンスを軽減する

・どうすれば変化を仲介することができるか？　「真実」キャンペーンのように、相手に自分で変化への道筋を書いてもらうか？

・メニューを提供できるか？　子供に「ブロッコリーを先に食べる？　それともチキンから食べる？」と尋ねるように、誘導的な選択肢を活用することはできるか？

・「スモーキング・キッド・キャンペーン」のように、相手の言葉と行動の間にギャップはあるか？　もしあるなら、それをどうやって相手に自覚させるか？

・最初から相手を変えようとするのではなく、まず相手を理解することから始めただろうか？　根っこの理由は見つけたか？　グレッグ・ヴェッキのようにまず信頼関係を築き、それを活用して変化を促進したか？

保有効果を和らげる

・現状が何であれ、その現状のどこが魅力的なのか？

・相手が気づいていない現状維持のコストはあるか？

・ファイナンシャル・アドバイザーのグロリア・バレットのように、行動を起こさないことのコストを明らかにするにはどうするか？

・コルテス、あるいはITスペシャリストのサム・マイケルズのように、船を焼いて、もう後戻りはできないということを明確にするにはどうするか？

・ドミニク・カミングスとブレグジットのように、新しい物事を「失ったものを取り戻す」という印象に変えることはできるか？

心理的距離を縮める

・拒絶の領域に入らないようにすることによって、確証バイアスを避けるにはどうするか？

・小さなお願いから始められるか？　トラック運転手の炭酸飲料摂取を減らした医師のように、変化を小分けして、少しずつお願いを大きくしていくことはできるか？

・移動可能な中間層は誰か？　他者の説得に彼らを活用するにはどうするか？

・活用できる現状打破のポイントはあるか？　それを使ってフィールドの反対側へ連れてくるにはどうするか？　ディープ戸別訪問のように、おたがいの共通点を見つけてから歩み寄るか？

不確実性を取り除く

・不確実性を取り除き、一時停止の人を動かすにはどうするか？　挑戦のハードルを下げることはできるか？

・ドロップボックスのようにフリーミアムを活用できるか？

・ザッポスのように初期費用を減らすにはどうするか？　試乗、レンタル、サンプル配布などの手法を使い、相手に体験を促すにはどうするか？

・相手からやってくるのを待つのではなく、自分を発見してもらうためにできることはあるか？　アキュラ体験のように、自分を知らない人に興味を持ってもらい、ひいては購入してもらう方法はあるか？

・取り消し可能にすることで、相手の心理的ハードルを下げることはできるか？　フィラデルフィアズ・ストリート・テイルズ・アニマル・レスキューの2週間トライアルなどのように寛大な返品条件は有効か？

補強証拠を見つける

・相手は小石か、それとも巨岩か？　あなたが求めている変化のコストとリスクはどれくらいで、相手にとってはどれくらい抵抗のある変化なのか？

・さらに証拠を提供するにはどうするか？　インターベンション・カウンセラーのように、複数のソースに同じ内容を伝えてもらうにはどうするか？

・類似性はあるが独自のソースを見つけ、さらに多くの証拠を伝えてもらうにはどうするか？

・情報を凝縮して伝えるにはどうするか？　相手が複数の違うソースから短期間のうちにくり返し情報を聞くにはどうするか？

・大きな変化を起こすとき、スプリンクラー方式と消火ホース方式のどちらが効果的か？　稀少なリソースを拡散するか、それとも集中させるか？

変えたい相手がクライアントでも、組織でも、あるいは業界全体でも、変化を妨げている障害を見つけ、それを取り除く方法を考える。

先の360〜361ページにあげたのは、障害を取り除くためのチェックリストだ。


そして最後に、いちばん大切なことを伝えたい。

それは、誰でもカタリストになれるということだ。

口がうまくなくてもかまわない。パワーポイントの達人になる必要もない。巨額の広告費も必要ないし、大企業に勤めていなくても大丈夫だ。専門分野で20年の経験もいらない。大げさな身振り手振りができなくてもいい。誰よりも輝くカリスマ性も必要ない。

ヤツェク・ノヴァクは、経営幹部を説得できずに悩んでいた。彼が働く銀行業界は、特に変化が遅いことで有名だ。ヤツェクが目指していたのは顧客サービスの改革であり、銀行にはまったく縁がないと思われていた分野だ。

だが**挑戦へのハードルを下げる、発見を後押しする**というテクニックを使い、自分が提案していることの価値を経営幹部たちにも実際に体験してもらい、最終的に提案の実現に成功した。

チャック・ウルフは、世界でも最大規模の業界と戦っていた。彼らの資金力はウルフの

1000倍以上だ。それに、中高生にタバコをやめさせるという目標もかなりの難問だ。それまで何十年にもわたって数十の組織が挑戦し、そして挫折していった。

しかし、子供たちに「タバコを吸うな」と命令するのではなく、ただ事実を伝えて、あとは自主的な判断にまかせることで、ウルフは流れを変えることに成功した。ウルフのプログラムでは子供たちが主役になる。ただの傍観者ではない。

その結果、子供たちは「自分たちが状況をコントロールしている」と感じることができた。そうやってウルフは**心理的リアクタンスを取り除き**、子供たちに**自分で自分を説得させた**のだ。

ニック・スウィンマーンは、小さなスタートアップを軌道に乗せる方法を探していた。シューサイト・ドット・コムはもう少しで資金が底をつきそうになっていた。ここから逆転するには、人々の消費行動を変える必要がある——しかも、今すぐに。

ニックはそのとき、人々を説得したり、ないお金を絞り出してお洒落な広告を展開したりしなかった。ただ**変化を妨げる障害を取り除いた**のだ。送料無料、返品自由という方針を打ち出し、まず潜在顧客たちに安心して商品を体験してもらった。

挑戦へのハードルを下げたことで、シューサイト・ドット・コム改めザッポスは、**リスクを軽減し、不確実性を取り除き**、そして最終的に10億ドル規模のビジネスに成長した。

その道のりで、現代世界になくてはならないオンラインショッピングの基礎を築いたのだ。普通の人々が、難しい状況に直面し、そして**カタリストになった**。根っこの**原因を見つけ、障害を取り除くこと**で、**人々の考えを変える**ことができた。

人は誰でも、何かを変えたいと思っている。政治家は有権者の投票行動を変えたい。マーケターは顧客ベースを構築したい。部下は上司の考えを変えたい。リーダーは組織を変えたい。結婚している人は配偶者の態度を変えたい。親は子供の態度を変えたい。スタートアップは業界を、そしてNPOは社会を変えたい。

本書の全編を通じて、私たちは変化を起こすテクニックの最先端を見てきた。**人はいつ、どうやって、どういう理由で思い込みを変え、行動を変え、そして新しい考え方を受け入れるのか。その謎を、科学的なエビデンスに基づいて解明している。**

カタリストになり、「REDUCE」の5つの障害を取り除く（reduce）ことができれば、あなたもまた、どんな相手でも変えられるようになるだろう。

［※19］イスラエル人の参加者も、まったく同じ感情を吐露している。

付録1　アクティブリスニング

根っこの問題を見つけ、相手がまだ変わっていない理由を解明するには、まず相手を理解するところから始める。そのために有効なのが「アクティブリスニング」というテクニックだ。

聞くことはもちろん大切だが、時には正しい質問をすることや、自分がきちんと聞いていると相手に示すことも同じくらい大切になる。相手の話を聞き、理解していることを伝えるシグナルだ。いくつかの戦術を紹介しよう。

小さな相づちを打つ

きちんと聞いていることを相手に示す方法の1つは、ボディランゲージと相づちを使って、話の内容に集中していると伝えることだ。うなずく、体を前に乗り出す、相手の目を見る、「ええ」「なるほど」「わかります」などと相づちを打つ。

意味のない言葉だと思うかもしれないが、相手に賛同する相づちには、会話をつなぎ止める力がある。話しているときに何の反応もフィードバックもないと、話すのが楽しくないだけでなく、話の全体的な質も低下する。[1]

自由回答式の質問をする

質問は会話を活気づけ、おたがいの信頼関係構築を助ける。

初対面の会話でも、合コンでの会話でも、たしかに質問をたくさんする人のほうがモテるということに気づくはずだ。[2]質問にはまた、有益な情報を集め、相手をより深く理解する助けになるという働きもある。

しかし、質問なら何でもいいというわけではない。

たとえば、「なぜ」の質問（「なぜゴミを捨ててくれなかったの？」）は、責められている、尋問されているといった印象を相手に与える。「イエス」か「ノー」で答える質問、あるいは一言で答えることを求める質問（「銃を持っているか？」）も、会話がそこで止まってしまうので効果的ではない。

自由回答式の質問（「それについてもっと教えてもらえますか？」、あるいは「すごい！どうやったらそんなことができるのですか？」）をすれば、相手の話をきちんと聞いていることを示せるだけでなく、後で役に立つかもしれない詳しい情報を手に入れることもできる。

沈黙を効果的に使う

沈黙は力だ。人は気まずさを避けるために、必死になって沈黙を埋めようとする。そこで人質交渉人は、自分があえて黙ることで、犯人にしゃべらせて貴重な情報を手に入れようとする。特に質問が状況を悪化させそうなときは、沈黙が有効だ。相手の答えにさらに質問で応じるのではなく、ただ黙って相手が沈黙を埋めようとするのを待つ。

沈黙には聞き手の集中力を高める効果もある。何か大事なことを言う直前、あるいは直後に間を置くと、相手は期待を高め、話の内容により興味を持つ。

このテクニックで有名なのがオバマ大統領だ。たとえば、キャンペーンのスローガンになった「イエス、ウィーキャン」は、しばしば間にポーズを入れて「イエス……ウィーキャン」と発音される。

2008年大統領選挙の勝利演説では、もっとも聴衆が沸いたセンテンスで10回も沈黙を使っている。

「もし今でも……アメリカはすべてが……可能である国だということに……疑いを持つ人がいるのなら……建国の祖が抱いた夢が……まだ生きていることを……疑う人がいるのなら……民主主義の力を……まだ信じない人がいるのなら……今日この夜が……あなたたちへの答えだ」

戦略的な沈黙には、伝えたい内容を明確にし、聞き手の注意を逸らさない働きがある。

聞いたことをくり返す

ミラーリングとは、相手の仕草や言葉を真似るコミュニケーションのテクニックだ。

特に相手が感情的になっているときに相手の言葉をくり返すと、相手はこのまま話し続けてもいいのだと安心し、思いの丈を吐き出すことができる。

たとえば誰かが、「あのサプライヤーは本当に頭にくる。いつも1日か2日は遅れるんだから」と言ってきたら、「いつも1日か2日遅れるんだ」と応じる。

ミラーリングのテクニックを使うと、好意と連帯感も強めながら、会話をスムーズにすすめることができる。

または、相手の言ったことをそっくりそのままくり返すのではなく、同じ内容を違う言葉で表現するというテクニックもある。このテクニックを使うと、ただ相手の話を聞いているということだけでなく、自分の言葉で表現できるほど深く理解しているということも相手に伝えられる。

感情に名前をつける

相手の考えを変えるときは、情報も大切だが、それと同じくらい感情も大切だ。事実や数字はたしかに役に立つが、根底にある感情の問題を理解できずにいると、人を動かすのは難しい。そこで感情に名前をつけるというテクニックを使うと、相手がある行動をする根本の原因を見つける手がかりになる。

たとえば「怒っているようだね」、あるいは「不満がありそうだ」という表現で相手の感情に名前をつけると、話をきちんと聞いていて、理解しようとしていることが相手に伝わる。たとえ間違った名前をつけてしまったとしても、そのときの相手の反応が根っこの原因を探る手がかりになるだろう。

付録2　フリーミアムを活用する

フリーミアムはかなり有効なビジネスモデルになる。

新規ユーザーを惹きつけるとともに、無料ユーザーを有料ユーザーに移行させる働きもある。しかしこのモデルの成否を決めるカギは、どの程度まで無料で提供するかということだ。

たとえばドロップボックスが、無料ユーザーにごくわずかなストレージ容量しか提供しなかったとしよう。容量が一杯になるとポップアップが出て、もっと保存したいなら有料バージョンにアップグレードする必要があると告げられる。

たいていの人は、このポップアップをきわめてわずらわしいと感じる。まだたいして使ってもいないのに、もうお金を払えと言われるのだ。おそらくお金を払う価値はないと判断し、使用をやめてしまうだろう。

その反対に、無料で提供するものが多すぎるのも問題だ。『ニューヨーク・タイムズ』紙のウェブ版は、かつて1カ月に20本の記事まで無料で読めるようになっていた。

たいていの読者はこれで十分だと思い、わざわざ有料メンバーにアップグレードしない。1カ月に20本以上の記事を読む人はほとんどいないので、無料のままで問題なかったからだ。

そこで大切なのは、アップグレードする価値があると実感できるだけのサービスを提供し、なおかつアップグレードの必要がなくなるほどサービスを提供しすぎないことになる。

実際に『ニューヨーク・タイムズ』は、読者の行動を分析し、無料で読める記事を10本まで少なくした。10本も読めればサービスの価値を知るには十分であり、もっと読みたい人が有料版にアップグレードする十分な動機づけになる。

まとめると、無料で提供するサービスの量は2つの基準で判断する。

1 何人の新規ユーザーが登録したか

2 そのうちの何割が有料版にアップグレードしたか

もし新規ユーザーが少ないのであれば、無料サービスに魅力がないということだ。もっと量を増やすか、内容を向上させる必要がある。もし新規ユーザーは順調に増えているが、有料版にアップグレードする率が低いなら、逆に無料サービスに魅力がありすぎるか、あるいは有料サービスがきちんと差別化できていないと考えられる。

しかし、どこまで無料で提供するかという問題だけでなく、どの「側面」を制限するかというのも大事な点だ。

たとえば、『ニューヨーク・タイムズ』は「記事の本数」という制限を設け、ドロップボックスは「ストレージ容量」という制限を設けている。スポーツジムや各種の教室は「施設を利用できる時間」に制限を設け、ジムなら「30日間無料」、教室なら「初回授業無料」というサービスを提供する。

ビデオチャットのパンドラや、ゲームのキャンディークラッシュは、「使える機能」を制限する（誰が参加できるか、広告を消せるか、どのレベルまでアクセスできるかなど）。無料ユーザーが使えるのは一部の機能で、すべての機能は有料ユーザーでないと使えない。

制限する側面を決めるときは、「不確実性を取り除く」という観点から考える。ユーザーにどんな体験を与えれば、不確実性への不安をなくし、お金を払ってアップグレードしたいと思わせることができるだろうか？　使ってすぐの段階で価値がわかりにくい機能があるなら、それを制限するのがもっとも理にかなっている。

あるいは、最初からすべての機能を使えるようにしてユーザーに最高の体験を提供するなら、時間や容量を制限するほうがよりよい選択肢ということになるだろう。

付録3　フォースフィールド分析

変化を妨げる障害は、さまざまな形をしている。

まずその正体を見きわめないと、障害を取り除くことはできない。

たとえば、新しい旅行予約アプリを開発したとしよう。

このアプリを使うと、時間とお金を節約することができる。普通であれば、このアプリのすばらしさを中心に宣伝するだろう。準備の時間を半分にできる、ホテル代と交通費を25パーセント節約できる、といったことだ。

しかし、このアプリの前にはさまざまなハードルが立ちふさがっている。

たとえば、今の状態に問題があることに気づかず、このアプリの必要性に気づかない消費者もいるかもしれない。あるいは、このアプリがどうやって問題を解決するかわからない消費者や（どうやってお金を節約するのか？）、宣伝が本当だと信じない消費者もいるだろう（宣伝されている機能が本当に使えるとは思えない）。あるいは、使い勝手が悪い、使い方が難しいという心配がいちばん多いかもしれない。

新しいアプリの宣伝は、医師が薬を処方するのと同じだ。

問題を理解しなければ、正しい解決策を提示することはできない。アプリのお金を節約するしくみがわからないというのなら、その点を詳しく説明すればいい。

しかし使い勝手が悪い、使い方が難しいと心配しているなら、違う角度からのアプローチが必要だ。ここでお金の節約を強調しても意味がない。歯痛を訴える患者に対して捻挫用の湿布を処方するのと同じようなものだ。

すべての潜在顧客をターゲットに、絨毯爆撃よろしく同じメールを一斉に送りつけるほうがたしかに簡単だ。組織改革でも、すべての部署で同じプレゼンを展開したほうが手間は少ない。

しかし、このような「フリーサイズ」のアプローチは一見すると時間の節約になりそうだが、実際のところ効率はかなり悪い。1つの宣伝で効果がなければ他の宣伝に変えるという作業を、延々とくり返さなければならないからだ。

ここで大切なのは、根っこの原因を見つけることだ。

いったい何が、消費者の行動を妨げているのだろうか？

そのときによく使われるテクニックの1つが「フォースフィールド分析」だ。ある状況に見られるさまざまな要素や力学を分析し、その結果を活用して変化を促進する。

フォースフィールド分析で最初に行うのは、変化の定義を決めることだ。

最終的にどんな状態になることを望むのか、あるいはどんなことが起こってほしいのか。クライアントが長期契約にサインすることなのか。上層部が新プロジェクトの予算を承認することなのか。配偶者が義理の家族の悪口を言わなくなることなのか。

変化の定義が決まったら、今度はその変化を促進してくれる要素を探す。

変えたい相手（個人でも、組織でも）の中にその要素がある場合もあるだろう。クライアントがこれまでのうちの仕事に満足している、新プロジェクトが上層部のビジョンに合致する、といったことだ。

あるいは、要素が外部にある場合も考えられる。クライアントが勤める会社が長期の契約を好む傾向があるのかもしれないし、新プロジェクトがうまくいったら全社に利益があるのかもしれない。

そして最後は、もっとも重要なステップだ。それは「拘束具」を見つけること。どんな障害やハードルが変化を妨げているのだろうか？　変化を促進する力と同じように、変化を抑えつける力も内部と外部の両方に存在する。

たとえば相手がクライアントなら、もしかしたら1年後か2年後に自分のビジネスがどうなっているか予測できないのかもしれない。新プロジェクトの場合は、上層部が人手不足を心配しているのかもしれない。[※20]

障害を見つける1つの方法は、未来に目を向けるのではなく、過去と現在を参考にすることだ。すでに見たように、「どうすれば変わってくれるのか」ではなく、「なぜまだ変わっていないのか」と考える。

なぜまだ理想の状態になっていないのか？

何がそれを妨げているのか？

どんな要素が存在しているから、理想の状態を実現する変化が起こらないのか？

また、「誰が変化に反対しているのか？」「変化にともなうリスクとコストは？」という質問も役に立つ。

クライアントは何を心配しているのだろう？

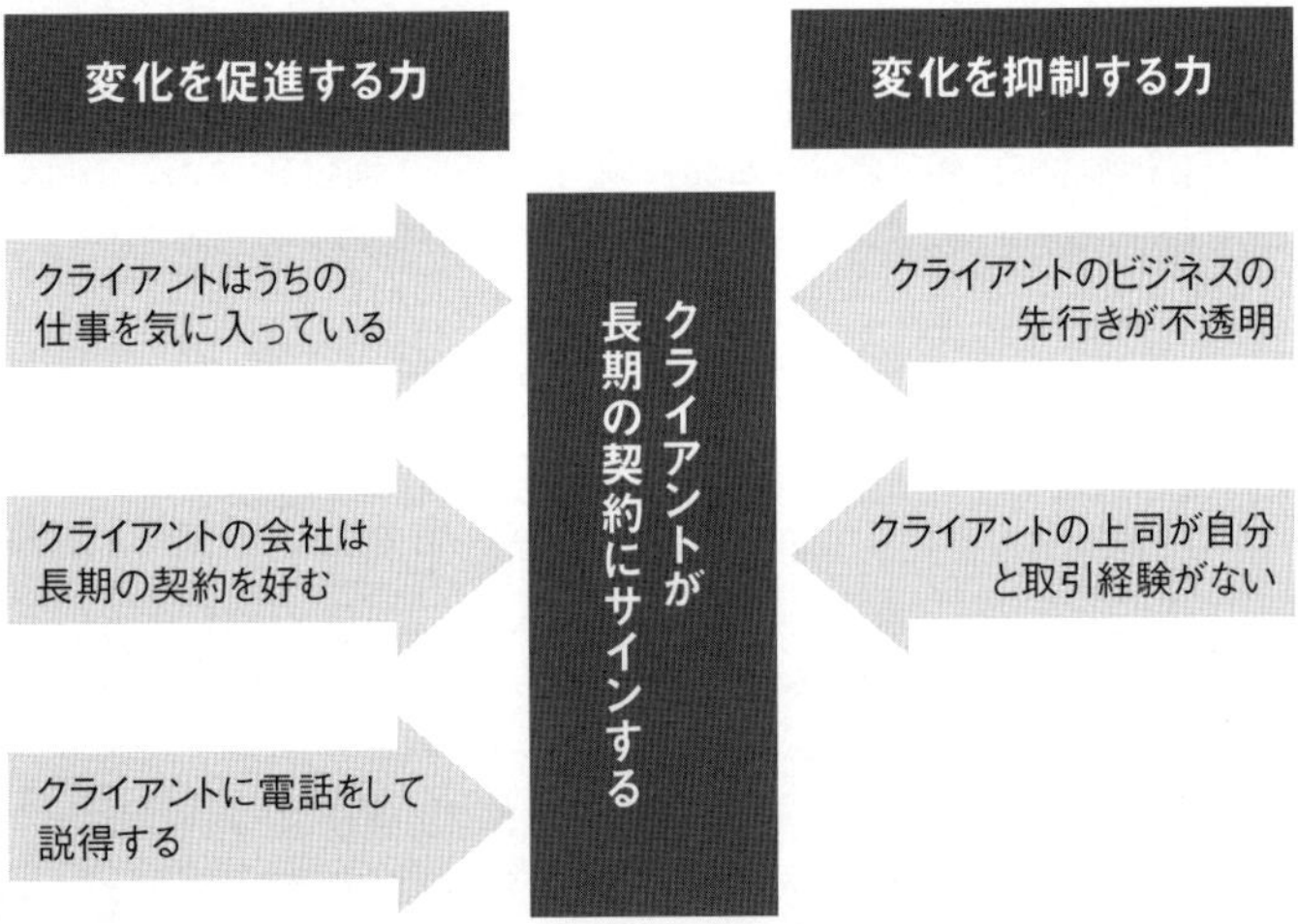

上層部は何が気がかりで、新プロジェクトに反対しているのだろう?

10代の息子に健康的な食生活をさせたいとしよう。

ここで、「スナック菓子はやめなさい」「野菜をもっと食べなさい」とうるさく言ってもあまり効果はない。フォースフィールド分析は、もっと有効な解決策を教えてくれる。

ここでの理想とする変化は、はっきりしている。それは、息子が健康的な食事をすることだ。あなたが頻繁に「もっと野菜を食べなさい」と言うこと(**外部の力**)に加え、息子自身にも、減量したい、走るのが速くなってサッカーチームに入りたいという動機があるかもしれない(**内部の力**)。

変化の動機はそろっているようだが、それではなぜ、息子はまだ変わっていないのか?もしかしたら、健康的な食事はおいしくないという思い込みがあるのかもしれない(**内部の力**)。または放課後も予定がたくさんあり、簡単に食べられるジャンクフードに手が伸びてしまうのかもしれない(**外部の力**)。

あるいは、あえて親の言うことを聞かないことで、自立を表明しているという可能性もある。

こういった「変化を妨げる力」があることを考えると、親が理想とする変化がまだ起こらず、「ジャンクフードはやめなさい」という言葉が逆効果になっているのも当然だろう。強く押しても、変化を妨げる障害はなくならない。

フォースフィールド分析を使って現状を把握すると、変化を起こすのが簡単になる。なぜなら、ゴールに到達する別の道筋が見えてくるからだ。大切なのは、さらに強く押すことではなく、**障害を取り除くこと**だ。

健康的な食事はまずいという先入観があるなら、マカロニの代わりにカリフラワーを使ってマカロニ・アンド・チーズをつくる。時間がないというのなら、スティック野菜を冷蔵庫に常備して、いつでも食べられるようにしておく。

変化を妨げる力がわかれば、根っこの原因を見つけることができる。変化を止めるサイドブレーキを突き止め、変化に向けて加速することができるのだ。

【※20】もう1つ、それぞれの要素に点数をつけるという方法もある。変化を促進する要素、抑制する要素をあげ、影響力の大きい要素は高い点、小さい要素は低い点にする。

【著者紹介】

ジョーナ・バーガー（Jonah Berger）

◉——ペンシルベニア大学ウォートン校マーケティング教授。国際的ベストセラー『インビジブル・インフルエンス 決断させる力』（東洋館出版社）の著者。行動変化、社会的影響、口コミ、製品やアイデア、態度が流行する理由を専門に研究する。一流学術誌に50本以上の論文を発表。『ニューヨーク・タイムズ』紙、『ウォール・ストリート・ジャーナル』紙、『ハーバード・ビジネス・レビュー』誌などに寄稿した記事も人気を博している。

◉——Apple、Google、NIKE、ビル＆メリンダ・ゲイツ財団などをクライアントに持つコンサルタントでもある。これまで数百の組織とともに働き、新製品の浸透、世論の形成、組織文化の変革などを実現してきた。『ファスト・カンパニー』誌の「ビジネス界でもっともクリエイティブな人々」に選出され、その仕事は『ニューヨーク・タイムズ・マガジン』誌の「年間アイデア賞」で複数回取り上げられた。

【訳者紹介】

桜田　直美（さくらだ・なおみ）

◉——翻訳家。早稲田大学第一文学部卒。訳書は『EXPLORER'S ATLAS　探検家の地図』『THE CULTURE CODE　最強チームをつくる方法』（いずれも、小社刊）、『アメリカの高校生が学んでいるお金の教科書』『睡眠こそ最強の解決策である』（いずれも、SBクリエイティブ）、『こうして、思考は現実になる』（サンマーク出版）、『生きるために大切なこと』（方丈社）など多数。

THE CATALYST　一瞬で人の心が変わる伝え方の技術

2021年3月12日　第1刷発行
2024年3月1日　第2刷発行

著　者——ジョーナ・バーガー
訳　者——桜田　直美
発行者——齊藤　龍男
発行所——株式会社かんき出版
東京都千代田区麹町4-1-4 西脇ビル　〒102-0083
電話　営業部：03(3262)8011㈹　編集部：03(3262)8012㈹
FAX　03(3234)4421　振替　00100-2-62304
https://kanki-pub.co.jp/

印刷所——ベクトル印刷株式会社

ISBN978-4-7612-7537-2 C0030

原注

Prologue

1. Ireland, Carol A., and Gregory M. Vecchi (2009), "The Behavioral Influence Stairway Model (BISM): A Framework for Managing Terrorist Crisis Situations?" *Behavioral Sciences of Terrorism and Political Aggression* 1, no. 3, 203–18. Vecchi, Gregory M., Vincent B. Van Hasselt, and Stephen J. Romano (2005), "Crisis (Hostage) Negotiation: Current Strategies and Issues in High-Risk Conflict Resolution," *Aggression and Violent Behavior* 10, no. 5, 533–51. Noesner, Gary W., and Mike Webster (1997), "Crisis Intervention: Using Active Listening Skills in Negotiations," *FBI Law Enforcement Bulletin* 66, 13.
2. 匿名を保つために登場人物の一部は偽名を用いている。

第１章　心理的リアクタンス

1. Fellows, J. L., A. Trosclair, E. K. Adams, and C. C. Rivera (2002), "Annual Smoking-Attributable Mortality, Years of Potential Life Lost, and Economic Cost—United States 1995–1999," Centers for Disease Control and Prevention (accessed August 17, 2019), available at https://www .cdc.gov /mmwr /preview / mmWrhtml /mm5114a2.htm.
2. Centers for Disease Control and Prevention (July 9, 2010), "Cigarette Use Among High School Students—United States, 1991–2009," *Morbidity and Mortality Weekly Report* 1, no. 26, 797–801.
3. Hanson, Glen, Peter Venturelli, and Annette Fleckenstein (2011), *Drugs and Society* (Burlington, MA: Jones & Bartlett).
4. ここで指摘しておきたいのは、「タイド・ポッド・チャレンジ」参加者の中には皮肉の意味を込めていた人もいたということだ。ユーチューバーは再生回数を稼ぐ目的で参加したり、あるいは自分は参加せずにチャレンジをからかったりしていた。たとえばブルックリンのあるピザ屋は、洗剤と同じ色に着色したチーズをトッピングしたタイド・ポッド・ピザを売り出している。しかしみんな冗談でやっていると理解していない子供もいて、そのうちの何人かは実際に病院送りになった。
5. 長年にわたる心理的リアクタンスの研究によると、人は脅かされたと感じた自由を取り戻すために、ある物事を求めたり、逆に避けたりする。以下の研究が参考になる。Bensley, Lillian Southwick, and Rui Wu (1991), "The Role of Psychological Reactance in Drinking Following Alcohol Prevention Messages," *Journal of Applied Social Psychology* 21, no. 13, 1111–24. Wolf, Sharon, and David A. Montgomery (1977), "Effects of Inadmissible Evidence and Level of Judicial Admonishment to Disregard on the Judgments of Mock Jurors," *Journal of Applied Social Psychology* 7, no. 3, 205–19. Wong, Norman C. H., Kylie J. Harrison, and Lindsey Harvell-Bowman (2015), "When the Death Makes You Smoke: A Terror Management Perspective on the Effectiveness of Cigarette On-Pack Warnings," Studies in Media and Communication (accessed August 17, 2019),

available at https://www .researchgate .net /publication /282519431 Reactance_ and Public Health Messages The Unintended Dangers of_Anti-tobacco PSAs.

6. Rodin, Judith, and Ellen J. Langer (1977), "Long-Term Effects of a Control-Relevant Intervention with the Institutionalized Aged," *Journal of Personality and Social Psychology* 35, no. 12, 897. Langer, Ellen J., and Judith Rodin, "The Effects of Choice and Enhanced Personal Responsibility for the Aged: A Field Experiment in an Institutional Setting," *Journal of Personality and Social Psychology* 34, no. 2, 191. 死亡率の算出で用いたサンプルは数が比較的少なく、解釈には注意が必要だが、他分野の同様の実験でも同じような結果になっている。

7. Botti, Simona, Kristina Orfali, and Sheena S. Iyengar (2009), "Tragic Choices: Autonomy and Emotional Responses to Medical Decisions," *Journal of Consumer Research* 36, no. 3, 337–52.

8. 心理的リアクタンスに関する初期の研究は Brehm (1966) を参照。Worchel and Brehm (1970) demonstrate the idea of a boomerang effect in response to certain persuasive messages. Brehm, Jack W. (1966), *A Theory of Psychological Reactance* (Oxford, UK: Academic Press). Worchel, Stephen, and Jack W. Brehm (1970), "Effect of Threats to Attitudinal Freedom as a Function of Agreement with the Communicator," *Journal of Personality and Social Psychology*, 14, no. 1, 18.

9. 数十の研究により、心理的リアクタンスはさまざまな領域で人の要請に応じない原因になることがわかっている。広告が自分に何かを押しつけようとしていると感じた子供は、その広告の内容を信じず、製品への好感度も低い（Robertson and Rossiter, 1974）。医師がより権威的にふるまうと（たとえば、自分の指示に従わなければもっと悪くなると患者に言う）、患者を対等のパートナーとして扱う（「一緒に頑張って治しましょう」などと言う）ときに比べ、処方された薬を取りにくるのが遅くなる、薬を処方された通りに飲まないなどの問題が生じることが多い（Fogarty and Youngs, 2000）。また、人に何かをすすめると、相手はかえって反対のことをする（Fitzsimons and Lehmann, 2004）。Robertson, Thomas S., and John R. Rossiter (1974), "Children and Commercial Persuasion: An Attribution Theory Analysis," *Journal of Consumer Research* 1, no. 1, 13–20. Fogarty, Jeanne S., and George A. Youngs Jr. (2000), "Psychological Reactance as a Factor in Patient Noncompliance with Medication Taking: A Field Experiment," *Journal of Applied Social Psychology* 30, no. 11, 2365–91. Fitzsimons, Gavan J., and Donald R. Lehmann (2004), "Reactance to Recommendations: When Unsolicited Advice Yields Contrary Responses," *Marketing Science* 23, no. 1, 82–94.

10. Fransen, Marieke L., Edith G. Smit, and Peeter W. J. Verlegh (2015), "Strategies and Motives for Resistance to Persuasion: An Integrative Framework," *Frontiers in Psychology* 6, 1201.

11. Givel, Michael S., and Stanton A. Glantz (1999), "Tobacco Industry Political Power and Influence in Florida from 1979 to 1999," working paper, University of California, San Francisco: Center for Tobacco Control Research and Education.

12. 「真実」キャンペーンに大きな効果があったもう1つの理由は、喫煙するという選択の意味づけを変えたことだ。中高生にとって喫煙は反抗の象徴だが（「健康被害

なんて関係ないね。俺はタフだから」)、「真実」キャンペーンによって、喫煙はむしろ大人の思うつぼだということが明らかになった。まんまとタバコ会社の策略にはまってしまっている。子供の心理的リアクタンスをさらに強く押すことで打ち破ろうとしたり、あるいは心理的リアクタンスの存在を無視したりするのではなく、逆にそれを利用して、別の道を提示したのだ。何かに反抗したいのなら、タバコ会社に反抗すればいい。子供たちを操る真犯人はタバコ会社だ。「真実」キャンペーンが巨大企業の陰謀と策略をあばき、彼らの巧妙な広告を無力化したのだ。

13. サンドラ・ボイトンの絵本『おやすみ小さなプーキー(Night-Night, Little Pookie)』にちょうどいい例が登場する。プーキーに寝る準備をさせようとしている母親が、2種類のパジャマのうちどちらがいいか選ばせる。「さて、今日は自動車のパジャマにする？　それともお星さまのパジャマのほうがいい？」。そこで機転が利くプーキーは、上はお星さまでズボンは自動車にしようと決めて、「お星さまと自動車」と答えるのだ。

14. ここで注目してほしいのは、いわゆるパレート効率性も達成されているということだ。求職者の状況を向上させ、さらに自分も受け入れられる選択肢をいくつか提示すれば、双方にとって利益になる。

15. 相手の中にある抵抗を認識するだけでも効果がある。道行く人をランダムに選び、パーキングメーターにコインを入れてほしいと頼むと、たいてい半数の人が入れてくれる。しかしそのときに、相手がやりたくないと思っているのはわかっていると相手にわかるようにすると(「ご迷惑をおかけして本当に申し訳ないのですが、パーキングメーターの代金をいただけないでしょうか？」)、ほぼすべての人がコインを入れてくれる。相手の「やりたくない」とい気持ちを認めるのは、相手の自主性を認めることにつながるからだ。誰かにむりやりやらされたのではなく、自分の選択でしていることになる。相手の抵抗を理解し、尊重すると、相手は変化へのハードルを下げてくれる。

16. あるファイナンシャル・アドバイザーには難しい顧客がいた。どんなに言っても老後の備えをしようとしない。貯金をしたほうがいいというアドバイスを無視し続けている。そこで彼女は、顧客の男性に、貯金の利点を証明するさまざまな資料を送った。貯金を早く始めたほうが、複利効果をはじめ、多くのメリットがある。しかし彼は一向に貯金を始めない。ついに彼女は、単刀直入に彼に尋ねた。「あなたもいつかは引退するつもりですよね？」。「もちろんです」と彼は答えた。「何歳ぐらいで引退したいですか？」。「65歳くらいかな」と彼は答えた。「わかりました。それでは、どんな引退生活を送りたいですか？」。趣味の旅行とゴルフを楽しみ、悠々自適の生活を送りたいと彼は答えた。「その生活を送るには、引退の時点でいくらぐらい必要になると思いますか？」と彼女は尋ねた。彼はわからないと答えた。そこで2人で計算を始めた。その結果、彼が理想の老後を実現するには、引退時点で150万ドルの資産が必要だということがわかった。しかし、そこで終わりにするのではなく、ファイナンシャル・アドバイザーはさらに一歩進んだ。計算ソフトを開くと、引退までに貯める必要がある額を逆算していった。彼の収入と貯金できる額を考えると、60歳までに100万ドルが銀行口座にあるはずだ。そうなるためには54歳までには50万ドル貯めておかなければならない。つまりあと2年で最低でも10万ドル貯める必要があるということだ。彼はその数字を見て息をのみ、すぐに毎

月の貯金額を２倍以上に増やした。現在地と目的地の距離をはっきり認識することが、彼にとって行動のきっかけになった。

17. Dickerson, Chris Ann, Ruth Thibodeau, Elliot Aronson, and Dayna Miller (1992), "Using Cognitive Dissonance to Encourage Water Conservation," *Journal of Applied Social Psychology* 22, no. 11, 841–54.

18. ワイザー家の物語をさらに詳しく知りたい人は以下を参照。Watterson, Kathryn (2012), *Not by the Sword: How a Cantor and His Family Transformed a Klansman* (Lincoln, NE: University of Nebraska Press).

第２章　保有効果

1. Hartman, R. S., M. J. Doane, and C.-K. Woo (1991), "Consumer Rationality and the Status Quo," *Quarterly Journal of Economics* 106, no. 1, 141–62.

2. 現状維持バイアスに関する研究は以下を参照。Samuelson, W., and R. Zeckhauser (1988), "Status Quo Bias in Decision Making," *Journal of Risk and Uncertainty* 1, no. 1, 7–59. Kahneman, Daniel, Jack L. Knetsch, and Richard H. Thaler (1991), "Anomalies: The Endowment Effect, Loss Aversion, and Status Quo Bias," *Journal of Economic Perspectives* 5, no. 1, 193–206.

3. Katzenbach, Jon R., Ilona Steffen, and Caroline Kronley (2012), "Cultural Change That Sticks," *Harvard Business Review*, July–August.

4. Morewedge, Carey K., and Colleen E. Giblin (2015), "Explanations of the Endowment Effect: An Integrative Review," *Trends in Cognitive Sciences* 19, no. 6, 339–48.

5. Strahilevitz, Michal A., and George Loewenstein (1998), "The Effect of Ownership History on the Valuation of Objects," *Journal of Consumer Research* 25, no. 3, 276–89. Reb, Jochen, and Terry Connolly (2007), "Possession, Feelings of Ownership, and the Endowment Effect," *Judgment and Decision Making* 2, no. 2, 107.

6. 同じものであっても売り手のほうが買い手よりも価値を高く評価するということを示すだけでは、売り手が過大評価しているのか、それとも買い手が過小評価しているのかまではわからない。しかし巧みな研究によってこの問題が解明された。たとえばある研究では、マグカップの売り手と買い手に加え、第３のグループもつくられた。第３のグループは、最初に１つのマグカップを与えられ、それからまったく同じマグカップを２つ目として買うとしたらいくら払うかと尋ねられる。人が持っていないものを過小評価するのであれば、２つ目のマグカップはまだ持っていないのだから、普通の買い手と同じ評価をするはずだ。しかし実際のところ、彼らは普通の売り手と同じ評価をした。そこからわかるのは、人は持っていないものを過小評価するだけでなく、すでに持っているもの（あるいは、それに似ているもの）を過大評価するということだ。

7. Britton, Diana (2015), "The Loss Aversion Coefficient," Wealth Management .com, February 10, http:// www .wealthmanagement.com /equities /loss-aversion-coefficient.

損失回避の程度がどれくらいかということは研究によってさまざまだ。Novemsky and Kahneman (2005) は2倍前後、Abdellaoui, Bleichrodt, and L'Haridon (2008) は過去の研究を調査し 1.43 ～ 4.99 倍としている。Gachter, Simon, Eric J. Johnson, and Andreas Herrmann (2007), "Individual-Level Loss Aversion in Riskless and Risky Choices," IZA working paper 2961 も参照。

8. Harvard Business School Case #2069, "Mountain Man Brewing Company: Bringing the Brand to Light."
9. 難しい決断(手術するかどうか、など)に直面すると、むしろ客観的により悪いニュースを求め、悪いニュースを聞くとほっとするという調査結果がある(たとえば、「たいした怪我ではありません」という言葉より「深刻な怪我です」と言われるほうを好む)。なぜなら、何をするべきかわかるからだ。もし怪我が深刻なら、治療しなければいけないということがわかる。
10. 以下がとても参考になる。Gilbert, D. T., M. D. Lieberman, C. K. Morewedge, and T. D. Wilson, (2004), "The Peculiar Longevity of Things Not So Bad," *Psychological Science* 15, 14–19.
11. Collins, J. C. (2001), *Good to Great: Why Some Companies Make the Leap . . . and Others Don't* (New York: HarperBusiness).
12. 船を焼いたという説もあれば、座礁させたという説もある。
13. この数字はリベートが反映されていないために誤解を招くと主張する人もいる(EU への拠出額と EU から受け取る額の差額に応じて、リベートという形で拠出が減額される)。とはいえ、リベートを引いた額でも、1週間につき2億 3400 万ポンドにもなる。イギリスからの拠出金は、農業の補助金、研究費、貧しい地域への補助金として使われる。一部はイギリスに還元されるが、さらにそれを差し引いてもまだ1週間につき約1億 6000 万ポンドだ。

第3章　心理的距離

1. Fleischer, David (2018), "How to fight prejudice through policy conversations," TEDxMidAtlantic, https://www.ted.com/talks/david_fleischer_how_to_fight_prejudice_through_policy_conversations.
2. Bail, Christopher, Lisa Argyle, Taylor Brown, John Bumpus, Haohan Chen, M. B. Hunzaker, Jaemin Lee, Marcus Mann, Friedolin Merhout, and Alexander Volfovsky (2018), "Exposure to Opposing Views on Social Media Can Increase Political Polarization," *Proceedings of the National Academy of Sciences* 115, no. 37, 9216–21.
3. Nyhan, Brendan, Jason Reifler, Sean Richey, and Gary L. Freed (2014), "Effective Messages in Vaccine Promotion: A Randomized Trial," Pediatrics 133, no. 4 (April).
4. イラクは大量破壊兵器を保有していないという証拠は、受け取る人によっては疑惑を晴らすよりも、むしろ保有していると確信させる働きをした。また、減税によって政府の歳入は増えないという証拠は、保守派のほうがより強く信じる。そしてすでに支持している候補者のネガティブな情報には、さらに支持を強める働きがある。Redlawsk, David P. (2002), "Hot Cognition or Cool Consideration? Testing the

Effects of Motivated Reasoning on Political Decision Making," *Journal of Politics* 64, no. 4, 1021–44.

5. Hovland, Carl I., O. J. Harvey, and Muzafer Sherif (1957), "Assimilation and Contrast Effects in Reactions to Communication and Attitude Change," *Journal of Abnormal and Social Psychology* 55, no. 2, 244–52.
6. その後の数十年で行われた多数の研究でも同じような結果になっている。学生は自分の許容のゾーン内であればフラタニティ（男子学生の社交クラブ）に関する情報を受け入れた。しかし許容のゾーンの外にある情報の場合、学生の態度は反対側にシフトした。Atkins, A. L., Kay K. Deaux, and James Bieri (1967), "Latitude of Acceptance and Attitude Change: Empirical Evidence for a Reformulation," *Journal of Personality and Social Psychology* 6, no. 1 (May), 47–54. 民主党、あるいは共和党の候補者を支持してほしいという訴えは、相手の政治的立場が似ていれば効果があり、反対の立場であればかえって逆効果になった。Sherif, C. W., M. Sherif, and R. E. Nebergall (1965), *Attitude and Attitude Change: The Social Judgment-Involvement Approach* (Philadelphia: W. B. Saunders).
7. Hastorf, Albert H., and Hadley Cantril (1954), "They Saw a Game: A Case Study," *Journal of Abnormal and Social Psychology* 49, no. 1, 129.
8. より新しいバージョン (Kahan, Hoffman, Braman, Peterman, and Rachlinski [2012]. " 'They Saw a Protest': Cognitive Illiberalism and the Speech-Conduct Distinction," *Stanford Law Review*, Vol. 64) では、法学の教授がある抗議活動の動画を見せ、警察とデモ隊それぞれの行動について尋ねた。警察はデモ隊の権利を侵害しているか？　デモ隊は歩行者の通行を妨害しているか？　抗議活動についての説明は見る人によって違う。人工妊娠中絶を行う病院の前で行われている抗議活動だという説明を受ける人もいれば、軍の性的マイノリティ差別を禁じた法律に対する抗議活動だという説明を受ける人いる。この説明によって、動画を見る人のデモ隊に対する態度は大きく変わった。中絶に反対するデモだと思って見た人は、自身が中絶反対であれば平和的なデモだと答える。しかし軍の支持者が、軍に対する抗議活動だと言われて動画を見ると、デモ隊は一般の歩行者に怒号を浴びせ、不適切にふるまっていると答える。
9. Lord, Charles G., Lee Ross, and Mark R. Lepper (1979), "Biased Assimilation and Attitude Polarization: The Effects of Prior Theories on Subsequently Considered Evidence," *Journal of Personality and Social Psychology* 37, no. 11 (November), 2098–109.
10. Nickerson, Raymond S. (1998), "Confirmation Bias: A Ubiquitous Phenomenon in Many Guises," *Review of General Psychology* 2, no. 2, 175. Also see Brock, T. C., and J. L. Balloun (1967), "Behavioral Receptivity to Dissonant Information," *Journal of Personality and Social Psychology* 6, no. 4, 413–28.
11. Sherif, Sherif, and Nebergall (1965), *Attitude and Attitude Change: The Social Judgment-Involvement Approach*.
12. Kalla, Joshua L., and David E. Broockman (2017), "The Minimal Persuasive Effects of Campaign Contact in General Elections: Evidence from 49 Field Experiments," *American Political Science Review* (September 28). この研究では全

般的に説得力のある効果は認められなかったが、広告と候補者の陣営に接触することには投票率を上げる効果があり、その点で選挙の結果に影響を与えた可能性はあるとされる。

13. Eagly, Alice H., and Kathleen Telaak (1972), "Width of the Latitude of Acceptance as a Determinant of Attitude Change," *Journal of Personality and Social Psychology* 23, no. 3, 388.

14. Rogers, Todd, and David Nickerson (2013), "Can Inaccurate Beliefs About Incumbents Be Changed? And Can Reframing Change Votes?," working paper, Harvard University.

15. Freedman, Jonathan L., and Scott C. Fraser (1966), "Compliance Without Pressure: The Foot-in-the-Door Technique," *Journal of Personality and Social Psychology* 4, no. 2, 195.

16. わが家の犬にも独自の「小さなお願いから始める」戦術がある。犬はカウチに乗れないことになっているので、子犬のときからカウチに乗ろうとするとすぐ下におろされ、「ダメだよ」言い聞かされる。そこで、一気に飛び乗るではなく、まず前足を1本だけカウチに乗せる。そして残りの前足、さらに後ろ足と少しずつ登っていき、最終的にカウチの上におさまるのだ。

17. Broockman, David E., and Joshua L. Kalla (2016), "Durably Reducing Transphobia: A Field Experiment on Door-to-door Canvassing," Science 352, no. 6282 (April), 220–24.

18. Fleischer, David (2018), "How to fight prejudice through policy conversations," TEDxMidAtlantic, https://www.ted.com/talks/david_fleischer_how_to_fight_prejudice_through_policy_conversa tions.

19. ディープ戸別訪問は、心理学で「能動的処理」と呼ばれる機能を活性化する働きもある。相手はただ受け身的に聞くのではなく、むしろ自分がほとんど話す立場になる。ヴァージニアはグスタヴォの意見を尋ねただけでなく、そう考える理由も尋ねた。相手を批判するトーンではなく、友達としてより相手に対する理解を深めようという態度だ。すると相手は、自分をふり返り、複雑な問題について話すという難しい作業への抵抗が少なくなる。「はい、はい。偏見はいけないんですね。わかりました」という反応ではなく、問題について真剣に考えるようになる。

20. 相手の立場で考えるのはたいていうまくいかない（他の人の考え、感情、態度を予想すると、たいてい間違える）。以下を参照。Eyal, T., M. Steffel, and N. Epley (2018), "Perspective mistaking: Accurately understanding the mind of another requires getting perspective, not taking perspective," *Journal of Personality and Social Psychology* 114, 547–71.

21. Greene, Bob (2004), *Get with the Program* (New York: Simon & Schuster).

第４章　不確実性

1. Gneezy, Uri, John A. List, and George Wu (2006), "The Uncertainty Effect: When a Risky Prospect Is Valued Less Than Its Worst Possible Outcome," *Quarterly Journal of Economics* 121, no. 4, 1283–309.

2.「リスク」と「不確実性」は同じ意味の言葉として使われることが多いが、厳密にはまったく同じではない。統計学者が「リスク」という言葉を使うのは、結果はわからないが、可能性のある結果はわかっているときだ。たとえばコインを投げるなら、裏と表どちらが出るかはわからないが、出る確率はどちらも50%だ。一方で「不確実性」とは、それぞれの結果が出る確率もわからない状況をいう。たとえば、あなたは私の好きな色がわからず、どの色が何%の確率になるかもわからない。

3. この例は「はじめに」で登場した慣性の法則とも関係があるが、いくつか重要な違いもある。たとえば、損失の期待値と利益の期待値を比べているのではなく、ここではどちらの商品券も利益だ。ただどちらの利益が手に入るのかということがわからない。

4. 不確実性のコストに関する研究はたくさんあるが(Andreoni and Sprenger [2011]; Gneezy et al. [2006]; Newman and Mochon [2012]; Simonsohn [2009]; Wang et al. [2013]; Yang et al. [2013])、最近の研究(Mislavsky and Simonsohn [2018])によると、効果の一部は、これらの研究で「不確実性」と「説明されない取引の内容」が混同されたことが原因と考えられる。とはいえ、たとえ効果は以前の研究ほど大きくはないとしても、この研究でも不確実性が価値を下げる可能性があることのエビデンスは見つかっている。Andreoni, James, and Charles Sprenger (2011), "Uncertainty Equivalents: Testing the Limits of the Independence Axiom," working paper, National Bureau of Economic Research, No. w17342. Newman, George E., and Daniel Mochon (2012), "Why Are Lotteries Valued Less? Multiple Tests of a Direct Risk-Aversion Mechanism," *Judgment and Decision Making* 7, no. 1, 19. Simonsohn, Uri (2009), "Direct Risk Aversion: Evidence from Risky Prospects Valued Below Their Worst Outcome," *Psychological Science* 20, no. 6, 686–92. Wang, Y., T. Feng, and L. R. Keller (2013), "A Further Exploration of the Uncertainty Effect," *Journal of Risk and Uncertainty* 47, no. 3, 291–310. Yang, Y., J. Vosgerau, and G. Loewenstein (2013), "Framing Influences Willingness to Pay but Not Willingness to Accept," *Journal of Marketing Research* 50, no. 6, 725–38. Mislavsky, Robert, and Uri Simonsohn (2017), "When Risk Is Weird: Unexplained Transaction Features Lower Valuations," *Management Science* 64, no.11.

5. Tversky, Amos, and Eldar Shafir (1992), "The Disjunction Effect in Choice Under Uncertainty," *Psychological Science* 3, no. 5, 305–10.

6. 不確実性はただの確率の話ではないことを覚えておかなければならない。新製品が既存の製品よりも向上している確率は50%だとしても、人の感じ方はそれぞれだ。選挙を例に考えてみよう。多くの人は自分が支持する候補者が当選すると信じている。たとえ当選の可能性は低くてもそうだ。逆に、新製品や新サービスが今のものよりもすぐれている確率が高くても、不確実性税のために人々はやはり躊躇する。つまり大切なのは、実際の確率を変えることではない。もちろんよりよい新製品や新サービスを提供するのも大事だが、人々の態度を変えるには、「こっちのほうがいい」と信じてもらう必要がある。

7. Ducharme, L. J., H. K. Knudsen, P. M. Roman, and J. A. Johnson (2007), "Innovation Adoption in Substance Abuse Treatment: Exposure, Trialability, and the Clinical Trials Network," *Journal of Substance Abuse Treatment* 32, no. 4, 321–29.

Mohamad Hsbollah, H., Kamil, and M. Idris (2009), "E-Learning Adoption: The Role of Relative Advantages, Trialability and Academic Specialisation," *Campus-Wide Information Systems* 26, no. 1, 54–70.

8.「試行可能性」の目的は挑戦のハードルを低くすることだが、ずっとその行動を続けてもらうために障害を取り除くことも大切だ。たとえばスーパーでペーパータオルを買うとしよう。ペーパータオルがなくなるたびに、あなたは「どのブランドのものを買うか」という決断をすることになる。今と同じブランドにするのか（どのブランドか覚えていればだが）、それとも違うブランドにするのか？　この状況を、ネットフリックス、スポーツジム、携帯電話の料金プランなどサブスクリプションモデルと比べてみよう。サブスクであれば、毎月このまま契約を続けるか決めることはない。放っておけば契約続行だ。こちらから解約の手続きをするまで料金は取られ続ける。ここがペーパータオルとは違うところだ。ペーパータオルはなくなるたびにどのブランドを買うか決めることになるので、「このまま続けない」ということが前提になっている。一方でサブスクモデルは「このまま続ける」ということが前提であり、顧客がやめると言うまで課金が続く。言うまでもないことだが、サブスクモデルは継続への障害を取り除き、顧客がずっと同じブランドを使い続けることを後押ししている。

9. ここで注意したいのは、フリーミアムに効果があるのは、提供するサービスや製品が実際にいいものである場合にかぎるということだ。使えない製品やサービスだったら、せっかく試してもらっても顧客をつなぎ止めることはできない。

10.「条件つき送料無料」を提供する企業もある。たとえば「50ドル以上で送料無料」というように。もちろん無条件の送料無料ほどの効果はないが、購買行動をある程度は変える効果はある。たとえば消費者の半数近くは、送料無料の条件を満たすために買うものを増やしたという経験がある。United Parcel Service of America, Inc. (2017), *UPS Pulse of the Online Shopper: A Customer Experience Study*. 多くのケースで、この追加の商品のコストは、最初から送料無料にした場合のコストよりも高くなるかもしれない。

11. Alina Tugend (2008), " 'Two for One' . . . 'Free Delivery' . . . Hooked Yet?" *New York Times* (July 5).

12. 初期費用を下げるというテクニックはほぼすべての状況で使うことができる。ペイ・パー・ビューのチャンネルの多くは30日間無料のサービスを提供している。これはたしかに効果的なサービスだが、すべてのプログラムで最初の15分だけ無料で見せるというサービスのほうがより有効だろう。映画やサッカーの試合を見はじめると、続きを見るためにお金を払う可能性はかなり高くなる。ホテルの宿泊客にホテル内のレストランで食事をしてもらいたい？　それなら25ドルの割引券を1泊ごとに1枚提供すればいい。これは挑戦へのハードルを下げるだけでなく、使わなければ損という気にさせる効果もある。実際に食事をする確率は上がるだろう。

13. 初期費用を下げることには、「保有効果」の章で見たコストと利益のタイミングのずれという問題を解決する働きもある。たいていの場合、変化のコストはすぐに負担しなければならず、変化の利益を実感できるのはもっと時間がたってからだ。そもそも利益があるかどうかもわからない。一方でコストは確実にかかる。新しいソフトウェアを導入するなら、まずお金がかかり、それから使い方を覚えるために時

間と労力もかかる。しかも利益があるかどうかは不確実だ。新しいソフトは前のソフトより本当に便利になるのだろうか？　それは使ってみなければからない。それなら、なぜわざわざ変える必要が？　しかし初期費用を下げると、このタイミングのずれを埋めることができる。体験をまず提供し、コストは後から回収することで、人々がすぐに行動を起こす確率を高めている。

14. お金を払う前に体験できるというシステムは、体験をベースにした商品や、使ってみなければ本当に役に立つかどうかわからない商品で特に有効だ。プリンターのインクや本といった商品は、事前の検索で欲しいものかどうかほぼわかる。インクは型番を調べればいいし、本はあらすじや書評を読めばいい。しかし、靴やマットレスなどは実際に使ってみなければわからない商品であり、体験を提供することがカギになる。

15. アイデアの豊富な起業家はこのコンセプトを独創的に活用する。たとえば美容院であれば、ただお客が来るのを待つのではなく、キャンピングカーを改造して出張美容院にする。これでオフィス街へ行けば、忙しいビジネスパーソンにその場で散髪サービスを提供できる。シリコンバレーには、実際に移動式の洗車サービスが存在する。洗車するつもりがなかった人でも、駐車場の目の前でできるのであればやってみようと思うだろう。これらのビジネスは、発見（と時間）のコストを下げることで、挑戦のハードルを下げて売上を伸ばしている。税理士、ファイナンシャル・アドバイザーなどのサービスも同じテクニックが使えるだろう。

16. Peterson, J. Andrew, and V. Kumar (2010), "Can Product Returns Make You Money?" *MIT Sloan Review* (Spring).

17. 送料を取ることにも利点はある。送料を負担せずにすむことに加え、返品率を下げる効果もあるのだ。返品するために送料6ドルを負担しなければならないとしたら、多くの顧客は返品しないことを選ぶだろう。その2点で考えれば、送料を取ることは小売店にとってプラスだ。しかしこれらはごく小さなプラスであり、送料を取ることのマイナスのほうがはるかに大きい。消費者は賢い。買ってみて気に入らなくても、返品には送料がかかる。それなら最初から注文しないのがいちばん簡単ではないか？　返品の心配をしなくてすむように、本当に欲しいと確信できるまで買わないようにする。あるいは、もっといい方法がある。それは送料無料の他の店から買うことだ。

18. ここで指摘しておきたいのは、「取り消し可能」にはその製品やサービスの魅力を減らす働きがあるということだ。この問題については詳細な研究が行われ、気に入らなければ取り消せるとわかっていると、今あるものでいいという心理になるということがわかっている。もし気に入らなければ返せるなら、そもそも最初から好きになる必要などないではないか？　取り消し可能が行動を促す力になるのは、消費者が感じる不確実性が、製品やサービスそのものの質や有効性である場合だ。靴のサイズは合うのか、ドロップボックスは便利なのかということを確認したいときがそれにあたる。しかし、不確実性が個人の好みである場合（私はライムグリーンのセーターを好むようなタイプなのだろうか？）、取り消し可能は逆効果になる可能性が高い。

19. Janakiraman, Narayan, Holly A. Syrdal, and Ryan Freling (2016), "The Effect of Return Policy Leniency on Consumer Purchase and Return Decisions: A Meta-

Analytic Review," *Journal of Retailing* 92, no. 2, 226–35.

第5章　補強証拠

1. Pechmann, Cornelia, and David W. Stewart (1988), "Advertising Repetition: A Critical Review of Wearin and Wearout," *Current Issues and Research in Advertising* 11, nos. 1–2, 285–329.

2. フィルの両親も変わった。フィルが治療をやめて家に帰ろうとすると、彼らは帰ってくるなと言った。その2日後にフィルから電話があり、助けてほしいと懇願されても、父親はフィルをリハビリセンターに連れ戻し、「これからは1人で頑張らなければならない」と言い聞かせた。リハビリセンターのスタッフはフィルを受け入れたが、これで最後だと告げた（フィルはそれまでに6回入所している）。フィルは腹を立てたが、最終的には依存症を脱することができた。

3. Johnson, Vernon (1986), *Intervention: How to Help Someone Who Doesn't Want Help* (Center City, MN: Hazelden Foundation), 41.

4. インターベンションがもっとも効果を発揮するには、依存症患者自身が「変わる」と決意しなければならない。優秀な人質交渉人がいきなり相手に要求しないのと同じように、優秀なインターベンション・カウンセラーも、いきなり「あなたには助けが必要だ」とは言わない。まずは、ただ聞いてほしいとお願いする。するべきことを命令するのではなく、目標は患者自身に現実を知ってもらうことだ。患者が現実をきちんと見つめ、変わる必要があることを納得することを目指す。カウンセラーが望む目的地に到達する道筋を、患者自身に描かせる。それでも患者は抵抗するかもしれないし、治療を拒否するかもしれないが、問題があることを認識させれば、最終的には前向きな解決策に合意するだろう。

5. Davis, Gerald F., and Henrich R. Greve (1997), "Corporate Elite Networks and Governance Changes in the 1980s," *American Journal of Sociology* 103, no. 1, 1–37. And Venkatesh, Viswanath (2006), "Where to Go from Here? Thoughts on Future Directions for Research on Individual-Level Technology Adoption with a Focus on Decision Making," *Decision Sciences* 37, no. 4, 497–518.

6. 複数のソースによる効果は、誰がその情報を伝えたかということにも影響を及ぼす。ある研究で、参加者はある本の好意的な書評を5つ聞いた。1つのグループはすべて同じ機械の声が読み上げた書評を聞き、もう1つのグループはすべて違う機械の声が読み上げた書評を聞いた。その結果、後者のほうが本を高く評価し、おそらく買うだろうと答えた人が多かった。Lee, Kwan Min (2004), "The Multiple Source Effect and Synthesized Speech," *Human Communication Research* 30, no. 2 (April 1), 182–207.

7. Platow, Michael J., S. Alexander Haslam, Amanda Both, Ivanne Chew, Michelle Cuddon, Nahal Goharpey, Jacqui Maurer, Simone Rosini, Anna Tsekouras, and Diana M. Grace (2005), " 'It's Not Funny if They're Laughing': Self-Categorization, Social Influence, and Responses to Canned Laughter," *Journal of Experimental Social Psychology* 41, no 5, 542–50.

8. 自分と似ていない人の意見も価値があるケースもある。たとえば、年老いた親のために老人ホームを選ぶときは、入居者は自分と似た人たちではないが、やはり彼ら

の意見や感想を重視するだろう。
9. Traag, Vincent A. (2016), "Complex Contagion of Campaign Donations," *PloS One* 11, no. 4, e0153539.
10. Aral, Sinan, and Christos Nicolaides (2017), "Exercise Contagion in a Global Social Network," *Nature Communications* 8 (article no. 14753).
11. Berger, Jonah, and Raghu Iyengar (2018), "How the Quantity and Timing of Social Influence Impact Behavior Change," Wharton Working Paper.
12. とはいえ、情報を凝縮しすぎるのもかえって逆効果になるケースもある。相手が操作されているという印象を持ったときや、複雑な問題なので考える時間がほしいと感じているときは、間隔を空けて情報を与えたほうが効果的だ。
13. https://www .theatlantic .com /health /archive /2014 /09 /the-world-war-ii-campaign-to-bring-organ-meats-to-the-dinner-table/380737/.
14. Wansink, Brian (2002), "Changing Eating Habits on the Home Front: Lost Lessons from World War II Research," *Journal of Public Policy & Marketing* 21, no. 1, 90–99. Lewin, Kurt (1943), "Forces Behind Food Habits and Methods of Change," *Bulletin of the National Research Council* 108, no. 1043, 35–65. Romm, Cari (2014), "The World War II Campaign to Bring Organ Meats to the Dinner Table," *Atlantic* (September 25).
15. Lewin, Kurt (1951), *Field Theory in Social Science: Selected Theoretical Papers*, Dorwin Cartwright, ed. (New York: Harper & Brothers).
16. Wansink, Brian (2002), "Changing Eating Habits on the Home Front: Lost Lessons from World War II Research," *Journal of Public Policy and Marketing* 21(1), 90–99.
17. Lewin, Kurt (1947), "Group Decision and Social Change," *Readings in Social Psychology* 3, no. 1, 197–211.

Epilogue

1. Schroeder, J., and J. L. Risen (2016), "Befriending the Enemy: Outgroup Friendship Longitudinally Predicts Intergroup Attitudes in a Co-existence Program for Israelis and Palestinians," *Group Processes and Intergroup Relations* 19, 72–93.
2. Ross, Karen, and Ned Lazarus (2015), "Tracing the Long-Term Impacts of a Generation of Israeli–Palestinian Youth Encounters," *International Journal of Conflict Engagement and Resolution* 3, no. 2.

付録3　アクティブリスニング

1. Gardiner, James C. (1971), "A Synthesis of Experimental Studies of Speech Communication Feedback," *Journal of Communication* 21, no. 1 (March), 17–35.
2. Huang, Karen, Michael Yeomans, Alison Wood Brooks, Julia Minson, and Francesca Gino (2017), "It Doesn't Hurt to Ask: Question-Asking Increases Liking," *Journal of Personality and Social Psychology* 113, no. 3, 430–52.